1950—2020

浙江省海运集团有限公司

《浙江省海运集团有限公司企业史》编写组 编

人民交通出版社股份有限公司

北京

图书在版编目(CIP)数据

浙江省海运集团有限公司企业史 /《浙江省海运集团有限公司企业史》编写组编．—北京：人民交通出版社股份有限公司，2020.8

ISBN 978-7-114-16785-0

Ⅰ．①浙… Ⅱ．①浙… Ⅲ．①海运企业—企业史—浙江 Ⅳ．①F552.9

中国版本图书馆CIP数据核字（2020）第150578号

Zhejiang Sheng Haiyun Jituan Youxian Gongsi Qiye Shi

书　　名：浙江省海运集团有限公司企业史
著 作 者：《浙江省海运集团有限公司企业史》编写组
责任编辑：刘永芬　齐黄柏盈
责任校对：孙国靖　扈　婕
责任印制：刘高彤
出版发行：人民交通出版社股份有限公司
地　　址：（100011）北京市朝阳区安定门外外馆斜街 3 号
网　　址：http：//www.ccpcl.com.cn
销售电话：（010）59757973
总 销 售：人民交通出版社股份有限公司发行部
经　　销：各地新华书店
印　　刷：北京市宇星舟科技印刷有限责任公司
开　　本：787×1092　1/16
印　　张：25
字　　数：395千
版　　次：2020 年 8 月　第 1 版
印　　次：2020 年 8 月　第 1 次印刷
书　　号：ISBN 978-7-114-16785-0
定　　价：138.00元
（有印刷、装订质量问题的图书由本公司负责调换）

《浙江省海运集团有限公司企业史》

编写委员会

主　　任：潘朝刚

副 主 任：陈　金

委　　员：缪克俭　杨再刚　郑和通　朱忠熙　陈德强
　　　　　杨新清　陈山婴

主　　编：金　健

编写人员：金　健　陈凯旻　黄琦剑　李又文　谢建平

浙江省海运集团领导集体

浙江省海运集团经营范围：水运运输业务，国际船舶普通货物运输，国内船舶管理，国际船舶管理；机电设备、船舶修造工具、船舶修造材料的销售；房产租赁；物业管理；经营进出口业务。

船务管理公司经营范围：国内船舶管理业务；国内水路运输业务；国内货运代理、国内船舶代理；建筑材料销售；劳务派遣业务；船舶信息咨询服务；培训服务。

浙江省海运集团本部及
下属船务管理公司办公地

船员培训公司经营范围：船员培训服务。

船员培训公司办公地

宁波物流公司经营范围：国际船舶代理业务、国内船舶代理业务、承办海运进出口货物的国际运输代理业务，包括：揽货、订舱、中转、集装箱拼装拆箱、结算运杂费、报关、报验、保险及铁路、公路、水路的接转业务；仓储、无船承运业务。

宁波物流公司办公地

温州货运公司经营范围：一般项目：无船承运业务；国际货物运输代理；国内货物运输代理；供应链管理服务；信息咨询服务；会议及展览服务；采购代理服务；普通货物仓储服务。许可项目：报关业务；货物进出口；技术进出口；进出口代理；保税物流中心经营。

温州货运公司办公地

浙海海运公司经营范围：水路运输；水路运输服务；国际船舶普通货物运输，国际船舶管理。 实业投资；国内货运代理；船舶机配件、五金工具、建材、通导器材、机械设备、机电产品的销售；海运技术开发、咨询；房地产租赁、物业管理，经营进出口业务（国家法律法规禁止、限制的除外）。

浙海海运公司办公地

原温州海运公司经营范围：近洋国际运输；国内船舶客货运输与装卸业务；船舶修造；船舶物资、商品混凝土、建筑材料的销售；散装水泥的中转仓储与销售；船舶交易信息咨询；国内版（除港澳台）图书零售；船员培训服务。

原温州海运公司大楼

原台州海运公司经营范围：国际船舶普通货物运输、国际船舶集装箱运输；国内沿海及长江中下游普通货船运输；货运代理、船舶代理、船舶修理、船员培训、船员劳务出租、海运技术开发和咨询；通信导航设备维修；船用物资、建筑材料销售。

原台州海运公司大楼

原五洲船舶公司经营范围：船舶修造、钢结构建造；机电设备、船舶修造工具、修造材料的销售；自产产品及技术的出口；本公司所需的机械设备、零配件、原辅材料的进口业务（国家限定经营和禁止进出口的商品及技术除外）；进料加工及“三来一补”业务；房产租赁。

原五洲船舶公司办公大楼

原温溪港务处经营范围：港口装卸和仓储；代理水路运输和陆路转运。水路运输主要为长江沿线和长江以南各沿海港口以及苏、浙内河水路，陆路转运主要辐射浙西南地区。

原温溪港务处大楼

PREFACE

序

浙江省海运集团有限公司（以下简称“省海运集团”）从1950年诞生以来，历经几代人的奋斗，已然从一艘“小木船”，成长为“万吨巨轮”，书写了近代以来浙江海运最壮美豪迈的奋斗诗篇，正努力在实现中华民族伟大复兴的中国梦的征程中扬帆远航。

70年风雨同舟，硕果累累。浙江海运守初心、担使命，支援前线完成运输任务，发展水运带动国民经济，承担电煤运输履行社会责任，建立现代企业发展多元产业。在2016年水运板块改革重组中，浙江海运响应国家号召，以壮士断腕的勇气，清理

“僵尸企业”，去除过剩产能，实现涅槃重生，并以实现一流航运企业为目标稳步前进。浙江海运人秉承着“同舟共济”的精神，以干事业的豪情和跨大洋的决心，不断实现自我超越，始终踏着稳健、坚定的步伐，站在行业前列。

新时代的海运人肩负新的使命。在“十四五”时期的开局时刻，省海运集团将以习近平新时代中国特色社会主义思想和党的十九大精神为指引，并作为浙江省交通集团有限公司水运业务发展平台的定位，充分发挥国有资本及水运平台综合优势，以更加强烈的使命担当、更高更严的工作标准，加快提升核心竞争力，全力服务浙江海洋强省和大湾区建设，助推全省经济社会发展。通过不断服务浙江，壮大自己，从浙江走向全国，走向世界。

乘风破浪潮头立，扬帆起航正当时。在省海运集团迎来建企70周年之际，籍以此书，抚今追昔，鉴往知来，分享几代浙江海运人的艰辛历程，为后人留下一段有迹可循的宝贵经验。在奋进“百年浙江海运”的征程上，让我们继续传承“同舟共济”家文化，秉持安全、创新、理性、高效、共享的价值观，凝心聚力，接续奋斗，向着实现世界一流航运企业的目标扬帆前行！

浙江省海运集团有限公司党委书记、董事长

潘朝晖

2020年6月

Contents

目录

绪论 /001

第一章
创建时期（1949—1978年） /009

第一节　在恢复国民经济浪潮中创建 /010
第二节　助力国家政权的巩固与沿海航线的开通 /011
第三节　运输实力的发展与提升 /012
第四节　运输业务的启动与发展 /016
第五节　在曲折中逐步完善组织机构 /022

第二章
恢复发展时期（1979—1988年） /027

第一节　浙江省航运公司恢复建制 /028
第二节　多途径更新改造和发展运力　增强企业实力 /029
第三节　明确经营思想与宗旨　拓宽经营思路
搞活客货运输 /034

第四节　注重公司形象　树立企业品牌　/ 040
第五节　文化素质教育与职工队伍文化素养的提升　/ 041
第六节　自主办学　培养专业队伍　/ 043
第七节　恢复建立浙江省驻沪办事处航运营业部　/ 044
第八节　创建和发展浙江远洋运输　/ 045
第九节　省远洋公司与省航运公司分设　/ 047
第十节　组织开展企业全面整顿　/ 048
第十一节　以全面质量管理为重点　积极推行“四全”管理　/ 050
第十二节　开展行业文明建设活动　提高企业文明程度　/ 052
第十三节　纠正行业不正之风与职业道德建设　/ 054
第十四节　政企分开与港航分设　/ 056
第十五节　深化企业改革　巩固整顿成果　/ 057
第十六节　横向联合　积极开展与省外的经济技术协作　/ 058
第十七节　积极探索发展外向型经济之路　/ 059
第十八节　钱塘江至海南航线的开辟　/ 059
第十九节　依靠技术进步　促进企业发展　/ 061
第二十节　实施承包经营责任制　经营效果显著　/ 062
第二十一节　实行经理负责制　推进领导体制改革　/ 065
第二十二节　建立职工代表大会制度　实行企业民主管理　/ 066
第二十三节　宁波市计划单列　宁波分公司成建制下放　/ 067

第三章
改制与调整巩固时期（1989—1998年） / 071

第一节　内河航运分公司成建制下放　浙江省海运总公司诞生　/ 072
第二节　非常时期经受考验　顾全大局确保重点物资运输　/ 076
第三节　企业精神的形成与实践　/ 077
第四节　结合企业实际　做好职工素质的提高工作　/ 078
第五节　采取积极管理措施　努力控制成本过快增长　/ 079
第六节　开展安全工作治理整顿　确保生产安全优质　/ 081
第七节　调整运力结构　扩大企业规模　确保电煤运输　/ 082
第八节　发挥“窗口”功能　做好生产协调　/ 086
第九节　组建富兴海运　建立优势互补的经营新格局　/ 087
第十节　富兴海运在发展中壮大　实力不断增强　/ 088
第十一节　温溪海运公司（港务管理处）“撤航简港”改革　/ 089
第十二节　水路旅客运输在调整中逐步萎缩　/ 090
第十三节　抓住机遇重启远洋运输　/ 092
第十四节　实施两项制度改革　提高企业生存发展能力　/ 092
第十五节　采取对策措施　在困境中谋求企业发展之路　/ 094

第四章
产权制度改革与发展的黄金时期（1999—2010年） / 099

第一节　股份制改造与浙江省海运集团的组建　/ 100

第二节　抓住有利时机　优化生产经营　提高企业效益　/ 104

第三节　以造为主　造买结合　优化运力结构　实现跨越式发展　/ 106

第四节　加强廉洁从业建设　增强法制意识　/ 113

第五节　以安全和质量管理为重点　推进企业机制建设　/ 114

第六节　延伸主业　组建船舶修造企业　服务主业　/ 117

第七节　开拓发展　涉足房地产业　/ 120

第八节　抓住机遇　拓展国际运输　/ 121

第九节　抓好主业经营　努力降本增效　/ 122

第十节　涉足建材行业　取得喜人成绩　/ 123

第十一节　舟山一海海运有限公司划转舟山市管理　/ 125

第十二节　调查研究　厘清思路　调整并实施企业发展战略　/ 125

第十三节　深化三项制度改革　完善劳动、人事、分配机制　/ 126

第十四节　采取积极措施　应对市场变化　/ 127

第十五节　校企合作　参与学校教育改革　增强企业吸引力　/ 130

第十六节　依靠技术改造和科技进步　打造效能型企业　/ 130

第十七节　拓宽思路　创新发展　保持企业良性运行　/ 132

第十八节　加强企业文化建设　为公司长远发展提供保障　/ 133

第十九节　产权制度改革成效卓著　/ 134

第五章
自我革新与重生时期（2011—2020年） / 139

第一节　省海运集团拉开自我革新2.0序幕　/ 140
第二节　提前研判市场　成功转让宾州水泥有限公司　/ 144
第三节　组建香港单船公司　稳步提升远洋运输能力　/ 145
第四节　优化运力结构　积极拓展市场份额　/ 146
第五节　立足市场　提高造船水平　/ 148
第六节　致力减亏　启动实施航运集约经营　/ 149
第七节　完善管控机制　注重增收节支　防范经营风险　/ 150
第八节　温溪海运公司无偿划转青田县国有资产管理办公室　/ 152
第九节　深化改革　推进股权改革摸底工作　/ 153
第十节　高杠杆、高负债、高风险　“三高”下的水运板块举步维艰　/ 154
第十一节　稳步退出造船业　五洲公司实施破产清算　/ 157
第十二节　众志成城　水运板块改革重组实现圆满收官　/ 158
第十三节　组建海运新平台　创新经营管理新举措
一举实现业绩扭亏为盈、再创新高　/ 164
第十四节　编制行动纲要　建立指标体系　省海运集团向一流企业进发　/ 170
第十五节　以安全之名　筑牢企业生命之基　/ 171
第十六节　党建标准化、监督常态化、文化特色化
“三驾马车”助力企业持续发展　/ 175
第十七节　稳扎根基、循序渐进　开启资产证券化之路　/ 179
第十八节　坚持以高质量为核心　科学谋划企业未来发展
努力打造“百年浙江海运”　/ 180

附录1
公司成立以来的历任领导名录 / 189

附录2
先进集体与先进个人荣誉榜 / 211

附录3
公司集锦 / 239

附录4
大事记 / 267

后记 / 375

绪　论

浙江省海运集团有限公司是浙江省交通投资集团有限公司旗下主营国内沿海、远洋运输与临港造船的国有全资子公司，是浙江省水上运输标杆性企业集团。回望历史，公司已走过了70年的发展历程，积累了丰富的航运经营经验，培养了大量的船舶营运人才，保障了浙江省社会经济的发展，壮大了浙江省水上运输的整体实力。如今的发展局面是无数浙江海运人70年拼搏奋斗的成果。

中华人民共和国成立之初，百业待兴，国民经济亟须恢复和发展。为恢复水上交通运输，适应浙江省经济建设发展需要，1950年10月浙江省海运集团有限公司的前身浙江省航运公司成立，揭开了浙江海运史崭新的一页。

公司发展至今历经多次变迁：

1951年1月，改称为国营华东内河轮船公司浙江省公司。

1953年4月，改称为国营浙江省内河轮船公司。

1953年6月8日，改称为国营浙江省轮船公司。

1954年8月，国营浙江省轮船公司撤销（保留公司名义），业务并入浙江省交通厅航运管理局。

1964年6月，公司恢复，称浙江省轮船运输公司，为省交通厅领导下的独立经济核算企业。翌年1月1日，浙江省交通厅将宁波、舟山、海门、温州、钱江、杭州、嘉兴、湖州共8个区航运局改称为“浙江省轮船运输公司××分公司”；浙江省交通厅船舶修造厂改称为“浙江省轮船运输公司船舶修造厂”；

浙江省交通厅驻沪经营处改称为“浙江省轮船运输公司驻沪经营处”。

1965年11月，改称为浙江省航运公司，所属各分公司亦同时更名。随后，“文化大革命”爆发，又一次推生机构撤并。1971年1月1日，公司所属航运企业均下放到属地管理。

1979年1月1日，浙江省航运公司正式恢复建制，与浙江省交通局航运管理局实行两块牌子、一套班子，合署办公。其下辖有宁波、温州、海门、舟山、杭州、钱江、嘉兴、湖州、温溪分公司。原下放嘉兴地区东部各县的内河客运也全部收归嘉兴分公司经营。各分公司均为内部核算单位，除宁波因港务部门由交通部上收管理，港、航需分开外，其余温州、海门、舟山、温溪分公司和其所在的港务局（处）均为两块牌子、一套机构，分设专职部门。

1984年1月1日，浙江省交通厅航运管理局与浙江省航运公司正式分设，结束了长期以来政企合一的管理体制。1985年6—7月，原港航合一的温州港务管理局与温州分公司、海门港务管理局与海门分公司实行港航分设，分设后的两港隶属于省交通厅航运管理局领导与管理。温溪港务管理处与温溪分公司虽也实行港航合一体制，但因当时不具备港航分设条件，故未实施港航分设。此外，为适应浙江远洋运输的需要，1980年3月浙江省航运公司与中国远洋运输总公司联合组建中国远洋运输总公司浙江省公司，从事外贸运输。至1985年4月20日，远洋运输业务从浙江省航运公司剥离，另设省远洋运输公司。

1989年5月1日，浙江省航运公司改制为浙江省海运总公司。原浙江省航运公司所属的温州、海门、舟山、温溪分公司更名为“浙江省××海运公司”。原浙江省航运公司所属的浙江省船舶运输设计研究室、浙江航运技工学校、浙江省钱江船厂和广州越海、海南琼之船务有限公司名称不变，隶属于浙江省海运总公司。1994年1月24日，由浙江省海运总公司（浙江省温州海运公司）、浙江省电力燃料总公司各出资50%组建的富兴海运公司成立，由浙江省电力燃料总公司负责船舶货源保障，浙江省海运总公司负责船舶运行管理。1994年5月，浙江航运职业教育事业从公司业务剥离，下属的航运技校划归省交通学校（现浙江交通职业技术学院）管理。

1999年12月2日，浙江省海运总公司改制为浙江省海运集团有限公司，是以浙江省海运集团有限公司为核心，联合5家紧密层和3家半紧密层组成的多法人经济联合体。至2000年7月，公司完成了股份制改造，并组建了浙江省海运集团浙海海运有限公司。2001年9月，以收购的原舟山五洋船厂破产资产为基础，创办了浙江省较大规模的船舶修造基地——浙江省海运集团舟山五洲船舶修造有限公司（以下简称“五洲公司”）。2001年10月，浙江省交通投资集团有限公司（以下简称“省交通集团”）成功组建，浙江省海运集团有限公司成为其子公司。2007年12月，浙江省海运集团有限公司（以下简称“省海运集团”）与浙海海运有限公司分设。次年2月，省海运集团完成内部机构设置和人员配置，下设综合办公室、党群工作部、资产财务部、内部审计部、安全技术部、运输业务部、能源部。

2014年3月，为适应省海运集团本部实体化经营的需要，以及海事部门关于船舶安全管理的要求，公司本部部门设置进行了调整。调整后的本部机构由董事会秘书室、综合办公室、人力资源部、财务管理部、经营发展部、航运经营部、船舶技术部、安全管理部、海务监督部、物资供应部、党群工作部、纪检审计部共 12个部门组成。

2015年3月，经公司研究决定，省海运集团旗下五洲公司正式退出造船业，停止造船接单。8月，五洲公司全面进入停产阶段。11月，正式进入破产清算程序。

2016年，为响应国家“三去一降一补”、清理“僵尸企业”的号召，省交通集团开展了水运板块改革重组，对浙江远洋、温州海运、台州海运进行破产清算。省海运集团作为此次改革重组的整合平台，主动担负起主体责任，5月提出了下属温州海运、台州海运的破产清算方案，7—8月完成人员安置和股权处置事宜。8月19日，省海运集团作为债权人向两地中级人民法院递交破产申请。10月，法院宣告两家企业破产。在破产推进过程中，省海运集团通过股权收购方式接收了原浙江远洋股份有限公司旗下的浙江远洋温州国际货运公司、浙江远洋宁波国际货运有限公司（现改为“浙江海运宁波国际物流有限公司”）、浙江远洋宁波国际船代有限公司（现已被“宁波物流”吸收合并），成为控股股东。并出资新设温州船员培训有限公司，与前期新设的船务管理公司一同为

广大船员提供培训与服务。改革重组后的省海运集团在船舶运力、人员数量、资金成本方面均得到了优化，建立起海运新平台。

2019年7月，五洲公司正式工商注销；11月，温州海运正式工商注销；2020年1月，台州海运正式工商注销。

纵观公司的发展历史，可分为五个时期：

1950—1978年是公司的初创期。公司建立初期，积极配合解放军解放浙江沿海岛屿、开通沿海航线、运输军用物资，为国家政权的巩固做出了贡献。同时，由于中华人民共和国成立初期国民经济的恢复与发展正处于探索阶段，浙江水上运输事业刚刚起步，公司的特点主要呈现为政企合一，组织名称与机构变更较为频繁。在计划经济体制下，公司奉命接收了华东地区部分船舶，通过国家对私营轮船业进行社会主义改造接受私营轮船，以及自主造船，运力稳步增长，到1978年底，公司拥有各类船舶达308艘，计48240载重吨。在业务方面，以浙江电煤运输和省内外客运为主，不断开拓和发展航线，并探索进行船舶改造，实施“拖带运输”和“一条龙”运输，提高效率，有效促进了浙江社会经济的恢复与发展。

1979—1988年是公司的拓展期。浙江省航运公司恢复建制，并随着国家改革开放后经济的快速发展，不断拓展企业经营，实施了政企分开、港航分设、体制改革。在运力发展方面，重点通过六机部以延期付款方式解决造船资金以建造船舶，并购买二手船。到1988年底，公司拥有各类船舶达411艘，计141080载重吨。在货运方面，开展跨省直达运输，开辟了一些新的内河、沿海运输航线，并利用长江分流增运煤炭，实行江海直达运输，及时高效地完成了电煤运输任务；在客运方面，前期着力开拓旅游航线，客运量不断增加。后期由于铁路、公路建设的快速发展，客运量减少，部分航线甚至停航。此期间，公司还与中国远洋运输总公司合作，于1980年3月组建中国远洋运输总公司浙江省公司，为浙江远洋运输事业从无到有、从小到大做出了极大努力和贡献。公司实施了承包经营责任制，给企业增添了活力，经济效益显著提高；筹建了航运技工学校两所（杭州、湖州各一所），为解决船员来源和提高船员素质技能发挥了积极作用，也为浙江省水上交通运输业培养了大量人才。

1989—1998年是公司的探索期。浙江省航运公司改制为浙江省海运总公司。此时，中国处在从计划经济向市场经济转轨时期，商品经济迅速发展，社会需求不断调整和扩增。在此形势下，公司积极探索业务经营方式，积极实施货运船舶大吨位运力发展计划。改制之初主要通过购买二手船发展运力，后又千方百计扩大筹集资金渠道造船，货物运力大幅增长。随着浙江省航空、铁路、公路运输迅速发展，虽然公司新建和购买了一批质量较高的客运船舶，但水路客运仍不可避免地逐渐衰退，不少客运航线停航。到1998年底，公司拥有船舶51艘，计223475载重吨。此期间，公司为保证重点物资运输到位，与有关单位合资组建了富兴海运公司；实施了两项制度改革，初步引入激励机制；建立起“产权清晰，权责明确，政企分开，管理科学”的现代企业制度，以深化改革为动力，努力促进机制转换；积极采取对策措施，在困境中谋求企业发展之路，企业经营稳中有进，有效保证了重点物资均衡运输，基本满足了全省经济发展和人民生活对能源的需求。

1999—2010年是公司的壮大期。这一时期，在社会主义市场经济体制下，社会经济发展日新月异。在国民经济整体向好的形势下，省海运集团一方面顾全大局，不计利益得失，出色地完成了电煤运输计划，为缓解浙江省电力紧缺状况、促进经济发展做出了突出贡献；另一方面，加强市场货源信息收集和货物承揽，选择适合承运的最优航线和效益最佳的外线货源，并紧紧抓住国际航运市场复苏的有利时机，充分运用国家相对宽松的外贸运输政策，积极拓展国际运输，取得了较好的经济效益。在运力发展方面，母子公司根据区域经济发展和承担的电煤运输任务，想方设法筹措资金，创新融资方式，调整和改善运力结构，淘汰了一批吨位小、船况差、不利于灵活经营的船舶，建造了一批大吨位船舶，使运力结构逐步趋于合理。到2010年底，公司自有和管理船舶达40艘，计1085780载重吨，整体实力在国内同行业中处于领先行列。在产业拓展方面，在舟山组建了船舶修造企业，造船能力稳步提升；涉足房地产业，开发了具有良好市场投资价值、符合城市发展的高品质项目；在黑龙江投资成立水泥厂，取得了喜人的投资回报。公司已发展成为具有投资、开发、生产、经营、服务等多功能、多元化经营的企业集团。

2011—2020年是公司的改革期。省海运集团始终将“改革”二字贯穿生产经营中。公司上下立足自身实际，积极寻求自我改革，从谋划企业整体改制到实施集约化经营，从水运板块改革重组到推进资产证券化。浙江海运人秉持着“同舟共济”的企业精神，不断尝试探索创新，最终把握住了国家供给侧结构性改革的机遇，打造了海运新平台。经过一番努力，省海运集团在船舶运力、人员结构、财务成本等各个方面都实现了显著优化，建立了以散货船经营为主业，劳务派遣、船员培训、船舶代理等轻资产服务业相配合的模式。同时，公司通过“形象重树、经营重整、管理重铸、机制重建、流程重梳、文化重塑”六大工作举措，一举扭转了连续亏损的不利局面，创造了公司业绩新高，夯实了水运业务发展基础，在行业内树立了新平台、新形象。2019年，公司提出了实现“管理一流、业绩一流、队伍一流、文化一流、党建一流”五个一流，打造全国一流航运企业的核心目标；制定了具体的行动纲要和指标体系，持续开展对标对表、查找差距、补齐短板、落实整改的一系列工作，取得了喜人的成效。

总结公司七十年来的发展历史，风雨兼程，跌宕起伏，有辉煌、有辛酸。

七十年来艰苦创业，让浙江海运人明白，只有不断坚持，才能干成事业。

七十年来顽强拼搏，让浙江海运人明白，只有努力奋斗，才能战胜困难。

七十年来勇于创新，让浙江海运人明白，只有拓展思维，才能谋求发展。

七十年来团结一致，让浙江海运人明白，只有一心向党，才能无往不利。

七十年来，浙江海运人也走了不少弯路，这有很多方面的原因。中华人民共和国的经济建设整体上是一个探索前进的过程，作为国民经济的重要组成部分，水上交通运输业的发展同样缺乏经验，只能在发展中不断探索前行。随着经济的快速发展，水上交通运输业需要不断适应经济发展的需求与变化，但其自身发展所需的资金、政策等条件不能充分满足。世界经济的波动起伏引起运输需求的变化，也间接影响着航运企业的经营与发展。诸多因素导致公司的发展历程呈曲折前进状态。

而今，站在“十四五”开局的重要关头，浙江海运人胸怀壮志。省海运集团作为省交通集团的水运业务发展平台，将以习近平新时代中国特色主义思想为指引，不忘初心、牢记使命，继续发挥在浙江省社会经济发展中的积极作用，继续履行国有企业的社会责任，同时将全面实现全国一流航运企业目标，并在此基础上，向世界一流企业迈进，努力成为一家治理与管控能力强、产业经营与资本运营能力突出、企业形象和品牌在国际上具有较高知名度、综合实力达到同行业国际一流水平的大型航运企业，努力打造“百年浙江海运”。

1950—2020

第一章 创建时期

（1949—1978年）

本章阐述了1949年中华人民共和国成立至1978年党的十一届三中全会召开前的30年间，浙江水路运输队伍组织、企业组建、对私营轮船运输业进行的社会主义改造、客货运输业务开拓发展及浙江省航运公司的艰苦创业、历史演变、运力建设、技术改革与企业发展历程，以及水路运输在浙江省国民经济发展、战备运输、护疆戍边中的角色地位与作用等。

第一节　在恢复国民经济浪潮中创建

1949年中华人民共和国成立前，国家在较长时期内处于外国列强入侵、军阀割据和内乱状态，政局不稳，经济萧条，百业待兴。中华人民共和国成立后，浙江省政府带领全省人民集中精力医治战争创伤，大力开展并积极投身于国民经济特别是基础产业的整理、恢复和发展，全力做好经济恢复的组织工作。

交通运输是保障物资流转的关键，只有在加强国民经济基础产业体系建设中迅速恢复交通运输业，才能建立正常的生产和生活秩序。在这一思想指导下，浙江省政府于1949年12月成立了浙江省航务局。浙江省航务局成立后，按照党的一系列方针政策和过渡时期总路线，妥善处理航运领域生产力与生产关系的矛盾，将国营轮船业、民船运输业、私营轮船业这三支水运队伍有效地组织和调动起来，使浙江省的内河、沿海客货运输迅速得到恢复。

1950年9月，浙江省航务局向浙江省政府提出申请，要求将运输业务从省航务局划出，另设浙江省航运公司，尽快恢复发展浙江内河、江海航运事业，开展计划运输业务；划清航务管理与运输业务范围，提高管理和经营效能；配合支前需要，担负航运业之领导与骨干作用。该申请得到了浙江省政府的批复同意。

1950年10月1日，浙江省航运公司挂牌成立，标志着浙江省国营轮船业正式诞生。新成立的浙江省航运公司受浙江省航务局直接领导，首任经理由时任浙江省航务局局长张志飞兼任。

浙江省航运公司成立初期，为尽可能减少人员配置，节约费用开支，提高工作效率，浙江省航运公司与浙江省航务局合署办公，除具体执行业务人员外，其他管理工作都由浙江省航务局工作人员兼职完成。公司的船员大部分是新吸收的熟悉钱江航行和有航海经验的船员，也有一部分是接收的原钱江轮渡船员，另外还有一部分是苏南及招商局随船来浙的船员。浙江省航运公司组建时，下属分支机构包括4个分公司（钱江、浙西、宁波、温州分公司）、9个营

业处（湖州、嘉兴、乍浦、兰溪、临浦、曹百、庵东、舟山、海门营业处）及各相关航线的营业站点。

第二节　助力国家政权的巩固与沿海航线的开通

浙江省航运公司创立前后，盘踞在浙江沿海岛屿的国民党军队对新生政权实施海上封锁，对新中国国民经济的恢复与发展造成相当大的威胁。在浙江省航务局领导下，浙江省航运公司广大船员不畏艰难、不怕牺牲，在人民解放军部队的武装保护下，驾驶木帆船结队航行于沪椒（江）、温沪、沪榕（福州）等航线上，采取种种措施，进行反封锁斗争，努力保障沿海地区物资流通。同时，为配合解放舟山、洞头及浙江省其他沿海岛屿，公司木帆船与公、私营机动船积极投入了支前运输。1950年，公司出色地完成了浙东解放舟山等支前运输任务，为解放浙江沿海岛屿做出了巨大的贡献。

舟山解放后，国民党军舰仍不时出没海面骚扰，不少航商畏缩不前，严重影响了沿海运输。浙江省各级领导十分重视海运的恢复，设法从华东调拨了一批机帆船来浙江，承担相应的护航责任。在人民解放军部队的武装护航下，公司以钱江为起点，大胆打通了上海至宁波的海运航线，继而又派船由杭州试航至温州、福州，打通了瓯榕航线，使国营航运业在社会航商感到畏难的浙江沿海海运恢复工作中起到了带头和示范作用。尽管当时的处境十分艰难，但护航船舶及广大船员克服各种困难，冲破层层“封锁”，较好地完成了航线开通任务，涌现出许多可歌可泣的英勇事迹。航线的陆续打通，增强了浙江省航运公司员工的信心，鼓舞了社会航商复航的勇气，提高了国营航运企业在航商中的威信和信誉，为海运航线的全面畅通立下了汗马功劳。

浙江省航运公司在创立初期还承担了运输军队伤员和重要支前物资的重任，为巩固国家政权和建设沿海航线发挥了积极作用。如：1951年6—8月，圆满完成了运送中国人民志愿军伤病员任务。1951年秋冬，根据需要，完成了支援前线的粮、棉等物资运输任务。1952年7月，担负并完成了浙东地区支前物资的运输任务。1952年8月起，还担负了治理淮河砂石运输任务等。

第三节　运输实力的发展与提升

浙江省航务局成立初期，为适应国家物资单位对运输的需求，除主办水路运输行政管理工作外，还兼营运输代理业务。随着国民经济的逐步恢复和发展，货物运输需求迅速增长，浙江省航运公司要保证物资供应亟须增加船舶。但在浙江解放之初，全省可以接管的官僚资本企业船舶寥寥无几。为此，公司通过调入、购置、租用等多种手段，解决和发展运输工具（船舶），积极从事内河（江）、沿海运输。这一时期的运力发展可分为两个阶段：

第一阶段为1950—1965年，以发展货物运力为主。该阶段的运力增长主要是通过分散接受华东地区的船舶来实现。1950年1月，浙江省航务局所属钱江管理所接收了原钱江渡轮管理所的营运船舶，继续经营钱江轮渡业务，但仅有拖船1艘（主机功率32马力，1马力=735.5瓦）、驳船5艘（载重量共125吨）。这虽然对当时缓解区域或流域经济对水路运输的需求起到了一定作用，但远远不能解决浙江省经济建设的全局需要。为此，浙江省航务局从华东交通部先后调入“内字号”机帆船6艘（每艘60吨，共360吨）、拖船1艘，钱江管理所又购置“民力”号客船1艘，经营杭（州）桐（庐）线客货运输业务，开始开展浙江国营轮船业的内河运输。1952年3月，国营华东内河轮船公司浙江省公司及其分支机构，分别接收当地一些生产单位的内河轮船和驳船近40艘。1953年6月，国营浙江省内河轮船公司改称为国营浙江省轮船公司，奉令接收上海港务局沿海船只，后又陆续接收一些单位的船舶。同时，还投资新建了一批拖船、内河客船、客货船、铁驳船，公司经营业务进入了稳定发展时期。1953年7月，温州分公司接管了温州地区的通济、来安、飞云江轮渡和永强轮船行，使国营浙江省轮船公司的运力得到扩充。

1954年，国家对私营轮船业进行有计划、有重点的公私合营社会主义改造。至1956年1月，浙江省掀起私营工商业社会主义改造新高潮，杭州、宁波、温州、金华、嘉兴、湖州、绍兴等市（地）和各县城的私营轮船业主纷纷申请公私合营，不到半年即并入国营轮船公司统一经营。随着1956年社会主义改造

的完成，又有公私合营的178艘轮船、88艘驳船并入浙江省轮船公司。1956年8月，台州军分区无偿赠送海门轮船公司沿海运输艇6艘、240吨、573.3千瓦，经改装后投入沿海运输，缓解了沿海运力不足的状况。通过对国营轮船业、民船运输业和私营轮船业的有效组织和调动，在船舶运力方面，落后的民船有所减少，相对先进的机动船特别是国营机动船有了较快发展，船舶运输效率有了提高。到1957年底，浙江省轮船公司拥有机动船、驳船共870艘、0.70万客位、3.13万吨位（其中机动船127艘、0.39万客位、0.19万吨位），比1953年的129艘、0.29万客位、0.46万吨位分别增加5.74倍、1.41倍、5.80倍。

在公司运力规模逐步扩大、运力结构得到初步改善的基础上，1957年下半年，中央号召精简机构、下放权力，以发挥中央与地方两方面的积极性。交通部为贯彻“地、群、普”的交通建设方针，充分发挥地方积极性，决定将交通部上海海运管理局经营管理的南洋航线部分船舶下放给浙江省统一经营管理。根据双方交接协议，自1958年1月1日起，“和平13”号等沿海货船31艘计10735吨位，连同船员一并移交浙江。浙江至上海沿海区间的运输任务，原则上由浙江省负责完成。在移交的这批船舶中，最大的有1400吨，且在当时都属于自动化程度相对较高、较为先进的沿海运输船舶，对浙江沿海营运船舶的运力结构来说是一个大的提升。同时，由于浙江有了这批沿海货船和操控船舶的船员，改变了过去依靠沿途山头确定航行方向的“山头老大”行船方式和多数船员只是对船上设备开开关关这种“开关师傅”的简单操作，极大地推动了船员技能素质的提高。此外，上海市交通运输局也于1958年6月1日将公私合营上海海帆船运输公司及其所属海帆船50艘计4511吨位，与所有机构、设备、人员等全部划交浙江。上述两支力量后来成为浙江沿海运输的基础和种子，对发展浙江现代海运起到了重要作用。

上海市交通运输局在移交海帆船后，1958年6月30日又将申浙内河运输业务交浙江省统一经营，并将其所属公私合营内河航运所的机动船23艘（拖船9艘、客船3艘、机帆船11艘）、客驳4艘无偿移交浙江。之后，其所属第四运输民船合作社的全部船舶、设备、人员也都划归浙江领导管理。1965年末浙江沿海500吨级以上船舶名录见表1–1。

1965年末浙江沿海500吨级以上船舶名录　　表1-1

经营单位	船　名	吨位（客位、功率）
驻沪经营处	浙海一号	3000 吨
驻沪经营处	浙海二号	2800 吨
温州分公司	浙海 101 号	1050 吨
温州分公司	浙海 102 号	1000 吨
温州分公司	浙海 103 号	1000 吨
温州分公司	浙海 104 号	1000 吨
温州分公司	浙海 106 号	560 吨
海门分公司	浙海 301 号	840 吨
宁波分公司	浙江 501 号	840 吨
宁波分公司	浙江 501 号	532 座 150 吨
温州分公司	浙拖一号	1200 马力（882 千瓦）
温州分公司	浙拖二号	300 马力（221 千瓦）
温州分公司	浙温驳 1 号	2400 吨
温州分公司	浙温驳 51 号	500 吨
温州分公司	浙温驳 52 号	500 吨

第二阶段为1966—1978年，该阶段运力的增长主要通过建（改）造船舶实现。新建（改）造的货运运力如下：1970年12月，由宁波分公司下属镇海船厂建造的400吨级钢质沿海货船（时为浙江省自行建造的最大吨位钢质沿海货船）“前哨63”轮（后更名为“浙海513”轮，图1-1）下水，为浙江省航运公司更新替代木质船舶开辟了新路。1975年6月，浙江省温州地区航运公司首建3000吨级货船“浙海109”轮投产（图1-2）；1975年11月，从上海海运局购入的“战斗10”号轮改装并修复完工投入营运，改装后载重量核定为2400吨，更名为“浙海713”轮，由舟山地区航运公司负责经营；1975年12月底，由浙江船厂为宁波地区航运公司建造的浙江省第一艘千吨级货船——“浙海504”轮下水等。

图1-1　400吨级钢质沿海货船“浙海513”轮

图1-2　3000吨级货船“浙海109”轮

旅客运力涉及社会民生。在20世纪六七十年代，我国的陆上交通不是很发达，也未形成运输网络，沿海水路旅客（零担货物）运输更是薄弱环节，不仅运输工具少、开航班次少，而且从事旅客运输的船舶设备老旧、技术状况差、抗风等级低，安全的可靠性也相对较低，海岛住民出行和陆岛交通十分不便，更谈不上乘坐的舒适性。特别是遇到大风停航后和节假日，想要出行更是一票难求。为解决海岛住民“出行难”问题，方便陆岛人员交往和物资交流，促进海岛经济发展，在各级政府的大力支持下，航运部门安排建造了一批客船。1965年10月，浙江省轮船公司舟山分公司接收舟山地区水产局“海星601”轮，经改装后更名为“浙江（舟）711”轮，投入定海—巨山—泗礁—上海客运航线。1966年1月，杭州船厂为舟山分公司建造的第一艘钢质客货船“浙江（舟）712”轮（245客、30吨）交付投入营运。“浙江（舟）711”与“浙江（舟）712”轮的投产，使公司沿海客船的运力结构和技术状况得到一定程度的改善。1973年1月，由上海江南造船厂为浙江省建造的第一艘丙型客货船“前进813”轮（314客、175吨，后更名为“浙江801”轮，图1-3）竣工交付使用，由舟山地

图1-3　第一艘丙型客货船“浙江801”轮

区航运公司经营，航行于定海—巨山—泗礁—上海客运航线，为解决舟山主要岛屿至上海的交通问题发挥了重要作用。

继而，1975年浙江省又安排上千万元资金，委托上海江南造船厂批量建造4艘1600吨级沿海客货船（每艘客位450人，载货300吨），并从发展的眼光，把让旅客"乘坐舒适，走得好"的要求融入了设计思想，从二等舱到四等舱全部设置了卧位。这一做法在当时国内沿海旅客运输业中尚属首次。新建客船建成出厂后，先后分配给台州地区航运公司2艘，冠名"浙江403"轮、"浙江404"轮（图1-4）；宁波地区航运公司1艘，冠名"浙江604"轮；舟山地区航运公司1艘，冠名"浙江815"轮。这批客船投入营运后，在社会上受到广泛赞誉，同时也提升了浙江和浙江航（海）运的形象。

图1-4　568客位沿海客货船"浙江404"轮

第四节　运输业务的启动与发展

浙江省航运公司从诞生起，就努力克服种种困难，积极开拓经营业务，从组织民船运输开始，发展到轮船经营；逐渐转变经营方式，由租船经营到自营，并由线到面不断扩展。浙江省航运公司成立初期，业务范围主要是经营自有及雇用船舶的运输业务、代理轮船业运输业务、水上联运业务；经营方式先是以租船经营为主，后逐步转向自有船经营为主；经营范围先民船后轮船，先内河后沿海业务，再到内河兼沿海水路运输业务。据统计，1950年浙江省100公

里运程以上的总运量为90万吨，当时浙江省航运公司的承运量约为15万吨，占全省长程总运量的六分之一。

在公司经营初期，航线的开拓和完善是保证业务稳步增长的基础。在萧（山）绍（兴）（上）虞（余）姚、钱江、甬港沿海等处基本掌握了航运业务控制权的基础上，公司由起初的萧绍余姚线及钱江航线，逐步推伸到沿海、浙西。1950年5月舟山解放后，浙江的沿海运输得以正式启动。当时浙江省航务局先后从上海等地调入“内字号”机帆船共9艘（内字128、131、132、135、176、177、183、190、191轮），另接收并修复了从甬江打捞上来的沉船1艘（85载重吨，冠名“浙海”轮），共10艘机动船投入甬申航线营运，拉开了浙江发展沿海运输的序幕。

1951年1月，浙江省航运公司改称为国营华东内河轮船公司浙江省公司，奉命接收了苏南经营的公营建华轮船公司杭州营业处，主要运输业务逐渐由沿海转入内河，以浙杭（州）申（上海）航线为主要经营干线。当时因沿海业务仍在继续，因此沿海机构仍沿用了“浙江省航运公司”名义。1951年2月，沿海业务全部移交上海海运局管理，原沿海航运业务机构沿用的“浙江省航运公司”名义撤销。

1951年8月前，公司相继开辟了杭州至上海、无锡、苏州3条跨省内河航线的货运业务，同时开通了宁波至余姚内河客货班轮运输，以及开通宁波至舟山沿海岛屿客货运输等业务。9月，根据政府管理部门关于运输实行专业化的有关规定，国营华东内河轮船公司浙江省公司及其分支机构的经营范围大大缩小，只能由本公司及其分支机构的自备船舶从事内河轮船客货运输业务。尽管当年公司购置增添了一些内河拖船、客船，但也只能勉强维持营业，特别是杭嘉湖地区的客货运输业务惨淡。1952年1月洞头解放后，江厦、坎门、楚门等沿海航班恢复。3月，自备运力得到补充，增辟了一些新的航线，使公司业务重新得到恢复和发展。1955年初，一江山、披山、大陈、北麂、南麂等岛屿相继解放，温州沿海航线得以畅通。1957年8月，公司首次开辟了海门—大陈岛客运航线。

由于航线的有效开拓，1957年公司货运量达到309万吨，货物周转量达到48233万吨公里，客运量达到996万人次，旅客周转量达到22245万人公里，比

1953年（货运量40万吨、货物周转量6497万吨公里，客运量105万人、旅客周转量4109万人公里）分别增加6.73倍、6.42倍，8.49倍、4.41倍。公司完成的运量在浙江省水路总运量的比重大幅度提高。如1953年，公司完成的货运量和货物周转量，仅占全省船舶总货运量和货物周转量的6.20%和13.40%，到1957年所占比重则分别提高至27.20%和49.10%。

1958年，随着“二五”计划的实施，我国进入了全面建设社会主义新的历史时期。在这一时期，为尽快改变我国经济文化的落后状况，全国上下都有一种追求生产发展高速度的迫切愿望。期间，我国贯彻实施了“鼓足干劲、力争上游、多快好省地建设社会主义”总路线，由于“左倾”冒进作祟，全国掀起了一场“大跃进”“大炼钢铁”运动，政府部门要求交通运输“当好先行”。

在这一背景下，浙江省各种指令性运输物资计划尤其是铁矿石、焦炭的运量急剧增长，但运力却难以满足运输需求。一方面，因精简机构，公司撤销，下属单位下放各所在地市实行属地管理后，各地为保护自身的区域经济利益，造成地区分割和水系分割，使全省运力难以统一调配。另一方面，当时浙江沿海的主要运输船舶为木帆船，基本上没有机械化装卸设备和动力设备，靠使风帆和纤拉、篙撑、撸摇、桨划等航行，作业方式原始古老，劳动强度大、生产效率低，难以适应国民经济快速发展的新形势与新需求。如当时温州沿海大帆船主要依靠人力和风力操作，速度很慢，以致温申航线每月最快只能来回跑一趟，温甬航线也只能跑3个单程航次。船舶运力的严重不足，导致港口压船压货，不少受货港站甚至向发货港站提出停止发货要求。

同时，为了追求生产上的高速度，船舶严重失修失养、只用不养或者不按计划修理，造成大量船舶损坏，技术状况属于三四类船舶所占的比例大幅度上升。为尽可能为社会多提供运输工具，三类船舶被迫带病航行，大批四类船舶无奈只能停航。为此，公司不得不组织力量，全力以赴突击抢修。由于损坏严重，造成之后几年船舶连续报废，原本就不足的运力更趋紧张。

为了解决运力与运量的矛盾，确保各种指令性物资特别是输浙的煤炭运输，浙江省政府不得不成立“夺煤指挥部”，省长亲自参与调动船舶保煤运，努力保证浙江省工农业生产和人民生活对能源的需求。同时，各地、市航运局遵照交通部和中共浙江省委关于运输行业开展“双革”（技术革命和技术革

新）运动的部署，千方百计挖掘运输潜力。公司也积极探索和采取了一系列包括推广使用钢丝网水泥船舶等有效措施，扩大运输能力，提高运输效率。

第一，积极改造船舶。从1958年8月开始，公司通过利用旧发动机改装机帆船，为木帆船安装翻水板，实现轮木结合等措施，提高了船舶的航行速度和营运效率，对完成当时激增的运输生产任务起到了一定的促进作用。

第二，创新运输方式，实施“拖带运输”。公司先采用小拖船拖带小帆船的方式实施“拖带运输”试验。获得成功后，又在1000吨以上大船进行“拖带运输”试验，证明采用这种方式，在技术和安全上基本成功、可行，并取得了既节约成本又提高效率的良好效果。之后，舟山、宁波、海门、驻沪海运经营处均相继仿效，全面开展了沿海“拖带运输”。实施“拖带运输”方式经营的航线有温甬航线、温申航线、舟申航线等，拖带的对象有木帆船、木（竹）排、铁（木）驳、趸船等（图1–5）。

图1–5　内河公司轮驳拖带船队

“拖带运输”的成功探索，既对解决当时运力不足的问题发挥了积极作用，又推生了另一种运输方式的兴起——江海、江河直达运输。例如，1050吨位的“浙海101”轮勇开先河，装载1172吨粮食，外拖3627立方米雪茄木排，由温州安全抵达上海，使运输效率成倍提高，较好地解决了运量与运力的矛盾，创造了前所未有的奇迹。又如，"浙海117"号轮船拖带"浙温帆11" 号木帆船后，产量增加140%；拖带前月收入2954元，拖带后达6102元，增加106%。温甬航线木帆船原来每月只能跑3个单程航次，实行"拖带运输"后可跑8次，提高166%。江海、江河直达运输的实施，保证当时大量运输任务的完成，企业也因此取得了良好的经济效益。这一运输方式在当时资源比较紧缺的年代，以其运输效率高、消耗少、成本低的优势，得到广泛推广使用。

第三，探索"一条龙"运输。在学习和推广中央运输指挥部肯定的秦皇岛路、港、航"一条龙"运输大协作经验的基础上，经过探索实践，公司在沿海开辟了多条一线相连、环环相扣的水陆全程连续不断的运输线路。如温州航运局、钱江航运局与林业部门协作，大胆创新，克服技术上的困难，开辟了历史上从未有过的由温州拖木排直接从钱塘江入口的联运航线，使木材直达杭州，比原来从温州北运上海，再由上海转浙北内河南运杭州的航线，缩短航距208公里，当年节省木材运输费50万元，还节省了上海中转搬运费。钱江水系"一条龙"组成后，打通了衢县、龙游到杭州的航线，使这一地区盛产的木材、毛竹等物资改陆运为水运，既减轻了铁路压力，又加快了物资周转。

几年来的生产实践充分说明，"一条龙"运输方式虽然简单，但在非机动船舶大量存在和机动船舶效率未充分发挥的情况下，不仅减轻了船员劳动强度，大大提高了船舶的运输效率和效益，而且还使运往浙江省内相关地区大宗货物的迂回中转运输转变为直达运输，减少了中转、搬运环节，降低了营运成本，提高了企业效益，为货主节约了运输、装卸等费用支出，减少了物资在途损耗，取得了很好的经济和社会效益。

第四，发展运力，调整结构。在内河轮船逐步实现机驾合一、沿海船舶实施木帆船"双革"的同时，公司对已有其他专业船舶的结构状况进行调整。一方面接收了上海海运局等单位下放的船舶，另一方面，根据交通部为解决船舶运力不足而制定的"租船、买船、造船"方针，从委托建造较大吨位的沿海运输船舶着手，增添了不少机动船舶，使运力有了新的发展。例如，1959年，浙江省委托上海中华造船厂建造3000吨级沿海货船2艘，冠名"浙海91"轮（图1-6）和"浙海92"轮，并在1960年先后竣工交付使用。这两艘沿海货

船是浙江航运发展史上第一批吨位较大、设备较为先进的沿海运输船舶。随后几年，公司又陆续增添了一些吨位较大的沿海货船，使沿海运输能力有了较大提高。

图1-6 3000吨级沿海货船“浙海91”轮

1966年，持续十年之久的“文化大革命”运动开始，航运生产受到了严重干扰和破坏。随着政治、经济形势的变化，浙江省水路货物运输出现了起伏不定的局面，呈下降、上升、再下降的曲折变化态势。1966年，全省水上运输生产尚属比较正常。1967年开始，无政府主义思潮泛滥，航运企业停航停产，货运量大幅度下降。

1969年11月，浙江省航运公司将万吨级旧货船“钢铁34”号调拨给温州分公司经营，承担大宗货物煤炭运输。“钢铁34”号是一艘由浙江省原手工业管理局作为工业原料进口的废钢船。公司获此信息后，在浙江省交通厅的大力支持和协调下，立即组织从南洋公司随船下放来的船员，硬是把这艘船接了回来，整修后投入营运。为唤起公司职工对这艘废钢船的记忆，激发艰苦奋斗和奋发图强精神，故该船冠名“钢铁34”号。浙江沿海以河口港为主，航道水深浅，不适宜常规万吨级船舶进出港。为使用好这艘来之不易的船舶，温州分公司采取核减装载量、进港前过驳减载后再进港靠码头卸货，充分发挥它的效率。“钢铁34”号是浙江省拥有的第一艘万吨船，它的正常营运，不仅为浙江省使用、管理旧钢质船积累了经验，而且还对浙江海运发展产生了重大的历史性影响。一是激发了艰苦奋斗、奋发图强的精神；二是突破了浙江沿海只能使用3000吨以下船舶的框框；三是引发了浙江沿海使用大吨位、浅吃水或超浅吃水、节能型船舶的设计思想，为设计、建造浅吃水大吨位船舶奠定了基础。

1970年开始，社会秩序有所好转，加上当时全省开展“夺煤大会战”，煤炭运输和运往矿区的物资大量增加，使浙江省水路运输生产得到较快恢复和发展。当年，内河货运量增至2308万吨，货物周转量增至162276万吨公里，沿海货运量增至294万吨，货物周转量增至88596万吨公里，分别比1969年增长26.10%、16.40%和100.50%、74.60%。

“文化大革命”期间，交通体制再次发生变化，运输生产起落很大。

在货运生产方面，1973年浙江内河货运量达到2880万吨，货物周转量达到190669万吨公里，沿海货运量达到402万吨，货物周转量达到122018万吨公里，比1970年分别增长24.80%、17.50%和36.70%、37.70%。但到了1976年，内河货运量和货物周转量减少至2770万吨和176217万吨公里，分别比1973年下降了3.80%和7.58%；沿海货运量和货物周转量减少至329万吨和97910万吨公里，分别比1973年下降18.16%和19.76%。

在客运生产方面，1966年浙江内河客运量为3097万人次，旅客周转量为45072万人公里。1971年客运量为3429万人次，旅客周转量为48927万人公里。沿海旅客运输情况基本与内河相同，1970年的客运量为155万人次，旅客周转量为5919万人公里，比1969年分别提高112.30%和45.70%。客运量的增加，得益于公司在坚持经营原有航线的同时，还开辟和恢复了内河和沿海几条主要客运航线。1970年8月，由钱江分公司经营的杭州—兰溪客运航线正式开通，每天由杭州、兰溪各对开一班客船，当天到达。1975年7月1日，停航长达10年的海门（椒江）—上海客运航线恢复通航（隔日开一班）。1975年9月，定海—上海客运航线开通。1975年10月1日，新开辟的宁波—定海—温州客运航线开通。

第五节　在曲折中逐步完善组织机构

浙江省航运公司成立初期，由于拥有专管机构，掌握了领导权，通过联合组织浙江省内木帆船联运社，完成了一系列突击性和季节性的重大运输任务。随着形势和航运业务的发展，公司机构（人员）也逐步扩大。

浙江省航务局和浙江省航运公司1951年共有工作人员856名。1952年，发展至1525名。1953年，公司自有工作人员1388名，大小经营机构29个，包括宁波、钱江、浙西3个分公司，嘉兴、湖州、上海3个营业处及各航线23个营业站

点，已成了内河运输中一支强有力的队伍。同时，还建立了一家船舶修理厂。另外，为提高在职船员政治与业务水平而专门成立的一个海员轮训班，以利组织并抽调船员进行轮训学习。

1953年4月，经浙江省人民政府交通厅批准，国营华东内河轮船公司浙江省公司改称为国营浙江省内河轮船公司。6月，国营浙江省内河轮船公司又改称为国营浙江省轮船公司，公司经营业务进入了稳定发展时期。1954年8月，国营浙江省轮船公司与浙江省交通厅航运管理局合署办公，业务并入浙江省航运管理局，实行政企合一。

从1953年开始社会主义改造至1955年底，浙江省共改造私营轮船行35家，成立嘉兴、平湖、海宁、海盐和临海5个公私合营轮船公司，合营船舶52艘，从业人员465人。在此基础上，经过整合，组建了3个分公司、4个营业处和31个营业站，有职工1660人（其中岸上人员554人、船上人员1106人）、船厂人员192人，国营轮船运输业已具雏形。至此，浙江省未经改造的私营轮船行还有133家，从业人员1823人，拥有以小拖船为主的轮船178艘、驳船88艘。

1957年8月12日，浙江省人民委员会浙编字第2136号批复，基本同意省交通厅提出的“关于改进本省交通体制问题”的方案报告。据此方案调整后，浙江省交通厅撤销公路、航运、工程3个局，除下设10个处外，厅下属单位还包括杭州、钱塘江、湖州区、宁波区（包括舟山）、温州区、海门区、嘉兴区7个航运局。在此期间，随着船舶运力的增加和航线开辟，公司在全省沿海、内河各主要港埠陆续设立了分支机构，初步形成运输网络，运输生产得到不断扩展。

1964年，根据浙江省委6月3日《关于调整交通运输管理体制问题的批复》和浙江省交通厅6月30日《关于体制调整后行文关系的通知》，决定恢复建立浙江省轮船运输公司。1965年1月1日，浙江省轮船运输公司正式挂牌，宁波、温州、舟山、海门等地（市）航运公司分别更名为浙江省轮船运输公司宁波（温州、舟山、海门）分公司，在省公司统一领导下实行内部经济核算。不久，由于浙江省轮船运输公司不仅经营轮船运输，而且还经营帆船和港口装卸、水上联运业务，故自1965年11月20日起浙江省轮船运输公司再次更名为浙江省航运公司，所属分公司同时改称为××航运分公司。

1966年“文化大革命”爆发，对所谓“条条专政”管理体制进行批判，又一次推生了机构撤并。1971年1月，浙江省交通厅与浙江省邮政局合并，成立浙江省交通邮政局；撤销浙江省航运公司，原浙江省航运公司各分公司均下放至各所在地（市）管理，并改称为××地区航运公司，再次造成地区分割，难以对全省水路运输运力进行统筹协调和发展。

“文化大革命”结束后，党的十一届三中全会决定全党工作重点转入经济建设轨道。全国上下积极进取、勇于创新，在改革开放实践中成功开辟了中国特色社会主义道路，走上了充满希望、充满活力的社会主义现代化伟大征程。为了加强对全省交通企事业的专业经营和领导管理，更好地挖掘运输潜力，提高运输效率，适应国民经济高速发展需要，浙江省交通邮政局于1978年10月向当时的浙江省革命委员会呈报了《关于调整全省交通管理体制的意见》。

1978年11月30日，浙江省革命委员会印发浙革〔1978〕170号《批转省交通邮政局〈关于调整全省交通体制的意见〉》，同意浙江省交通邮政局提出的体制调整意见：恢复成立省航运公司和省交通邮政局航运管理局，两块牌子、一套机构。原隶属于杭州市、宁波市及各地区的航运公司、港务局（处）均上收隶属于省航运公司（局）领导管理；原下放给嘉兴地区东部各县的内河客运，全部收归嘉兴分公司经营；原隶属于宁波地区的浙江船厂，上收为省交通邮政局直属企业。浙江省航运公司成为独立核算企业。

回顾1949—1978年这30年的探索历程，在国民经济计划体制下，公司伴随着国家政治生态的变化而变化。几经合分，几经演变，浙江水路运输从无到有、从小到大，在探索中前行，并逐步壮大形成规模。这一曲折的发展过程，无不带上时代的烙印，也见证了我国国民经济从中华人民共和国成立初期的恢复期走向成熟发展的历史进程。

虽然在国家计划经济体制下，公司体制历经曲折，属于行政手段使然。但它在引领浙江航（海）运发展方向上发挥了不可替代的作用。公司初创阶段，在国家政策和各级政府的大力支持下，通过在华东大区的运力和体制调整，形成了全省统一、布局合理、配套齐全、集中调度的省属企业。特别是在接收了上海海运局南洋航线船舶后，浙江省海运能力和船员队伍发生了结构性变化；“钢铁34”号轮的使用引发了沿海运输船舶设计思想的突破；沿海旅客运输船

舶从批量建造、投入营运到退出历史舞台等，见证了社会的发展和时代的进步，对浙江发展现代海运具有深远意义并产生了历史性影响。同时，在内河、沿海航线开辟上所作出的积极努力，在解决运力与运量矛盾过程中积极组织开展技术革新、技术革命，对推进浙江省和区域经济发展发挥了重要作用。

1950—2020

第二章
恢复发展时期
（1979—1988年）

1979—1988年，在党的十一届三中全会提出以经济建设为中心，实施改革开放政策，放开搞活企业的大背景下，加快经济发展是这一时期的主旋律。1979年1月1日，浙江省航运公司恢复建制，省公司与分公司实施内部核算体制改革，企业进入了开拓发展期。至1989年改制为浙江省海运总公司的十年间，公司紧抓发展机遇，通过加快船舶更新改造步伐，多途径发展运力，使企业规模逐步扩大，运力结构得到优化；开拓发展，不断创新，远洋运输捷足先登，外向型经济扎实推进，经营路子进一步拓宽；经济体制改革稳步实施，经济责任制在探索中前行，使经营机制日渐完善，管理基础不断加强，达到了经济增长质量明显提高、经营效果进一步显现、社会贡献率逐年提升的目标。但在这十年间，由于旅客运输结构发生了诸多变化，水路旅客运输逐步由旺盛转向衰退。

第一节　浙江省航运公司恢复建制

根据浙江省革命委员会浙革〔1978〕170号文件精神，1979年1月1日，浙江省航运公司恢复建制，与浙江省交通邮政局航运管理局实行两块牌子、一套班子，合署办公。全部职工人数逾2万人。公司所属单位包括4家内河航运分公司（杭州、钱江、嘉兴、湖州分公司）、5家沿海航运分公司（宁波、舟山、海门、温州分公司以及1979年由丽水地区移交省航运公司的温溪分公司），另外还包括2家船厂（浙江船厂、杭州船厂）等。公司覆盖范围之大、所属单位及职工人数之多，都可称为公司发展史上的规模之最（图2–1）。

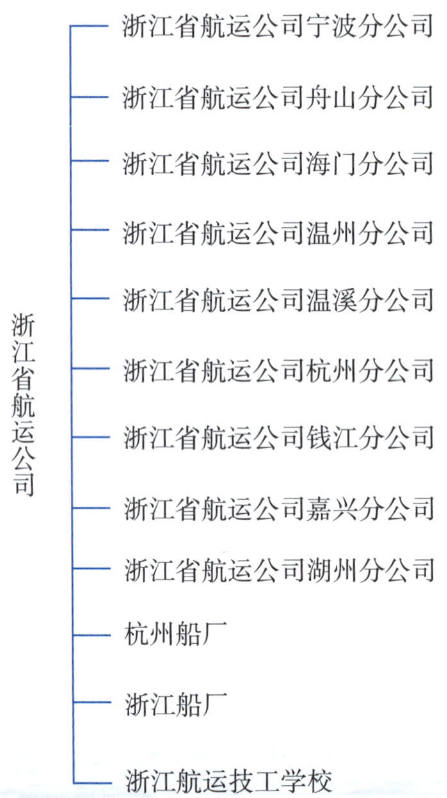

图2–1　浙江省航运公司组织构架图

虽然当时职工人数很多，但船舶运力严重不足，且技术状况甚差。据统计，至浙江省航运公司正式恢复建制前的1978年底（当时属地区航运企业），共有机动船308艘。其中：内河230艘、1969客位、16048马力（包括货拖船108艘、13580马力），钢质船仅占42.6%；沿海78艘、48240吨位、6471客位、48694马力，钢质船仅占65.38%（包括货船47艘、46442吨、33381马力）。浙江全省有非机动船965艘，其中：内河963艘、10760客位、56103吨位；沿海2艘、1000吨位，钢质船占66.25%。这样的状况与公司恢复建制后所承担的职能很不相称。

第二节　多途径更新改造和发展运力　增强企业实力

浙江省航运公司恢复建制初期，辖属4家内河分公司尚有90余艘木质及近30艘水泥机动船（包括内河客船、客货船、货拖船等）急需更新；沿海货运船舶1000吨级以上仅有14艘，约32880载重吨，其中属于废钢船利用的有6艘、20600载重吨。除了各分公司船厂自行建造的几艘500吨级货船外，其他公司的主力船舶基本都属于船龄长、技术状况较差的老旧船舶，不少还是铆钉结构，腐蚀、磨损十分严重，或是船龄超过30年还在勉强维持使用的报废船舶，亟待添置新船予以更新。在沿海的客船中尚有部分木质船，均存在很大的安全隐患，需要早日淘汰更新。

针对上述情况，浙江省航运公司恢复建制后，为维持简单再生产，着力加强对老旧船舶的技术改造。至1984年底，内河90%以上驳船、70%左右客船和70%以上的沿海船舶完成了更新改造，使各种类型的船舶逐步实现系列化、标准化，为加强船舶的技术管理创造了条件。同时，根据社会生产发展需求，在更新原有老旧船舶的基础上，淘汰低效、高耗和安全性能差的木质和水泥船舶，加快专业运输船舶技术改造进程，使货运船舶趋向大吨位化和专业化。

为进一步扩大经营范围、创造搞活运输的基础条件，浙江省航运公司通过各种途径想方设法做好运力发展工作，扩大再生产。然而，当时国民经济仍处在计划经济时期，浙江省航运公司又刚恢复建制，不仅造船资金短缺，每年下达的造船材料供应计划也极其有限，要想更新船舶难度极大。面对上述困境，

浙江省航运公司通过基建投资、银行贷款、企业自筹等多种渠道筹措资金，努力更新和发展船舶运力。

一是通过加强经营管理，采取各种措施设法降低船舶的营运成本，合理安排“二项费用”(船舶折旧和大修理提存费用)，为分期分批实施对公司原有的木质船、水泥船及老旧船舶更新计划积累更多资金。

二是通过当时的浙江省船舶工业办公室（后组建为浙江省船舶工业公司）向上级主管部门申报公司（含各分公司）所属船厂的造船计划，每年都争取到一定数量的造船材料计划指标，以确保公司船舶（尤其是内河船舶）更新计划的顺利实施。

三是通过六机部向国家贷款，利用库存造船材料、设备及部属船厂造船余力，以延期付款方式，帮助浙江省解决造船资金的来源问题。这种以六机部贷款、延期付款的造船方式，是浙江省航运公司在全国的首创。

由于沿海船舶造价高，一次性投入大，浙江省财政对基建投资又十分有限，因此沿海老旧船舶的更新难度更大。针对浙江省尚无建造大型船舶的能力和浙江省航运公司造船资金筹措困难的实际情况，20世纪80年代初公司利用浙江省船舶工业公司与六机部联营的渠道，希望通过六机部取得国家贷款，并以新船完工投入营运后的积累逐年分期偿还。这一思路得到了六机部领导的赞同和支持，并决定先在浙江省试点（当时山东、辽宁、河北、湖北等省航运部门获此信息后，也都向六机部提出要求采用此办法）。与此同时，浙江省交通厅也向浙江省人民政府呈报了《关于与六机部合作实施延期付款订造船舶的请示报告》，得到省人民政府的支持并批复同意。

1981年7月，六机部派员并会同部属芜湖船厂代表来杭，与浙江省交通厅和浙江省航运公司领导及相关人员就延期付款造船进行为期6天的探讨与商洽，拟就了《延期付款造船协议（草案）》。1981年8月，六机部计划局与浙江省交通厅正式签订《延期付款造船协议》。该协议明确：六机部同意在1981年至1985年期间，利用库存积压物资，采取延期付款方式，为浙江省建造3800吨级沿海散装货船、10000吨级浅吃水节能型散装货船等共12艘，总造价约为人民币9200万元（后在实施过程中，造船项目、数量及总造价均有所变动）。

六机部（后改称为中国船舶工业总公司，简称中船总公司）以延期付款

方式为浙江省航运公司建造的船舶，从1982年下半年开始陆续竣工交付投入营运。其中：1982年8月和11月，由上海中华造船厂建造的2艘3800吨级散货船"浙海304"轮、"浙海305"轮（图2-2）先后出厂交船，投入营运。1982年12月—1983年12月，中船总公司芜湖造船厂为浙江省航运公司建造完工4艘3800吨级散货船出厂交船，即宁波分公司"浙海507"轮（图2-3）、"浙海509"轮和温州分公司"浙海115"轮、"浙海116"轮。1983年12月，中船总公司渤海造船厂为浙江省航运公司建造的第一艘浅吃水万吨级节能型船舶"浙海117"轮完工出厂，投入营运。1984年1月和5月，由中船总公司润州船厂建造的2艘575客沿海双体客船"浙江605"轮和"浙江806"轮（图2-4）先后出厂投产。1985年1月和11月，中船总公司渤海造船厂建造的第二艘和第三艘万吨级浅吃水节能型散货船"浙海313"轮（图2-5）和"浙海501"轮交船出厂。

图2-2　3800吨级散货船"浙海305"轮

图2-3　3800吨级散货船"浙海507"轮

图2-4　575客沿海双体客船"浙江806"轮

图2-5　万吨级浅吃水节能型散货船"浙海313"轮

除通过中船总公司造船外，浙江省航运公司及各分公司还利用所属船厂，建造了一批500～2100吨位沿海货船和客船。1979年海门分公司船厂又为本公司新建2艘500吨级货船“浙海310”轮、“浙海311”轮（图2-6）。1981年，由浙江象山船厂建造的500吨级沿海顶推船组“浙推1”号交付使用。1981年9月，舟山分公司新建500吨级沿海货船“浙海702”轮投产。1981年9月，宁波分公司“航拖1”号（后更名为“浙拖51”轮）船组（1拖3驳）投产。1982年，由浙江船厂建造的海门分公司1200吨级货船“浙海307”轮（图2-7）建成投产。1982年7月，宁波分公司500吨级货船“浙海506”轮竣工投入营运。1984年9月，舟山、海门分公司新建完工2100吨级沿海货船各1艘，冠名为“浙海703”轮（图2-8）和“浙海303”轮。1985年，由海门分公司船厂自行设计并建造的沿海客货船投入营运，定名为“浙江401”轮（图2-9），300客位、25载货吨等。

图2-6　500吨级货船“浙海311”轮

图2-7　1200吨级货船“浙海307”轮

图2-8　2100吨级沿海货船“浙海703”轮

图2-9　海门分公司船厂自行设计并建造的沿海客货船“浙海401”轮

在着力建造新船的同时，公司还购入了一批二手船。1981年，海门分公司从舟山调入“浙拖71”轮，由海门分公司船厂改装成500吨级货船，更名为“浙海306”轮。1981年1月，宁波分公司购入600吨级旧油船“浙海515”轮。1981年2月，舟山分公司购入客货船“浙江805”轮（原“鲁民2”号，244客位、175载货吨）。1981年5月，宁波分公司购入客货船“浙江603”轮（原“鲁民1”号，350客位）。1985年，舟山分公司购入6000吨级二手货船1艘，冠名“浙海717”轮（图2-10）。1985年，海门分公司购入1000吨级旧油船1艘，冠名“浙海308”轮。

图2-10　6000吨级二手货船“浙海717”轮

1979—1985年，浙江省航运公司共新建完工船舶24艘、6.02万吨位、1450客位。其中：通过原六机部贷款、延期付款方式造船完工11艘、5.28万吨位、1150客位；购入各类二手船6艘、8100吨位、594客位。

此外，为积极推广船舶新技术，浙江省航运公司集聚船舶技术设计力量，成立浙江省航运公司船舶设计室，精心组织沿海双体船、顶推船组等新船型的设计、试制、试用工作，获得了可喜成果。在交通部上海船舶运输科学研究所的支持和参与下，试制成功的500吨级沿海双体顶推船组及其连接装置经过鉴定，被认为具有独创性的先进技术水平，填补了我国沿海顶推技术的空白。

随着这批船舶陆续加入船队，浙江省航运公司运力老旧差的状况得到明显改变，技术状况也有了显著提高。同时，这批船舶的吨位相对较大、船型新，适用性及经济性好，很快就成了公司的主力船舶，为确保浙江省重点物资运输和水路旅客运输发挥了很好作用，也取得了较好的经济效益。

经过船舶的更新改造和运力结构调整，淘汰报废了原吨位小、油耗高的老旧货船，新投入了一批3800～10000载重吨的沿海浅吃水节能型船舶，较大幅度降低了船舶能源消耗，使千吨公里油耗逐年下降，对提高企业经济效益起到了积极作用。

第三节　明确经营思想与宗旨　拓宽经营思路搞活客货运输

企业的经营思想与宗旨是企业从事生产经营活动的基本指导思想，包含了企业（员工）的共同信念和追求的经营目标等。经营宗旨体现了企业经营活动的主要目的和意图，表明企业思想和企业行为，在本质上反映了企业的核心思想和价值观，也是企业文化的重要内容之一。1979年，浙江省航运公司恢复建制后，根据承担的输浙煤炭（电煤与生活用煤）和地区性输出的砂石料运输任务，把“立足浙江，保证重点，开拓发展，扩大经营，开源节流，提高效益”作为宗旨，落实在企业的生产经营和经济活动中，取得了显著成效。

在货运方面，随着公司运力的不断增加，计划内运量已不能满足新增运力的运量需求。随着国民经济的发展，社会运量不断增加，沿海港口、铁路的运力紧张局面未能缓解。1981年由于浙江省电力供应十分紧张，国家增配给浙江省10万吨煤炭，由浙江自行安排运力从武汉港装运，进行江海直达运输。浙江省航运公司主动承担了这一运输任务，并在省航运主管部门的统筹安排下，于

当年7月至12月，不仅圆满地完成了将这批煤炭从武汉直接运抵镇海、温州等港的运输任务，而且还为日后拓展经营，组织江海直达运输积累了经验。

从1983年开始，浙江省航运公司跳出原经营的地域范围和经营航线，组织跨省直达运输，开辟了一些新的内河、沿海和江海直达运输航线。各沿海分公司在立足本省、保证重点物资运输任务完成的前提下，走南闯北，让海船进江，北上连云港、青岛、秦皇岛、大连、丹东、营口，南下汕头、深圳、蛇口、广州、湛江、海口，西进长江沿线的武汉、黄石、鄂城、武穴、九江、铜陵、安庆、池州、马鞍山、南京、张家港、南通、扬州等港口，积极发展计划外运输业务，共开辟国内定期或不定期货运航线130余条，到达港口逾70个，使全省呈现出南北海运、江海直达的繁忙景象。

1986年，货运生产由于受沿海电煤流向变化影响，跨省运输改为省内短驳接运，使一程运量减少，二程运量增加，加上各库场进口煤炭饱和，两港装卸速度放缓，致使船舶的效率、效益明显下降。而以浙江出口砂石料运输为主的辖属内河航运分公司，又受国家对基本建设投资的宏观调控，砂石料市场需求疲软影响，对内河船舶的效率和企业效益同样产生不利影响。

在这一运输市场环境下，在进一步改善经营管理、促进企业“转轨变型”的同时，浙江省航运公司所属各沿海分公司通过多种渠道积极发展外线业务，开展合同运输；各内河分公司利用已投资建立的砂石料基地和形成的产、运、销“一条龙”，主动做好砂石料促销工作，努力弥补电煤流向改变和砂石料市场疲软所带来的部分损失。这一年，公司在消化了成本上升、运距缩短、客运量下降等不利因素影响的情况下，产量、收入、利润保持了增长势头。

随着山西大同至秦皇岛铁路专用线的建成和秦皇岛煤炭出口码头的兴建，重载列车运输与沿海煤炭运输系统有机结合的国内最大煤炭铁水联运大动脉形成，使能源一向短缺的浙江，从海路到浙的一程运输煤炭任务明显加重，为公司的货运生产提供了又一个发展机遇。

为抓住机遇，浙江省航运公司加快了运力投入。继1986年11月渤海造船厂为公司建造的第四艘浅吃水万吨船“浙海118”轮竣工投入营运后，又有2200载重吨的“浙海510”轮、4889载重吨的“浙海704”轮和由芜湖造船厂建造的3800载重吨的“浙海511”轮与“浙海312”轮先后交付使用，不仅使运力规模得到扩大，而且对公司提高秦皇岛输浙煤炭的占有份额起到了积极作用。

经营思路的拓宽促进了货运生产稳步发展。浙江省航运公司在恢复建制的9年（1979—1987年）里，完成货运量、货物周转量从1979年的983万吨、22.7亿吨公里上升到1987年的1444万吨、48.4亿吨公里，分别增加了46.9%和112%，平均年递增5.8%和10.2%，其中沿海年均递增7.9%和13.7%。在完成的货运量中，重点物资煤炭运量占总运量的百分比从1979年的48.6%（308.1万吨）上升到1987年的61.8%（652.8万吨）。其中，沿海分公司承担的煤运任务，从1979年占沿海总量的66.1%（130万吨）上升到1987年的76.8%（372.9万吨）。浙江省航运公司也因此连续数年获得浙江省计经委和浙江省交通厅的表彰。

1988年因国务院决定宁波市计划单列，宁波分公司随之成建制下放宁波市属地管理，其所拥有的人、财、物（包括运力）及完成的客运量、货运量与旅客周转量、货物周转量等，均不再纳入浙江省航运公司统计范围，因此这一年浙江省航运公司的统计数据与以前统计数据不具有可比性。

随着旅游经济的迅速发展，水路旅客旅游运输方兴未艾。继1981年杭州分公司开辟杭州经太湖至无锡旅游航线后，1983年12月又投入豪华型全卧铺客船“龙井”号首航苏州，打破了杭州—苏州客运航线长期由江苏省航运企业独家经营的局面。在此期间，沿海旅客运输发展比内河更快，除保持已开辟的舟山—上海、海门—上海、宁波—温州等沿海各地间的客运航线正常营运，并通过不断提高服务质量提高对旅客吸引力外，根据市场需求，又相继开辟了宁波—岱山—上海、宁波—沈家门—普陀山等客运航线。为解决前往普陀山旅游旅客激增带来的运力不足问题，浙江省航运公司于1984年2月将稳性好、航速快、船舱宽畅、座位舒适的国内第一艘555客位沿海双体客船“浙江605”轮（图2-11）投入宁波—沈家门—普陀山客运航线营运，使浙江省沿

图2-11　第一艘555客位沿海双体客船“浙江605”轮

海客运状况得到明显改善。

1984年，由于内河的杭锡、杭苏、杭平（湖）、湖（州）申等长途航线旅客增加和沿海增开宁波—普陀航线等原因，当年完成客运量和旅客周转量创造了公司恢复建制以来的最好水平，达到3286万人次、92813万人公里，比1983年的2991万人、79939万人公里分别增长了9.86%和16.1%。

尽管1984年旅客运输的运量与周转量有较大幅度增长，但其中有2/5是靠超载或三四类船舶完成。同时，由于客运票价涉及民生，由政府物价部门核定，在客船基本达到核定载客人数、船舶运行安全的情况下才能保本微利，要取得效益，还得靠超载和减少船舶修理费支出来实现。但由于1985年交通部出台并实施了关于严禁客渡船超载的规定，且随着农村经济的快速发展，自行车猛增，短途出行以车代步情况已十分普遍等，杭州、嘉兴、湖州、钱江4家内河分公司的客运量明显下降。加上材物料、燃料价格上涨及职工工资（津贴）调整等因素影响，客运效益出现下滑趋势。在此期间，各沿海分公司的客运生产同样也不乐观。

为改变这一状况，各分公司在调整客运航线或航班、充分发挥现有工具潜力和效能的同时，因时、因地制宜发展水上旅游。钱江分公司通过调整运力布局，用调整出来的客渡船办起了“水上乐园”和“两江（钱塘江、富春江）两山（桐君山、鹳山）一洞（瑶琳洞）”一日游，富有特色，深受中外游客的欢迎和赞誉；湖州、嘉兴分公司因时制宜，在春游、秋游和钱塘江观潮等期间，开辟和增开到各游览胜地的航班；杭州分公司还新辟了杭州—太湖—无锡、杭州—苏州及杭州—平湖等客运航线，取得了较好的社会效益和企业经济效益。

舟山有普陀山等丰富的旅游资源，气候宜人，成为海岛游特别是暑期学生海岛游的首选目的地，是航运企业组织增加客源和抓客运效益的良好目标地。为此，各沿海分公司纷纷把客运工作的重点转向了发展旅游交通。舟山分公司经批准，将甬定客运航线延伸到沈家门，从而增加了客运量。宁波分公司经营的甬普航线，原来一天只开一个班次，船舶的效率、效益得不到有效发挥，为此在旅游旺季和学生暑假期间根据旅客流量增开旅游班次，将宁波到普陀原两天跑一个来回改为当天来回，既满足了社会需求，又发挥了船舶效率，同时取得了相应的经济效益。温州分公司的内江琯头—温州航线，从1985年6月起与乐清县建立水陆联运中心，凡乐清至温州旅客从陆路抵达琯头后，由温州分公司船舶接运到温州。而对运力趋紧的沿海重点旅游航线，通过新增双体客船投入，缓和运力紧张状况，有效地提高了客运船舶的经营效益。

与此同时，各分公司根据市场变化情况，调整经营思路，因航线制宜，逐步把以客运为主转向客货并重、多种经营，弥补因常规客运量减少带来的效益下降，保持了企业经济的良性运行。

虽然客运生产总体上呈下降萎缩趋势，但仍有个别热门航线运能不足。在客运萎缩的总趋势下，浙江省航运公司也不可能再投入巨资发展客运运力。为此，采取眼睛向内，挖掘潜力，通过对船舶进行技术改造，努力提高营运效率，既基本满足了市场需求，又达到了增产增效的目的。如1985年8月，浙江省航运公司从广东购入的沿海二手客船“鼎湖”轮（购入后更名为“南湖”轮）完成船舶交接手续，并于9月投入定申航线后，因该船原核定乘客定额仅502人，难以满足客流需求，且又因该船主机功率大（2500.7千瓦），经济性较差，营运4个月亏损就达40余万元。1986年，舟山分公司对该船进行改装，由上海七〇八所负责设计，上海船厂实施。经过改装，该轮卧位增加至764人，加上部分散席客位，载客定额增加至920人（图2-12），不仅基本改善了定申航

图2-12　920客位“南湖”轮

线客运紧张局面，而且取得了较好的经济效益，年创利保持在近百万元。船舶换算千吨公里油耗由改装前的33.98公斤下降到14.95公斤，取得了理想的改装效果。

改革开放后，铁路、公路建设快速发展，人民生活水平逐步提高，消费观念改变，旅客运输发生结构性变化。常规水路客运因速度慢、班次少、出行不便等原因，逐渐从人们的生活中淡出。虽然两级公司采取了一系列措施积极应对，但无法从根本上改变上述局面。内河客运以每年平均20%的速度递减，仅嘉兴分公司1986年第一季度完成的客运量就比1985年同期下降26.5%，有的航线如桐乡—乌镇、桐乡—南浔航线下降幅度达到60%以上。沿海客运，特别是定甬、沈甬和定沈航线，从1988年开始受地方轮渡（海峡渡轮）影响，以致当年公司沿海客运量和旅客周转量下降幅度分别达48.89%和32.2%。

在此期间，交通部颁发了《水上安全生产条例》，对客船实行限载。根据条例规定，公司客船特别是沿海客船的旅客装载量大幅度下降，如椒申客船1986年载客定额从原来的658客位减少到452客位，对经营效益产生明显影响。

面对这一情况，在浙江省航运公司协调下，按照"保证重点（旅游）航线、跨省、跨区干线，适当停、撤与铁路、公路平行、有其他交通工具取代或效益差的航线、站点"原则，在调查研究基础上，对内河120余条航线和沿海部分航线进行调整。例如，海门分公司经营的临海—椒江客运航线于1986年3月起停航；温州分公司原经营的内河18条航线，也从1986年二季度起陆续停航，到年底只剩下8条航线维持运行；嘉兴分公司桐乡、海宁内河客运站，也从1987年上半年起陆续停航与公路平行的客运航线，减少企业的经营亏损。

与之同时，1986年国内旅游热持续升温，海岛交通在浙江沿海旅游交通中的地位日益突出。为发展旅游交通，浙江省航运公司、宁波市经济技术开发公司、香港港瑞投资公司三方联合组建了宁波花港有限公司，并引进浙江省第一艘高速客船"甬兴"号（320客位），开辟了宁波镇海小港—上海南汇芦潮港航线；添置了150客位的"明珠湖"号和"银洲湖"号等一批适应浙江省沿海运输条件的"小轻快"二手高速客船投入营运。之后，由上海东海船厂建造的728客位客船"浙江406"轮（图2-13）竣工投产。1986年，杭州分公司与中国国际

旅行社杭州分社合营古运河旅游公司，投入“天堂”号豪华型游览船，组织中外游客游览古运河。1986年，还开辟了湖州—太湖西洞庭山等客运新航线。在这以后的几年时间里，共开辟客运（旅游）航线16条，其中省际客运航线4条，为发展浙江省旅游交通做了大胆探索和有益尝试，也对改变客运生产的被动局面起到了一定作用。

图2-13　728客位客船“浙江406”轮

第四节　注重公司形象　树立企业品牌

浙江省航运公司恢复建制后，随着我国经济放开搞活和企业经营的开拓发展，规模迅速扩大，生产蒸蒸日上，社会知名度不断提高。但由于缺乏品牌意识和对自身经营行为的约束，各分公司为了自身经济效益，在开拓经营中，互挖货源现象时有发生，损害了公司形象。为形成良好的经营行为，树立企业品牌，浙江省航运公司设计、启用了“Z”形徽标（图2-14），在广泛征询意见

基础上，作为企业标志，统一漆刷在沿海运输船舶的烟囱上，形成品牌和规模效应（浙江省海运集团有限公司组建后，2001年将公司徽标向国家商标总局提出注册申请并获准，沿用至今）。

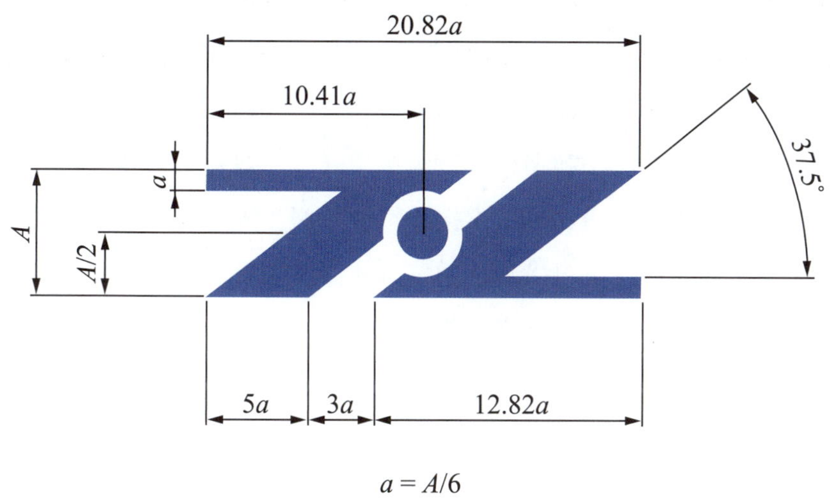

$a = A/6$

图2-14　浙江省航运公司徽标图示

徽标是浙江省航运公司（及以后改称的浙江省海运总公司、浙江省海运集团有限公司）的简称“浙航”（“浙海”）汉语拼音第一个字母Z、H的文字组合。

徽标寓意：图案主体中的一对水平线表示平稳，图案的海蓝色象征安全和环保；图像的斜角为37.5°，是航海舵角最大且实用的有效角度；斜角体现动感，象征速度和生气。

徽标具体制作要求：主体图案各部分尺寸比例中，A为所需的实际尺寸；$a=A/6$；倾角为37.5°；圆与环同心；圆心高度为$A/2$；圆半径$r=1.2a$；环半径$R=2a$。徽标图案采用海蓝色。

第五节　文化素质教育与职工队伍文化素养的提升

职工文化素养是企业文化建设的基础。过去，由于行业的发展滞后和条件艰苦，从事船舶运输的普通船员文化层次相对较低，特别是不少内河船员还是文盲。针对这一状况，浙江省航运公司恢复建制后，把加强职工文化教育、提高队伍文化素养放在日常工作的重要位置，纳入年度工作计划，提出职工教育的目标、任务和要求，并列入年度总结、考核。

各分公司根据浙江省航运公司要求，在对职工文化素质全面调查摸底的基础上，制订了职工文化补课和技术培训计划（当时称为“双补”），自编教材，并采取多形式、多层次和多种渠道组织实施。“双补”工作以全脱产和半脱产形式为主，每年都有约2000人次接受培训学习。同时，两级公司还采取鼓励职工参加成人高、中专学习措施，做好人才开发储备。至1986年，“双补”任务基本完成。在计划实施过程中，为加快进度、提高质量，各分公司还专门成立了职工学校、培训基地，配备了专职师资力量和教育设施，确保教学质量和教育经费投入。

从1986年开始，浙江省航运公司职工教育逐步转向以岗位为基本对象、安全生产为重点的岗位职务（中级技术）培训和新工人上岗前培训。与此同时，依照船员职务规则、各种部署表进行摸底调查；根据生产实际，修订岗位职务培训标准、大纲、计划；实施多形式、多渠道、多层次岗位练兵和跟踪考核，并分层次组织实施，有效地提高了职工队伍的整体素质，为科学管理、安全生产提供了可靠保证。为发展职工教育，浙江省航运公司不仅积极发挥航运技校在职工教育中的作用，而且还与浙江省航海学会、港务监督部门等开展横向联系，加快船员岗位培训、船员“四小证”与高级船员证书的考证工作。经过几年努力，先后有一大批内河、沿海船员取得了相应证书，既提高了船员的素质技能，又在一定程度上解决了船员证书配备不足的问题。

为提高管理队伍素质，各分公司还以举办管理干部培训班、各种岗位业务培训班、政治轮训班、“三长［船长、轮机长（正司机）、船舶政委（指导员）］”培训班（研讨班）等形式，对管理人员进行脱产培训或短期轮训。浙江省航运公司利用浙江省交通干校的教育资源，组织举办了多期“三长”培训班（研讨班），对各公司“三长”进行系统培训，使两级公司的整体管理素质有了相应提高。

第六节　自主办学　培养专业队伍

在向四个现代化进军过程中，航运事业肩负着光荣繁重的任务。随着运输工具的迅速发展和现代化程度的不断提高，船舶技术含量也有了相应提升。而操纵船舶的船员多数是面向社会招工，常以师傅带徒弟的方式进行带教，未受过系统专业的知识教育，无论是专业理论、知识面与认知能力还是应急处置能力等，都难以与受过系统、正规专业教育的船员相提并论，不利于安全生产和企业发展。

为改变这一状况，在浙江省交通邮政局领导支持下，1978年6月下旬公司开始筹建航运技工学校（图2-15）。同年8月23日，浙江省革命委员会以浙革发〔1978〕81号文批复，同意新建航运技工学校两所（杭州、湖州各一所）。据此批复，并根据当时浙江省交通邮政局领导"因陋就简，尽快开学"的办校要求，校址设在杭州拱北谢村的技工学校，利用空置的原大运河工程海员俱乐部大楼和部分仓库，经整修改造后作校舍使用，因陋就简办起了学校。同时又积

图2-15　浙江航运技工学校

极选调干部、教师，配备必要的教育设施设备，任命杭州分公司党委书记乔淑铭兼任校党支部书记，孔维为校长。1979年初，学校招收春季班学生200人，于3月12日开学。1979年9月，又招收秋季班学生200人并开学。1981年1月，首届学生毕业，除择优留校15人充实师资队伍外，其余分配到浙江省航运公司各所属单位。设在湖州的嘉兴分校也在1979年初建校，不久便招生开学。这两所技工学校的创办，为解决浙江省航运公司船员来源和提高船员的技术素质发挥了积极作用。

第七节　恢复建立浙江省驻沪办事处航运营业部

浙江与上海的经济联系十分密切。上海因其特殊的地理位置和优越的水路、港口资源条件，一直是浙江进出口货物和船舶的主要中转地，为此浙江省交通厅在20世纪五六十年代就在上海设立了浙江省交通厅驻沪经营处。1965年1月1日后，更名为浙江省轮船运输公司驻沪经营处、浙江省驻沪办事处航运营业部等，一直对浙江物资流通和经济发展发挥纽带作用。然而，各省在上海设立的办事机构（包括下属单位）于1978年被迫全部撤销，给浙江进出口货物和船舶运行带来了不利影响。

党的十一届三中全会以后，党和国家的工作重心转移到经济建设上，放开搞活政策的实施推动了企业的经营开拓与经济发展，运输需求两旺。为了加速物资流通，确保浙江省物资特别是重点物资（粮食、煤炭等）运输，充分发挥船舶装载潜力，提高航运经济活力，浙江省航运公司迫切希望在上海恢复自办航运业务，省内一些其他航运企业也有强烈呼声。为此，1983年初，浙江省航运公司与浙江省交通厅航运管理局就此与上海交通主管部门进行了多次联系，但在“左”的思想影响下，“恢复”工作遭受巨大阻力。1983年4月，浙江省航运公司与浙江省交通厅航运管理局就恢复自办在沪航运业务联合行文报浙江省交通厅，浙江省交通厅遂又转报浙江省政府。浙江省政府对此十分重视，给予了大力支持，并与上海市政府进行了协调。1983年5月，浙江省政府以浙政发〔1983〕86号文批复同意筹组浙江省驻沪办事处航运营业部（以下简称“航

运营业部”），统一管理浙江省在沪船舶和航运业务。1983年12月16日，浙江省人民政府驻沪办事处航运营业部正式开业，恢复了自办航运业务。1984年5月16日，又恢复了中转联运业务。沪办航运营业部恢复设立后，通过对到沪船舶的良好服务，建立了信誉，实现了初衷，逐步成为浙江水路运输企业在上海的服务中心和“窗口”。

随着经济的不断发展，浙江通过上海中转的进出口物资越来越多。为提高货物疏运中转装卸效率，加快船舶周转，经浙江省交通厅协调上海市交通管理部门同意，浙江省航运公司利用报废的“浙海105”轮，在上海黄浦江设立“浙江平台一”号。1985年11月12日，“浙江平台一”号在上海举行开业典礼，并正式投入了运行。

根据浙江省交通厅浙交〔1986〕646号《关于改变航运营业部隶属关系及有关问题处理意见的通知》，为有利于行业管理，从1987年1月1日起，航运营业部划归浙江省交通厅航运管理局领导和管理，以期发挥更大的社会效益。

第八节　创建和发展浙江远洋运输

党的十一届三中全会后，浙江省对外贸易有了新的发展，大量外贸物资急需运输。当时上海港及铁路运输任务十分繁忙，浙江省还没有从事远洋运输的企业和船舶，对外开放港口的作用没有得到有效发挥。在交通部关于积极扶持有条件的省、自治区、直辖市发展外贸运输的政策指导下，为使浙江省航运事业能更好地适应经济建设迅速发展的新形势，20世纪80年代初浙江省航运公司在进一步发展国内航运的同时，筹划创建并发展浙江省的远洋运输。这一想法得到了省政府特别是省交通局领导的大力支持。在中国远洋运输总公司（以下简称“中远公司”）支持下，浙江省交通局与中远公司协商同意，报经交通部批准，于1980年3月组建中国远洋运输总公司浙江省公司（以下简称“省远洋公司”），双方合营从事外贸运输。由于当时政企合一，中远公司要求浙江省航运公司与中远公司的级别对等，遂以浙江省交通局（1980年5月起更名为浙江省交通厅）名义与中远公司签署合营协议，形成由行政机关与企业合营的不甚完善的模式，而在企业运行、经营管理和经济上，实际是浙江省航运公司与中远公司企业间的合营。

1980年3月26日，省远洋公司"姚江"轮（原"浙海504"轮）自浙江宁波启航，装载浙江省出产的瓷砖、味精、细布和各种罐头食品等共777吨，首航香港成功（图2-16）。这是中华人民共和国成立后浙江省货船首次从事外贸运输，标志着浙江省水路外贸运输从此起步。接着，1980年8月16日"姚江"轮又自中国宁波成功首航日本大阪。1981年7月自中国宁波成功首航朝鲜南浦。1982年8月，宁波—温州—香港航线从不定期航行改为每月上、中、下旬3次的定期航行，成为浙江省第一条远洋散杂货运输航线。此后，又相继开辟了海门—香港、舟山沈家门—香港的散杂货运输航线。

图2-16 "姚江"轮首航香港

随着国际集装箱运输的兴起和发展，1984年8月6日浙江省国际集装箱运输开始起步。省远洋公司"鳌江"轮利用甲板捎带形式，在宁波镇海港区装载浙江首批10个20英尺（1英尺=0.3048米）标准集装箱，经香港中转运往西欧4个港口。1984年10月29日，省远洋公司"衢江"轮又在宁波港装载96个国际集装箱，经香港中转运往北美、西欧各地。1985年4月，这条航线成为浙江省第一条

集装箱定期班轮航线（每月2航次）。此后，浙江省国际集装箱运输发展迅速，先后又开辟了中国宁波—日本神户集装箱航线、海门（后改称椒江）—香港集装箱定期班轮航线等。

在“姚江”轮首航香港后的近5年时间里，浙江远洋运输船队从起初的一两艘船发展到初具规模的船队。这一成绩的取得，离不开中远公司的支持，也离不开省远洋公司的实际合营者——浙江省航运公司在省远洋公司创建、发展过程中在人员、船舶、管理力量等方面全力以赴的投入。尤其是温州、宁波分公司在其中做了许多实际工作。这两家分公司根据浙江省航运公司交予的任务，挑选政治素质好、业务技术水平高、身体健康、作风正派、具有相应文化程度的船员，配备到远洋船队，并从国内运输船舶中先后遴选了包括首航香港的“姚江”轮（原“浙海504”轮）、“瓯江”轮（原“浙海109”轮）以及“兰江”轮（原“浙海517”轮）投入合营。派员组建了远洋宁波、温州办事处，直接承担了浙江远洋运输船舶的现场调度、现场商务、船舶技术和供应保障工作，还负责经常性的船员思想教育、船员调配和对船员家庭的生活服务照顾等一系列经营管理日常工作。同时，省远洋公司宁波、温州办事处的大量工作，实际上也是由温州、宁波分公司各职能部门直接完成的。

第九节　省远洋公司与省航运公司分设

自省远洋公司成立以来，浙江省航运公司为其配置高素质船员，以及部分生产、管理等人员。其中，船员从开始2套加备员增加到8套加备员。为促进省远洋公司更快更好发展和专业化管理，1985年4月20日，浙江省交通厅纪发《关于远洋运输公司和航运公司正式分开的有关问题会议纪要》，浙江省航运公司与省远洋公司正式分立。为此，省远洋公司从省航运公司带走了500余人，包括省航运公司十分紧缺的持证高级骨干船员，以及当时供应尤为紧张的4000余吨船用燃油配额指标等。浙江省航运公司为浙江远洋运输事业从无到有、从小到大的发展作出了极大努力。

2016年，省远洋公司（后公司简称改为“浙江远洋”）按照上级要求进行破产清算。2019年，公司正式注销。

第十节　组织开展企业全面整顿

根据中共中央、国务院《关于国营工业企业进行全面整顿的决定》（中办发〔1982〕2号）和浙江省政府及浙江省交通厅关于开展企业全面整顿的通知精神，1982年2月浙江省航运公司成立了企业整顿领导小组，由书记钱治华任组长。企业整顿领导小组在公司党委领导下，从企业实际出发，按照分步整顿、分类指导、分项验收方式，在公司范围内分期分批组织开展企业全面整顿和综合治理工作。此次整顿治理共有五项主要内容：以提高经济效益为中心，整顿和完善经济责任制，改进企业经营管理；整顿和加强劳动纪律，严格执行奖惩制度；整顿财经纪律，健全财务会计制度；整顿劳动组织，按定员定额组织生产，有计划地进行全员培训，坚决克服人浮于事、工作散漫现象；整顿和建设领导班子，加强对职工思想政治教育。

按照中央2号文件关于三年内把现有企业整顿好的要求，杭州分公司被列为浙江省第一批企业整顿（试点）单位，湖州、钱江、海门分公司（港务局）和杭州船舶修造厂为第二批企业整顿单位，温州（港务局）、宁波、温溪（港务处）、嘉兴分公司和浙江船厂、杭州工程船厂、杭州港务管理处为第三批企业整顿单位。

3月4日，由浙江省政府组织，浙江省交通厅、浙江省航运（局）公司人员组成的“省企业整顿蹲点调查组”进入杭州分公司。整顿工作按照学习文件、宣传发动，调查研究、制定规划，抓住重点、开展整顿，完善制度、加强管理，制订“六好企业”规划、巩固整顿成果的步骤进行。企业完成整顿后，经自查补缺，申请验收，报经浙江省交通厅批复同意，并组成验收小组，按照企业整顿六条标准逐项进行预验、验收。合格后，合格单位继续按照“三项建设”（即：通过企业全面整顿，逐步建设起又有民主又有集中的领导体制、逐步建设起一支又红又专的职工队伍、逐步建立起一套科学文明的管理制度）和

“六好要求”（即：国家企业职工三者兼顾好、劳动纪律好、产品质量好、文明生产好、经济效益好、政治工作好），结合改革，把建设性整顿推向新的阶段。按照企业整顿程序，除杭州分公司在1983年获浙江省交通厅企业整顿领导小组批复同意通过企业整顿验收外，其余辖属单位分别在1984年底和1985年上半年获批通过企业整顿验收。

在完成企业整顿的基础上，为解决企业在经营、计划、财务、机务、安全等方面基础薄弱、管理粗放的问题，1988年根据交通部和浙江省交通厅有关企业全面开展升级工作的规定和要求，两级公司都建立了专门工作班子，配备专业人员，着力抓好企业升级工作。严格按照升级标准，编制了标准化达标的规划和措施，编写资料。特别是针对有严格考核指标的计量和标准化管理，还编制了企业标准化体系表，组织宣贯实施。同时，根据企业升级工作要求，组织开展了方针目标、全面质量、节能、设备等基础管理的单项达标活动。各工作班子人员对标准化体系宣贯实施和单项达标活动开展情况及时进行指导、帮助和检查，并组织进行单项达标验收等。

通过不懈努力，两级公司的计量、标准化、全面质量管理、设备管理、节能管理、档案管理等各单项达标项目，分别通过部或省的专业验收或考核。1988年，杭州分公司经浙江省企业上等级验收小组验收合格，率先荣获省级先进企业称号；1989年又有舟山分公司（当年改制更名为舟山一海公司）荣获省级先进企业称号（嘉兴、湖州、杭州、钱江分公司和钱塘江海运公司当年下半年已下放所在地市属地管理）；温州、海门两家海运公司也在1990年步入省级先进企业行列。通过企业升级工作，两级公司的各项专业管理水平有了较大提高。

在实施企业整顿和企业升级工作过程中，两级公司十分注重人才开发，积极开展职工培训教育，从群体上提高职工素质，做好人员结构调整。至公司改制为浙江省海运总公司前，干部队伍中有大专以上学历407人、中专学历489人、高中学历203人；有高级职称30人、中级职称359人、初级职称614人；在船舶运输人员中，有三副、三管轮以上持证船员308人，持证干部船员640人。

第十一节　以全面质量管理为重点积极推行“四全”管理

所谓“四全”管理，即是全面（全员，下同）质量管理、全面能源管理、全面计划管理和全面经济核算。

全面质量管理。为提高企业管理的整体素质，根据交通部关于在全国交通行业开展全面质量管理活动的通知精神，结合公司在实施企业整顿、企业升级过程中暴露出来的问题，为建立并形成协调统一、规范有序的内部管理体系，提高企业管理工作能力与水平，从1984年开始，公司开展了推行全面质量管理活动。为有利于活动开展，两级都建立了“全面质量（安全）管理委员会（领导小组）”和“质量管理办公室”，制定了实施全面质量（安全）管理规划，在相关部门设立了安全监督员；结合质量和安全管理工作实际，清理、制修订并实施了一批全面质量、安全管理办法制度和操作规程；组织对质量管理活动的骨干进行培训，对船员进行职务考试等。同时，围绕提高运输质量（装卸作业正确率、货损货差率、船舶积载率、安全与质量事故发生率、事故赔偿率、客运服务质量等），通过在全公司开展“质量月”“安全月”“文明礼貌月”活动造势，把全面（全员）质量管理活动扎扎实实向前推进。

当年，两级公司共举办TQC（全面质量管理）学习班38期，培训QC（质量管理）活动骨干数百人，建立注册登记的质量管理小组90余个。各QC小组结合企业或自身工作的重点和难点，选准课题开展活动，进行攻关，取得了一批又一批成果，使质量、安全事故发生率大幅度降低（降低率达到30%～50%），安全覆盖面进一步扩大，事故损失和赔偿金额也比活动开展前减少约50%。随着服务质量的提高，旅客、货主对服务质量的赞誉、表扬也逐步取代了对服务质量的投诉，企业也因此取得了增收、节支、降耗、效率效益提高和质量管理基础工作进一步加强的效果。

在当年取得的质量管理成果中，有41项分别在浙江省交通厅和浙江省航运公司组织的QC活动成果发表会上发表，有5个QC小组获省交通厅QC活动成果

奖，有11个QC成果获得省航运系统优秀奖。

在此基础上，为推进群众性质量管理活动的深入持久开展，巩固和扩大活动成果，1985年浙江省航运公司又推出了全面质量管理活动的三个结合，即：全面质量管理与方针目标管理结合，与服务标准化、程序化结合，与推行岗位责任制结合。活动内容也从围绕运输（服务）质量、航行安全扩大到经营生产、企业管理等方面。另外，还制定实施了一批工作程序和服务标准，每年都有一批新的成果产生和推广。

全面能源管理。浙江省航运公司恢复建制初期，正处在我国从计划经济向市场经济过渡的转换时期，能源供需矛盾十分突出，国家分配的船用计划柴油不足实际消耗的2/3，缺口很大。为确保生产用油的正常供应，两级公司在采取一系列节能降耗措施的同时，实施了全面能源管理，成立了节能领导小组，设立了节能办公室；健全和完善能源管理制度，加强能源计量监督管理；根据不同船型、机型、航线、营运条件等下达能源消耗定额和轻重柴油使用比例；在下达用油计划时，同时下达节能指标；在生产组织上加强了合理调度，并把每年的11月定为“节能活动月”，交流节能经验，探讨节能措施。在技术层面上，由省航运公司牵头进行柴油掺水试验及推广应用航海节能技术等，把全面能源管理工作落到实处。由于实施了全面能源管理，节能措施到位，从1984年开始，先后有宁波分公司等多家辖属单位被评为全国交通系统二级节能先进企业和国家节能二级企业。

全面计划管理。计划是指导企业生产、管理企业经济运行、考核企业经营业绩的主要依据。浙江省航运公司恢复初期的计划管理主要以平衡生产计划为主，往往是数出多门，缺乏统筹协调，不太科学合理，数据之间“打架”现象也时有发生。为加强计划的科学性、合理性和可行性，及时掌握生产和经济运行情况，1984年浙江省航运公司实行了全面计划管理，制定实施《计划管理暂行办法》，把生产和各项经济活动统一纳入计划管理范围，由各级计划部门负责平衡协调，监督执行，并一个口子对外，既规范了计划管理，又保证了提供数据的同一性。

全面经济核算。实施经济责任制后，各级企业建立了包括收入、成本、利润、安全等要素在内的经济指标考核体系，通过层层分解，把指标落实到岗、

落实到人，形成了人人头上有指标、个个肩上有压力的经济责任体系。这一制度的实施，对核算工作提出了新的要求。为此，20世纪80年代初，两级公司实施全面经济核算，制定出台《经济核算工作规程》，开展全员、全过程核算管理。各经济责任单位（部门）通过经常性的经济活动分析，对考核指标执行情况进行分析评估，确保完成和超额完成，既把全面经济核算工作落到了实处，又促进了企业管理。

第十二节　开展行业文明建设活动　提高企业文明程度

企业物质文明建设取得的成就离不开精神文明建设提供的强大精神动力和思想保证。浙江省航运公司恢复建制后，努力凝聚行业精神，大力推动文明建设。公司党政工团各级组织，紧紧围绕物质文明建设，以“服务人民、奉献社会”为宗旨，按照精神文明“重在建设，贵在坚持，务求实效”和“职工是文明建设活动的主体，必须坚持广泛动员，全员参与”的原则，全面开展行业文明创建和精神文明建设活动。

1981年2月，全国总工会、团中央等9家单位联合作出《关于开展文明礼貌活动的倡议》，号召全国人民开展以“讲文明、讲道德、讲礼貌、讲卫生、讲秩序”和“语言美、心灵美、行为美、环境美”为主要内容的“五讲四美”文明礼貌活动。同年3月，交通部政治部、中国海员工会和中国公路运输工会也相继发出通知，号召全国交通系统职工广泛、深入地开展以“五讲四美”为主要内容的文明礼貌活动。两级公司结合企业实际，把“文明生产、礼貌待客、方便群众”作为为人民服务、对人民负责的重要标志和开展劳动竞赛的重要内容，积极做好宣传工作，并在各客运单位组织开展“文明用语，热情待客，礼貌服务”活动，使服务质量有明显提高。

1983年，根据交通部在全国交通系统开展“五讲四美三热爱”(三热爱即热爱祖国、热爱社会主义、热爱中国共产党）活动和文明礼貌月活动要求，浙江省航运公司把“加强文明建设，塑造企业形象”作为文明礼貌月活动的主要内容，做好活动的组织实施工作。为巩固活动成果，活动月结束后，公司又持

续组织开展了双文明窗口建设和双文明竞赛活动、“创建文明单位、争做文明职工”活动、“学雷锋，树新风”活动等，促进企业的社会主义文明建设，收到良好效果。广大职工的主人翁责任感得到加强；船舶、码头等公共服务环境脏乱差状况明显改善；对货主负责，为旅客服务，助人为乐、公而忘私的劳动态度得到发扬。同时，一大批先进模范人物和先进集体涌现了出来。在此基础上，为进一步改善服务、提高质量，1984年浙江省航运公司在各客运单位学习推广“东方红84”号轮经验的同时，认真总结推广本单位在文明服务、礼貌待客方面的先进经验，积极开展创建并坚持文明站、文明船、文明航线活动。内河杭州客运站、嘉善营业站被评为全国文明站，湖州分公司“浙航802”号客船被评为全国文明客船。

为全面推进行业文明建设，在积极参与全国水运系统安全优秀船舶评选活动、安全诚信船舶和诚信船长评选活动、浙江省“安康杯”竞赛活动的同时，1988年开始又在公司范围内开展以安全生产为重点的安全优质百日赛、船舶“三星”奖评选活动［船长、轮机长（正司机）、政委（指导员）］、安全知识竞赛活动、“青年文明号”活动和“团员身边无事故”活动，以及以提高职工素质技能为主要内容的技术比武（理论知识与实际操作）活动等，并把安全工作也纳入行业文明建设范畴，努力提高企业的文明程度。

文体娱乐活动是企业文化的载体和精神文明建设的组成部分。各级工会、共青团组织开展的“职工之家”建设活动、“振兴中华” 读书活动、三八红旗手与五好家庭评选与表彰活动、优秀船员家属评选活动，以及组织开展各类体育、书画、文艺歌咏比赛等，为丰富职工的业余文化生活，努力营造和谐的环境氛围，倡导良好的社会风尚和高尚的道德情操发挥了积极作用。

党政工团齐抓共管是浙江省航运公司在行业文明建设和精神文明建设中的一个显著特点。为丰富船员的工余生活，促进船舶文明建设，各级工会、共青团根据航运生产点多、面广、线长、流动分散的特点，于1984年开始在船舶上陆续建立了“船员之家”，配备了流动图书箱和适合船上使用的活动器材，送书下船，定期更换，组织开展“振兴中华”读书活动等。由于行业的特殊性，船员长年工作在外，对家庭照顾较少，其家属要承担更多的家务压力，易引起家庭矛盾，影响企业稳定。为此，从1985年开始，公司工会把精神文明建设延

伸到船员家属，每一两年组织一次优秀船员家属评选和表彰活动。期间还召开4次船员家属表彰大会。这种做法当时在同行业中尚不多见。与此同时，为解决船员后顾之忧，各单位还建立了服务船员家庭的后勤服务站，全方位为船员家庭提供无偿服务。为扩大先进模范人物在两个文明建设中的影响，1986年10月下旬至11月中旬，公司工会配合公司党委，组织由王炳松等7位优秀船员及2位优秀船员家属组成的先进模范人物事迹报告团，到浙江省航运公司所属单位作先进事迹巡回报告，在广大职工（特别是船员及其家属）中产生了积极影响。在持续开展的优秀船员家属评选活动中，海门分公司“浙海304”轮船长李妙金的家属徐君凤，参加了交通部、中国海员工会召开的全国优秀船员家属表彰大会并受到嘉奖；后又有温州分公司船长林立健的家属郑爱珍，被评为交通部、中国海员工会表彰的全国100名优秀海员家属之一。这些活动增强了广大船员和家属对行业的自信心和工作的责任心，促进了企业稳定发展。

第十三节　纠正行业不正之风与职业道德建设

行业风气是职业道德的体现，员工良好的职业道德和精神素养又是企业赢得社会信赖的基础。浙江省航运公司恢复建制后，始终把职工队伍职业道德建设作为推进精神文明建设的重要内容，按照交通部《交通行业“窗口”岗位人员职业道德规范》和浙江省交通厅《浙江省交通行业16种主要从业人员道德规定》要求常抓不懈，并在各客运单位开展文明礼貌月和文明站船创建活动，不断改善服务态度，提高服务质量，受到旅客好评，同时也对培养职工“爱我航运，爱我岗位”的职业思想起到了积极促进作用。在文明站船创建活动中，1984年嘉兴分公司海盐营业站被评为交通部客运先进单位。

当时，社会生活物资相对紧缺，职工收入水平不高，有些人利用国家实施放开搞活发展经济的政策法规不健全和职业、职务之便，寻求额外收入，一时间不正之风蔓延。受此影响，在水运行业也出现了“靠水吃水”“靠船吃船”、以权谋私、以船谋私现象。有的巧立名目乱收滥收费（如力资费、装卸费、托运费、寄存费），私分劳务费；有的利用自己掌握的运输工具捎买带紧

缺物资（如卷烟），从中谋取利益；还有的索贿受贿，或向货主、旅客、小商贩巧取、硬要、强买或勒索财物等，甚至引发赌博斗殴现象，既危及安全生产，败坏行业风气，也腐蚀职工队伍。

针对这一情况，1986年，根据中共中央和交通部党组关于纠正行业不正之风的文件精神，浙江省航运公司召开专门会议，成立由浙江省航运公司主要领导、浙江省交通厅及浙江省航运公司有关部门人员组成的纠风宣传调查组，赴舟山、海门、宁波帮助工作，同时组织人员到杭州、嘉兴、湖州、钱江分公司调查研究。各所属单位根据中共中央和交通部党组的纠风工作要求，广泛开展宣传，进行职业道德教育，提高对纠风工作的认识，通过调查研究，弄清本单位本部门存在的不正之风。在此基础上制定相关制度规定，明确政策界限，堵塞漏洞；对排查发现的不正之风，采取教育处理措施，提高免疫力。

1986年8月，浙江省航运公司在杭州召开纠正行业不正之风会议。会议传达和学习了中共中央关于端正党风及交通部、浙江省交通厅关于交通系统职工队伍建设、纠正不正之风的指示精神，交流了纠风工作进展情况，提出了纠正行业不正之风与职业道德、法制教育，与整顿机关作风，与当时正在开展的整党工作，与职工队伍文明建设，与承包经营责任制（把纠风工作情况作为制约指标，纳入考核范围），与教育惩戒，与建立健全各项规章制度相结合的"七个结合"和具体要求。同时，又采取全面整顿劳动纪律和财务纪律、整顿运输经营行为、查禁不正之风等措施，对违法、违纪、违规行为起到了强有力的震慑作用。

为有利于更好地推进纠正行业不正之风，两级公司在区分正常经营服务活动与行业不正之风的同时，采取疏堵结合的方法做好监督引导工作。在保障优质服务的前提下，对一些经营和经济活动中的合理收费，以多种经营形式加以明确，并通过制定相关管理制度、标准，划清合理收费与不正之风之间的界限，使一些合理收费有据可依。为扶正祛邪，公司各级部门又通过组织学习先进人物的先进事迹，推行规范化服务，开展各项评选活动，使广大干部职工树立公而忘私、奉献在岗位和全心全意为人民服务的思想和精神。与此同时，两级公司工会、共青团又积极组织开展文明服务活动，使行业不正之风受到了极大遏制。

通过纠正行业不正之风行动，在职工中较好地树立了“旅客第一，货主第一，信誉至上”的思想，维护了企业信誉与形象。嘉兴分公司海盐营业站和宁波分公司“浙江605”轮、舟山分公司“浙江806”轮被交通部评为1986年优质运输先进集体。杭州分公司杭苏线团支部开展学习杨怀远“小扁担”精神，舟山分公司“浙江805”轮团支部恢复“青年服务队”活动，也都受到旅客称赞。海门分公司“浙江404”轮叶呈法带领船员做好安全生产，礼貌服务，文明待客，荣获全国内河安全明星船长“金帆奖”奖杯。之后，在第二届全国内河安全明星船长“金帆奖”评选活动中，又有舟山分公司“浙江815”轮船长徐熙孟、温州分公司“浙海116”轮韩业广、“浙海115”轮施振全、海门分公司“浙海309”轮徐度法获“金帆奖”奖杯。这些都为加强职业道德建设、树立良好行业风气发挥了积极的推动作用。

第十四节　政企分开与港航分设

航政航管与航运企业政企合一、港口港务管理与航运企业港航合一，是1979年浙江省航运公司恢复建制初期的基本组织架构。随着社会经济的迅速发展，这一组织形式已不能适应企业发展需求。根据浙江省委〔1983〕22号《批转省交通厅党组〈关于厅机关和厅直属单位机构编制方案的报告〉》，原两块牌子、一套班子、合署办公的浙江省交通厅航运管理局与浙江省航运公司，按照行政管理（包括运管、航监、航养、航道工程等）和企业经营的职能分工，于1984年1月1日起政企正式分开，浙江省航运公司成为独立核算的经济实体。实施这一体制后，有利于改善公司的经营管理，提高经济效益，也对加强和提高航运专业管理水平起到了积极的促进作用。

政企分开后，浙江省航运公司于1984年6月27日从梅花碑浙江省交通厅办公大院搬迁至杭州环城北路140号原省联运大楼办公。

1984年5月，党中央、国务院正式批准宁波、温州等14个沿海城市进一步对外开放，为浙江省航运公司（特别是宁波、温州分公司）的发展创造了良好的外部条件。为进一步理顺关系，更好地发挥这两个城市的港口功能，适应对外

开放需要，继浙江省交通厅航运管理局与浙江省航运公司实行政企分开后，根据浙江省交通厅统一部署，1985年6—7月，港航合一的温州港务管理局与温州分公司、海门港务管理局与海门分公司，按照各自功能，实施并完成了港航分设。分设后的两港隶属于浙江省交通厅航运管理局领导与管理。温溪港务管理处与温溪分公司虽也实行港航合一体制，因当时不具备港航分设条件，故未实施港航分设。

第十五节　深化企业改革　巩固整顿成果

1985年是继续贯彻经济体制改革和对内搞活、对外开放的一年，也是继续开展企业整顿的一年。浙江省航运公司及各所属单位在1984年企业整顿验收合格后，1985年又组织进行全面回访复查，促进了企业管理制度进一步健全和完善，各项管理工作更加规范有序，巩固了企业整顿成果。在此基础上，浙江省航运公司又逐步推行以承包为中心的经济责任制。这一制度的实施，提高了各辖属单位拓展经营的积极性和主动性，并根据企业的自身特点和优势，按照“一业为主，多种经营”思路，广开经营门路，经营范围逐步扩大，取得的经营效果与1984年相比也有所提高，基本实现了年初提出的“立足本地，保证重点，以航为主，多种经营，落实承包，消灭亏损，注重质量，提高效益”的经营方针。

1984年，根据《中共中央关于经济体制改革的决定》和国务院扩大企业自主权十条及浙江省政府补充办法，以及经济体制改革的总趋势和总要求，浙江省航运公司积极组织并贯彻实施。为有利于中心城市功能和作用的发挥，有利于搞活企业并获得更好更快发展，1985年3月，浙江省经济体制改革领导小组、省计划经济委员会、省财政厅、省交通厅联合印发《关于杭州船厂、浙江船厂下放的通知》。该通知明确：经省人民政府决定，将杭州船厂、浙江船厂分别下放给杭州市和宁波市管理（包括人财物、产供销）。1985年4月16日，浙江船厂下放交接仪式在宁波市举行，由宁波市经委领导主持，副经理马光代表浙江省航运公司与宁波市机械局（接收单位）办理了交接签字手续。杭州船厂下放杭州市的交接签字仪式于1987年10月17日在杭州航管处举行，同时举行下放签字仪式的还有杭州港务管理处。浙江省交通厅航运管理局局长顾裕琦、浙江省航运公司经理庄钠分别代表浙江省交通厅航运管理局和浙江省航运公司，与杭州市交通局局长鲍樟根在《关于杭州船舶修造厂下放交接协议书》和《关于杭州港务管理处下放交接协议书》上签字。浙江省交通厅副厅长周志卿与市经委负责人监交。

1985年国家实施二步利改税政策，浙江省航运公司列入二步利改税范围。税改政策规定，实施二步利改税的企业免交折旧基金，当年实现利润的55%作所得税上交国库，并继续实行税前还贷政策。这无疑是对处于微利状态水运企业的一个有力支持。据此政策规定，浙江省航运公司进行了多形式、多层次、广范围的承包试点，及时总结经验教训，不断摸索承包经营路子。1987年，两级公司签订了承包经营责任制合同，把企业与职工的利益同经营效果挂钩，看得见，摸得着，广大职工的生产积极性得到很好的调动。同时，各分公司通过完善经营机制，科学组织生产，努力挖掘内涵潜力，改善企业经营，在客运效益持续大幅下滑的情况下，仍然取得年增长25%以上的经营成果。

为加快改革步伐，各分公司在与浙江省航运公司签订承包合同后，又在企业内部全面推行经理（厂长）负责制和以承包为主的多形式经济责任制。为进一步搞好分配制度的配套改革，1988年下半年，浙江省航运公司为探索建立“工效挂钩”工资制度，着手与浙江省工资改革办公室进行积极沟通，组织“工效挂钩”方案的设计与论证。之后，经浙江省工资改革办公室批准，在全公司实行了“工效挂钩”制度，结合“双增双节”，制定实施了外线运输和提高船舶效率等单项奖罚办法，有的还试行了中层管理人员聘用制和优化劳动组合等，使企业在改革和不断探索中前行。

第十六节　横向联合　积极开展与省外的经济技术协作

1985年6月，为加强横向经济联系，拓宽经营渠道，发展外向型经济，实现与外省经济的优势互补，浙江省政府在杭州召开了浙江省经济技术协作洽谈

会，有146个单位、1600余人参加，国家经委等部委也委派部级领导参加。洽谈会由省长薛驹主持，王芳、沈祖伦等到会。

会议期间，浙江省航运公司以庄钠为代表团团长，金孝毅、马光为副团长等10人组成的经济技术协作洽谈代表团，经过36场洽谈，与广东省航运总公司签订了455客位沿海全空调二手客船——“鼎湖”轮（20世纪50年代初由丹麦建造）转让协议；与芜湖造船厂签订了由卖方贷款，建造4艘3800吨江海货船船队协议和3800吨货船修改协议；与上钢三厂签订了经济技术协作（补偿运输）等协议共5份；与渤海造船厂等单位签订了设计建造浅吃水大载货量散货船等意向书5份。同时，由浙江省航运公司发起，十多个省外沿海开放城市及湖南、湖北等地计经委、协作办、港口代表等联合发出“沿海、沿江、港口城市联合起来，沟通南北交通，发展我国水上运输优势倡议书”。浙江省航运公司开始从封闭的单纯生产型企业向经营开拓型企业转变。

第十七节　积极探索发展外向型经济之路

企业内部改革取得成效后，浙江省航运公司为拓宽视野，积极开展与省外的横向经济联系，以适应浙江省贸易兴省、发展外向型经济需要。在省政府、省交通厅的关心支持下，1988年1月15日，公司组织5人南行考察小组，由经理庄钠带队，对广东、海南两省进行实地考察，对在毗邻港澳地区设立“窗口”企业进行了可行性研究。经过近半年努力，报经浙江省交通厅批复同意，浙江省航运公司在海口、广州两市分别设立了琼之船务（实业）有限总公司和越海船务有限公司，并先后于1987年5—6月间在两市办理了注册登记，同年7月开始正式运作，实现了多年来希望在南方开设“窗口”的愿望。

第十八节　钱塘江至海南航线的开辟

为配合在南方开设“窗口”，1988年3月3日，浙江省航运公司召开南方工作紧急会议，安排落实去南方的船舶，组织船队开始了杭州至广州、海南江海货运航线的探索之旅。3月18日，浙江省航运公司在杭州海月桥码头举行“浙江省航运公司热烈庆祝杭州—海南航线通航”仪式（图2–17）。中午12时，钱江分公司“浙海1101”轮与“浙海911”轮编队，装载水泥和百货，从杭州海月桥码头启航，踏上了浙江省杭州市至海南省海口市的通航旅程。船队启航后，经过80公里钱江航道进入东海，穿过台湾海峡，越过雷州半岛，最后抵达目的港。浙江电视台当晚播放该新闻。次日，《杭州日报》头版头条以《钱江出海史上的壮举》为题，报道了这则消息。船队于3月26日23时在当地港监引领下，顺利抵达海南省海口新港，安全航行2500海里，并于4月16日顺利返回杭州。杭州—海南第一条海上通道的成功开辟，在浙江省航运史上写下了重要篇章。

图2–17　杭州至海南航线通航仪式

在此基础上，为集中优势，加快钱塘江开发，实现从钱塘江起步，走向国际大循环，并为杭州港早日成为重要进出口港提供组织保证，浙江省航运公司重点抓了三项工作：一是由钱江分公司第一船队、沿海船队、浙江省航运服务总公司三家联营组建钱塘江海运公司；二是在浙江省科委有关部门支持下，进行了钱塘江千吨级出海船舶的可行性研究、经济测算及船型优选工作；三是组织商务、经营等相关部门人员，走访省内外十几家货主单位，广泛开展货源调查，及时了解外贸市场信息及货源情况，提前做好货源储备。但后因公司体制再度发生变化，此项目搁浅。

钱塘江航道坎多、浅滩多、潮水汹险，航道复杂多变，建造大吨位的船舶

谁都不曾想过。在浙江省科委有关部门的支持下，在钱塘江千吨级出海船舶可行性研究、经济测算及船型优选，并完成设计基础上，适合钱塘江航道浅吃水要求的千吨级船舶于1989年11月在钱江船厂开工建造。钱江船厂历来以修理和建造小功率港作拖船和小吨位船舶为主。接受任务后，船厂职工在厂长戚庚祥、副厂长於建华的带领下，克服船舶建造过程中一个又一个困难，于1990年4月13日完成建造任务，所造千吨船冠名“钱塘”轮（图2–18）。12月4日，该船移交海门海运公司使用，并驶离杭州，成为有史以来在钱塘江畔建造的最大吨位江海货运船舶，创钱塘江造船新纪录。同时，也锻炼了造大船的骨干队伍。

图2–18 “钱塘”轮下水

第十九节　依靠技术进步　促进企业发展

1979—1987年，浙江省航运公司通过聚集专业人才，狠抓技术更新改造，广泛推广和应用磁化节油器、万吨轮的前置导流管，推广应用逆变器、6300柴油机喷油系统、纤维机油滤器等节能新技术，使船舶综合千单位柴油消耗逐年下降。1979年，公司船舶的千吨公里消耗为11.8公斤，至1987年下降至7.54公斤，下降36.1%，年均下降率约4%。其中：内河船舶从10.99公斤下降至8.25公斤，下降24.9%，年均下降率约2.77%；沿海船舶从13.02公斤下降至7.15公斤，下降45.1%，年均下降率约6.12%。以1985年与1981年做比较，整个公司在完成货运量年均递增13.35%，实现利润年均递增21.38%的情况下，柴油总耗量仅增长6.5%，5年累计节油2.86万吨，取得了很好的效益。

期间，浙江省航运公司通过向六机部、省内外的地方借贷、卖方贷款和争取技改项目等多种渠道共筹资2.02亿元，用于船舶更新改造；与教育、科研单位结合，发展新船型，采用新机型，设计建造了一批经济节能型船舶，使浙江省拥有了独具一格的适应沿海中小港口的浅吃水、节能型散装货船和双体客船。到1988年末，公司沿海货运船舶从1979年的5.24万吨增加到14.11万吨，增加了169.3%，平均年递增16.93%；内河船舶从6.21万吨增加到9.1万吨，增加了46.5%，平均年递增4.65%。

在运输工具数量增加的同时，质量也在不断提高。1979年浙江省航运公司拥有的机动船舶中，钢质船仅占机动船总数的48%，且三四类船舶占比在90%以上。经过更新改造，至1987年钢质船的比例已提高到96.2%，一二类船舶占船舶总数的比例，内河达88.9%，沿海达79.3%，内河驳船、钢质船从47.9%上升到99.7%，基本完成了对原有木质、水泥质驳船的更新改造任务。沿海300马力、500吨以上的机动船平均船龄从37岁降至7.5岁，客船船龄降至15.6岁。

在发展运力过程中，浙江省航运公司在船舶技术上也取得了重大进展。“六五”期间共完成科研项目9项，开发新船型16个。其中，超浅吃水肥大型散装货船获浙江省科技进步奖三等奖，另有两项获浙江省交通厅科技进步奖二等奖。在这5年间，还积极推广应用科技成果，如浅吃水万吨船和3800吨级、2200吨级的浅吃水、小功率散装货船，在实践中充分发挥了它在有效提升经济效益方面的作用。同时，还对3800吨级船型进行进一步改造，将其发展成4500吨级节能船型。这些船舶在当时都成了浙江省航运公司运输生产的主力。

此外，浙江省航运公司在“六五”发展的基础上，为加强对运输生产的动态管理和组织指挥，于“七五”第一年（1986年）正式开通了单边带水运专用通信网，设有单边带电台59座，成为全国第一家水运通信省级网络，确保了信息的快速传递，提高了工作效率。

第二十节　实施承包经营责任制　经营效果显著

浙江省航运公司恢复建制最初几年，在对船舶进行技术改造和拓展经营

的同时，为创造更好的经济效益，积极推进企业改革。1984年，浙江省航运公司首先进行单船（船队）承包试点，并取得成效。1987年，在浙江省交通厅领导的支持下，又进一步扩大实施内部承包经营责任制范围，按照“包死基数，确保上缴，超收多留，欠收扣减”的原则，以“定、保、挂、联、包、租”形式，两级公司签订了承包经营责任制协议。协议把实现基期利润作为承包的责任指标，把运输生产的安全、质量、产量、消耗、船舶完好率、效率、财务纪律等作为考核的制约指标。为落实承包经营责任，各分公司又把指标逐级分解，层层落实到所属单位、船舶、站、队，并把各级承担的经济责任与经济利益挂钩，形成了自上而下的管理体系和自下而上的保证体系。而对各分公司的微利或亏损基层单位，实行“单独核算，放开经营，减亏留用，增亏不补”政策，充分调动各方的积极性。

承包经营责任制明确了分配关系，做到权利与义务的统一，给企业增添了活力，经济效益显著提高。1987年，仅各分公司所属船厂，从上年亏损75万元转变为盈利35万元，亏损面减少50%。浙江省航运公司当年实现利润3023.94万元，达到了年初确定的“争创历史新水平”的奋斗目标。

1988年，浙江省虽遇夏季高温、台风和冬季干旱枯水的严重灾害性天气，但由于实行了承包经营责任制，在浙江省航运公司广大职工的共同努力下，战胜自然灾害，完成了浙江省交通厅下达的生产任务和经济计划指标。

为搞好配套改革，进一步体现责任与风险共担、权利和义务统一，1987年下半年浙江省航运公司根据所有权与经营权分离原则，在探索租赁经营上迈出了新的一步。在建的两艘3800吨级散货船在交付使用后，租赁给舟山、宁波分公司经营，并签订了还贷合同。按照“谁经营，谁还贷”原则，由船舶使用单位归还当年应归还的造船贷款本息，直至全部还清。这一改革措施的实施，改变了过去新造船舶由浙江省航运公司统贷统还的做法，船舶使用单位既有了经济责任，又有了工作目标，使企业在经营管理上狠下功夫，逐步改变“九家（分公司）欢喜一家（省公司）愁”的被动局面。

根据中央、浙江省政府和浙江省交通厅有关深化企业改革的指示精神，在1987年12月第一步利改税基础上，为巩固并扩大承包经营责任制成果，两级公司先后签订了1988—1990年内部承包经营合同。1988年，浙江省航运公司又与浙江省交通厅签订总承包合同（1988—1990年三年期）。之后，按照浙江省政府〔1988〕40号文件精神和总承包合同规定，经浙江省交通、财政两厅同意，浙江省工资改革办公室批准，于1989年开始实行"工资总额同运输周转量和实现利税双挂钩办法"，由此逐步建立并形成了省航系统两级公司的承包机制。

承包经营责任制的实施，对深化内部改革，搞活企业，增强后劲，调动企业和广大职工积极性，提高经济效益，均起到了重要作用，并取得了良好效果。在1988—1990年的三年承包期内，浙江省航运公司与浙江省交通厅签订的承包合同所确定的各项考核指标，除水路旅客运输因社会发展趋势不可逆转外，其余各项均达到或超过考核指标，主要经济效果指标保持了持续、稳定增长势头。

此期间，浙江省航运公司共完成货运量1182.27万吨（年均394.09万吨），货物周转量84.8375亿吨公里（年均28.28亿吨公里），分别为承包考核基数指标（年均352万吨、24.6991亿吨公里）的112%和114.5%。

三年共实现利润5420.6万元（年均1806.87万元），为考核基数指标（年均1000万元）的180.7%。

三年的资金利税率分别为9.19%、16.82%、13.24%，分别比考核基数指标（8%）高出1.19%、8.82%、5.24%；船舶固定资产三年共增加了3712万元，达到17641万元，为基数指标（三年共增2100万元）的176.8%；用于还贷的更新改造资金及折旧资金共2402万元，为考核基数指标（1500万元+700万元，合计2200万元）的109.2%。

三年的船舶千吨公里能耗分别为7.14公斤、6.92公斤、7.09公斤，均基本达到考核指标。

承包期间，浙江省航运公司始终把确保重点物资运输作为企业生产的首要任务，三年分别完成重点物资运输318.5万吨、368万吨、356万吨，均高于承包前完成的运输量（1987年为277万吨）。公司也连续被评为浙江省重点物资运输先进单位。

第二十一节　实行经理负责制　推进领导体制改革

“企业必须实行厂长负责制和企业党组织保证监督”是1988年8月1日起正式实施的《中华人民共和国全民所有制工业企业法》一条重要原则。浙江省航运公司作为浙江省交通厅下属“党委领导下的经理负责制转变为经理负责制”的试点企业，依据《全民所有制工业企业法》规定，由厂长（经理）为企业法定代表人，依法行使企业经营决策权、生产指挥权、人事决定权；企业党组织由对企业实施领导转变为行使监督保证职能；职工代表大会及其工作机构——企业工会行使民主管理和民主监督职能。这一制度的实施，是公司领导体制一次重大转变。

为保证企业领导体制顺利转换，及时处置实施过程的相关问题，取得经验，浙江省航运公司先在内河片推行这一制度。各内河分公司按照《全民所有制工业企业法》和“三个条例”规定，制订并上报实施细则和报告，经批准后实施。1988年2月中旬，浙江省航运公司召开内河片及沿海有关分公司负责人参加的省航企业领导体制改革研讨会。嘉兴、杭州分公司汇报了实行经理负责制的做法和经验，研究了省航系统实行经理负责制的目标及工作程序和要求；同时探讨了党政分开后的组织领导与机构设置；结合企业实际，拟订《三个条例实施细则》；研讨了分公司下属单位（船、队、厂、站）逐步建立行政领导负责制等问题，并达成了共识。

至1988年6月底，嘉兴、杭州、湖州3家内河分公司完成了企业领导体制转换。12月底以前，分公司一级领导体制的转换工作基本完成。上述工作为企业划小核算单位、全面实行承包经营打下了基础。

经理负责制的实施，促进了企业职工特别是各级领导的观念转变，确立了经理任期目标责任制和适应新领导体制运作需要的企业机制与工作制度。同时，也促进了包括人事管理（用人制度）、劳动用工、分配制度等一系列相关改革。

第二十二节　建立职工代表大会制度实行企业民主管理

根据《中华人民共和国全民所有制工业企业法》和《 中华人民共和国工会法》等相关法律法规规定，为保障职工民主权利，充分发挥职工的积极性、创造性，提高企业科学管理水平，1988年浙江省航运公司建立了职工代表大会制度，对企业实行民主管理和民主监督。1988年11月26—28日，浙江省航运公司首届职工代表大会在杭州边防招待所召开（图2-19），130名正式代表与会。会议邀请两级公司相关人员列席，特邀浙江省交通厅（厅工会）领导及有关处室代表参加。会议审议通过了经理工作报告、财务工作报告及任期目标；讨论通过了《省航运公司职工代表大会条例实施细则》和《经理工作条例细则》；表决产生了企管会代表等。会上，浙江省交通厅副厅长周志卿宣布在浙江省航运公司实施以经理庄钠为代表的原班子成员承包经营经济责任制。

图2-19　浙江省航运公司首届职工代表大会召开

第二十三节　宁波市计划单列　宁波分公司成建制下放

1988年，国务院决定将宁波市计划单列，原宁波市的省属企业按照计划单列要求随之下放。据此，浙江省航运公司辖属的宁波分公司也成建制下放给宁波市（人、财、物一并纳入移交范围）。1988年11月19日，浙江省航运公司经理庄钠赴宁波，代表浙江省航运公司在宁波分公司下放的交接协议书上签字，完成了交接。

1979—1988年，是我国贯彻实施十一届三中全会确定的全党工作重点转入以经济建设为中心决定，开始进入从计划经济向市场经济过渡的重要时期，也是浙江省航运公司恢复建制并运行的十年。在这十年间，浙江省航运公司以服从和服务于浙江经济发展大局为己任，正确处理改革与发展、计划与市场、企业发展与资金短缺等矛盾，进入稳定发展期。为顺应国民经济发展大局，当好先行，公司各级抓住机遇，在致力于企业全面、快速发展，扩大企业规模和经济实力的同时，按照计划与市场结合，两手抓、两手都要硬的经营理念，以创新的思路、改革的手段，积极推行经理负责制和承包经营责任制，实施民主管理，组织开展企业全面整顿，推行“四全”管理，纠正行业不正之风，加强职业道德建设，努力提升企业管理水平，并在实施转轨变型、拓宽和改善经营等方面取得了长足进步，既保证了浙江省重点物资运输，保障社会有效供给，又使企业在经营拓展中自主融入市场，提高了对市场的适应能力，成为浙江水路运输的“领头羊”。

十年间，浙江省航运公司开发、建造、使用适合浙江河口港特点的浅吃水节能型大吨位船舶等新船型，提高企业自主创新能力；创建、发展浙江远洋运输；探索发展外向型经济，开拓发展钱塘江出海运输；自主办学，培养专业队伍；排除阻力，恢复建立浙江省驻沪办事处航运营业部，在浙江航运发展史上写下重要篇章，更在国内乃至国际产生积极影响（图2-20 ~ 图2-23）。但这十年间，公司在经营管理体制、机制上仍存在一些问题，与全党工作重点转入以经济建设为中心的要求还存有很大差距，束缚了企业的进一步发展。

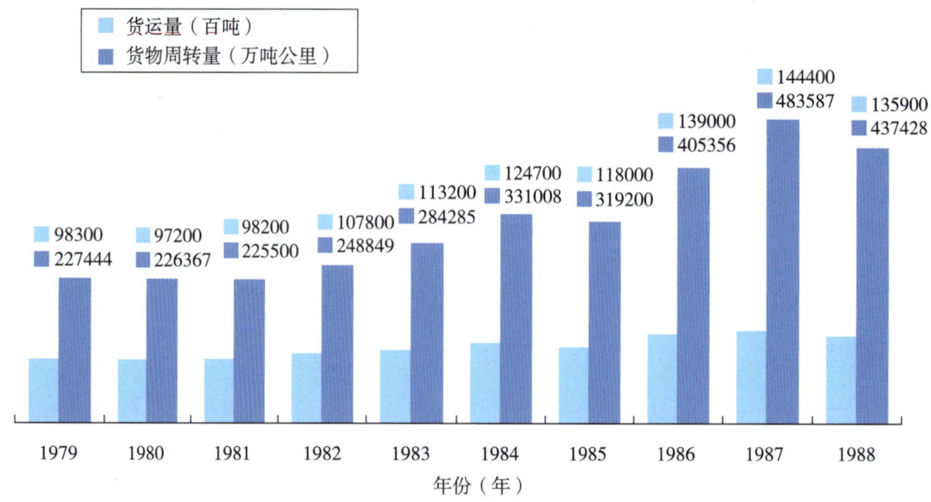

图2-20　浙江省航运公司期间（1979—1988年）货运量和货物周转量图

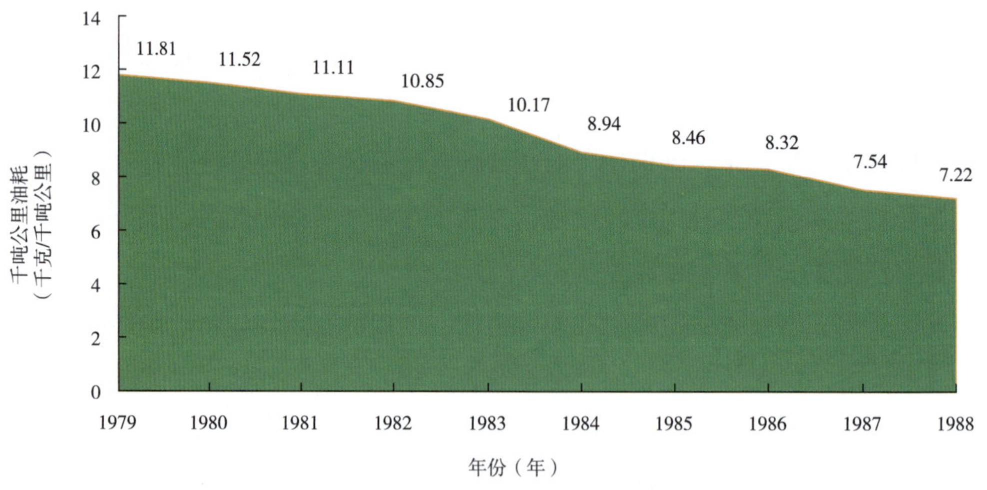

图2-21　浙江省航运公司期间（1979—1988年）船舶千吨公里油耗图

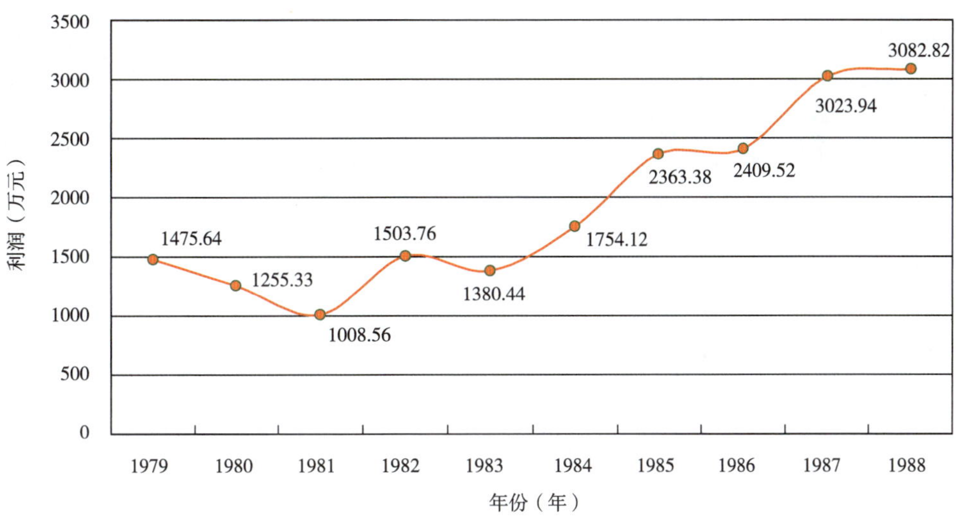

图2-22　浙江省航运公司期间（1979—1988年）利润表

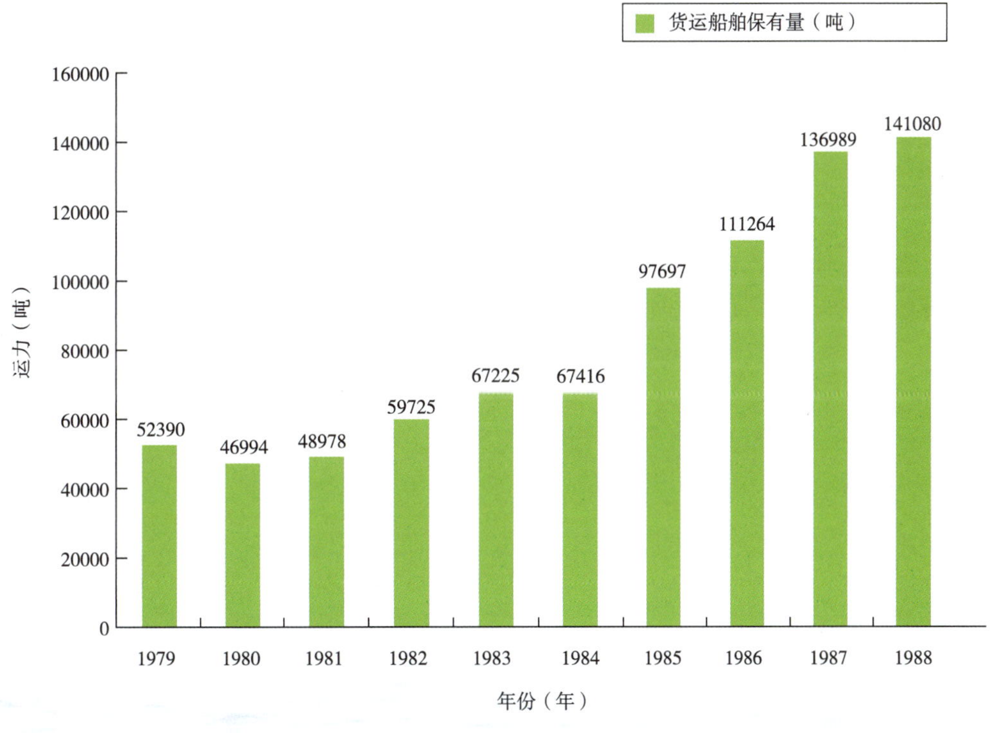

图2-23　浙江省航运公司期间（1979—1988年）货运船舶保有量图

1950—2020

第三章 改制与调整巩固时期

（1989—1998年）

本章记录并阐述了在计划经济向市场经济过渡过程中，浙江省航运公司在4家内河分公司下放中心城市属地管理的同时，改制为浙江省海运总公司，实行两级法人体制并运行的历程。公司为提高竞争力和市场占有份额，加快发展步伐，做大做强企业；加快内部改革，实施机制转换；拓宽经营思路，实施强强联合；盘活存量资产，发挥资产效益；采取积极措施，遏制成本过快增长；在困境中探索企业发展之路，谋求更好生存，以及为应对水路旅客运输持续大幅下滑所采取的措施等。

第一节　内河航运分公司成建制下放 浙江省海运总公司诞生

浙江省航运公司自1979年恢复建制以来，通过强化专业管理，加快运力更新改造，促进了企业技术进步和职工素质提高，改善了重点物资运输和航运生产安全，企业的经济效益也取得了较大增长，对保障浙江省国民经济发展和人民生活需求做出了积极贡献。同时，企业也有了长足进步和发展。浙江省航运公司所属4家内河分公司、5家沿海分公司，拥有各类船舶1474艘、21.05万载重吨、33343个座位、5400个卧位、81187千瓦，固定资产净值2.79亿元，比1979年恢复建制时分别增长了15.78%、99.91%、14.19%、28.95%、70.61%和142.6%，共有职工2.5万人。其中：4家内河分公司拥有各类船舶1384艘、9.1万载重吨、固定资产原值1.51亿元，有职工1.51万人；5家沿海分公司拥有各类船舶87艘、11.3万载重吨、固定资产原值2.5亿元，有职工0.65万人。十年间，公司年完成货运量、货物周转量从983万吨、22.7亿吨公里，增长到1444万吨、48.2亿吨公里，分别增长55.68%和112%，年均递增5.8%和10.2%。其中，沿海年均递增7.9%和13.7%。在完成的货运量中，重点物资煤炭的运量从1979年占浙江省煤炭总运量的48.6%（308万吨）上升到61.8%（652.8万吨）。其中，沿海分公司承担至浙江省的煤炭运输任务，从占沿海总运量的66.1%上升到76.8%，占沿海总周转量的83.2%。在沿海重点物资煤炭运输中，属于地区性的仅占29.19%，有70.81%与本地区没有直接经济关系。在出现区域性的燃料煤告急时，浙江省航运公司根据政府部门指令，发挥省属企业调节功能，紧急调整运力，保证了重点物资运输任务的完成，对确保浙江经济发展和社会稳定起到了重要的作用。

随着我国进入从计划经济向市场经济转轨时期，商品经济迅速发展，社会需求不断扩增。然而浙江是个资源小省，特别是能源资源严重匮乏，无法保障浙江省经济发展和人民生活对能源需求的有效供给，需要从省外输入，尤其需要从外省调入电煤保证电力供应。因此，浙江省历来把电煤运输和军运战备物

资运输列入指令性计划。在转轨时期，市场的诱惑和利益驱使带来市场运输与计划运输的冲撞，对电煤等指令性计划物资和军运战备物资运输任务的完成产生负面影响。好在浙江是个海洋大省，海洋运输运量大，运输成本相对较低。为保证涉及浙江经济发展和民生的电煤运输，浙江省政府把组建由省直接掌控的海运力量、发展海洋运输作为发展海洋经济亟待解决的问题之一。

与此同时，随着浙江省运输市场的放开搞活和外向型经济的蓬勃兴起，水上运输生产出现了许多新的情况和变化。一是内河运力增长很快，运力与各地运量基本平衡，杭州、嘉兴、湖州、绍兴等主要内河水网地区已形成相对独立的区域性水运网络。二是沿海运力发展迅速，且运量增长更快，特别是电煤运量逐年猛增，加上突击性疏港运输，地区间的运力支援任务十分繁重。三是进入20世纪80年代末，高等级公路迅速发展，国内水路旅客运输日益下降，有的航线已无维持价值，不得不退出历史舞台。旅客运输、陆岛旅客运输、岛际旅客运输向着高速化、滚装化发展。国内货物运输，尤其是大宗货物运输稳步增长。四是党的十一届三中全会后，改革开放方兴未艾，外向型经济的发展对海运提出了新的更高的要求。

面对新形势，浙江省航运公司的管理体制、机制已不能适应发展需要，主要表现为以下几点。一是以省公司为一级核算单位的企业结构，核算体制过大，管理层次多，信息反馈慢；分公司一级责权利不配套，自主权太小，缺乏活力，自负盈亏的能力差。二是各分公司与所在地（市）没有直接经济利益关系，难以得到地方性政策优惠。三是在地方企业纷纷走向市场、抢占市场之际，浙江省航运公司所属各分公司仍包揽本来可以放给地方经营的区域性客货运输任务。四是全省缺少一支外向型经济发展所必需的、自主经营的海运力量。

为迎接挑战，谋求新的发展，浙江省航运公司根据浙江省交通厅对企业改革的原则和要求，从浙江航运和浙江经济发展的实际出发，在广泛调查研究、征求各方意见基础上，吸取福建、广东等省经验，提出了《关于浙江省航运管理体制改革方案的报告》，并由浙江省交通厅报请浙江省政府审批。1989年1月11日，浙江省政府制发了《关于印发浙江省公路、航运、沿海港口和航运公司管理体制改革方案的通知》（浙政发〔1989〕2号），同意将杭州、钱江、湖州、嘉兴4家内河分公司分别下放至所在地（市）管理，所属沿海分公司组成浙江省海运总公司，集中精力搞好海运，为发展浙江海洋经济作贡献。

根据浙江省人民政府批复意见，浙江省交通厅批复同意，1989年4月浙江省航运公司更名为浙江省海运总公司。原浙江省航运公司所属的温州、海门、舟山、温溪4家沿海分公司分别改名为浙江省××海运公司。4家海运公司连同浙江省船舶运输设计研究室、浙江航运技工学校、钱江船厂和设在广东、海南两省的越海、琼之船务有限公司均归属浙江省海运总公司管理；原浙江省航运公司所属杭州、嘉兴、湖州、钱江（除钱江船厂外）4家内河分公司和钱塘江海运公司成建制下放给所在地（市）管理。1989年5月1日，浙江省航运公司正式更名为浙江省海运总公司并挂牌，浙江省省长李丰平为公司题名。图3-1为浙江省海运总公司办公楼。

图3-1　浙江省海运总公司办公楼

遵照浙江省政府〔1989〕2号文件精神，为认真做好内河企业下放工作，浙江省海运总公司成立了由党政领导负责的工作班子，本着“实事求是、合情合理、有利开放搞活”的原则，多次组织各下放企业进行讨论，与所在地（市）交通部门领导协商，较好地处理交接中的一系列问题，保证了体制改革方案的顺利实施。至1989年12月底，湖州、嘉兴、杭州、钱江4个内河分公司及钱塘江海运公司成建制下放至所在地（市）的交接工作先后完成。

根据浙江省政府〔1989〕2号文件精神，原隶属钱江分公司的钱江船厂，于

1989年3月11日从钱江分公司划出，单独建制，由浙江省海运总公司管理。

同时，根据浙江省政府〔1989〕2号文件对航运技工学校、船舶运输设计研究室的要求，在浙江省交通厅有关部门帮助下，浙江省海运总公司对航运技工学校和船舶运输设计研究室的方向、体制、职能进行了认真研讨，并分别提出了体制改革方案。1989年11月，浙江省交通厅批复同意船舶运输设计研究室为自主经营、自负盈亏、独立核算的全民所有制企业。根据浙江省交通厅批复意见，为有利于加强沿海船员、在职船员和管理人员培训，有利于充分调动教职员工的积极性，不断提高教育质量，1994年5月，航运技工学校划归浙江省交通学校（现浙江交通职业技术学院）管理。图3-2为浙江省海运总公司组织构架图。

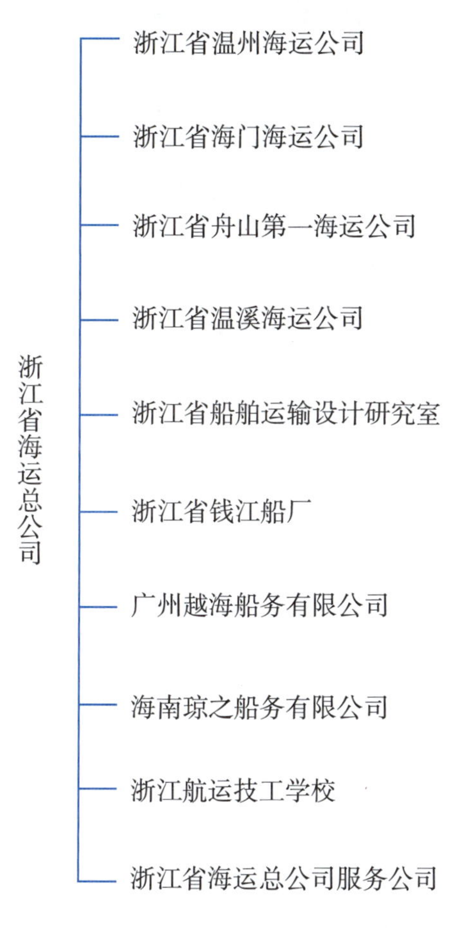

图 3-2 浙江省海运总公司组织构架图

浙江省海运总公司组建后，恰逢市场经济迅速发展，国际运输方兴未艾之时，总公司将经营宗旨调整为“立足浙江，服务浙江，争取市场，开拓远洋，提高经济质量”，一如既往地抓好重点物资运输任务的完成，较好地发挥了对浙江经济发展的保障作用。

为提高管理效率，尽快适应改革开放需要，浙江省海运总公司对公司本部管理部门的设置作了相应调整：从原来的20个科室调整为4部（人事部、计划财务部、运务部、船舶技术部）4室（办公室、海务监督室、监察审计室、党委办公室）1科（公安科）1站（船用物资供应站）。各职能部门均明确了各自的工作职责，建立了岗位责任制。同时，浙江省海运总公司设在省外的“窗口”也得到进一步充实和加强，获得稳步发展。

浙江省海运总公司下属的越海、琼之船务有限公司，通过充分利用各种有利条件和当地的特殊政策，大胆开拓，不断巩固和提高，逐步走向成熟。同时，两家“窗口”公司努力开拓业务，形成了与香港及境外公司发展经济贸易往来的规划与实施方案，逐步付诸实施。为进一步加强与北方港口、货源基地的联系，为浙江省北上船舶提供服务，浙江省海运总公司又在天津设立了新的经营“窗口”。

第二节　非常时期经受考验　顾全大局确保重点物资运输

浙江省海运总公司组建不久，我国的国民经济运行处于非常时期，社会生产（工作）和人民生活遇到了较大困难。为稳定人心、稳定局势、稳定生产，共度时艰，在浙江省海运总公司各级领导带领下，广大职工顾全大局，发扬工人阶级的高度政治觉悟和主人翁责任感，克服种种困难，坚守岗位，坚持生产。在公路不通、铁路受阻的情况下，水上交通成为人们短途出行的主要方式，客流量成倍增长。为此，许多职工坚持步行上班，抢修船舶，加班加点，全力以赴投入疏运旅客和保电煤运输工作，经受住了一场严峻的考验。

在计划经济向市场经济转轨的过渡时期，如何确保重点物资均衡运输，确保全省经济发展和人民生活对能源的需求，倍受政府各级和主管部门关注。而适者生存的市场经济规律又对提高企业竞争力和市场占有份额提出了现实要求。两者不能偏颇。特别是当运输市场旺盛时，很多水运企业为了获得好的效益，往往会将运力都投向市场，使重点物资运输得不到有效保证；而当市场疲软时，又千方百计把运力挤进重点物资运输，影响正常的运输秩序。浙江省海运总公司及各辖属海运公司长期以来把确保浙江省重点物资运输作为企业的首要任务，并做出承诺：在任何情况下，都能正确处理企业经营效益与社会效益的关系，时刻不忘企业的责任和义务，为确保社会稳定和浙江经济发展起到重要作用。

第三节　企业精神的形成与实践

企业精神是企业的精神支柱，是企业之魂。塑造良好的企业形象，最根本的就在于培育企业精神。浙江省航运公司自恢复建制后，在理顺内部关系、加强企业管理、积极发展生产力、精心组织生产、服务浙江经济和开展经常性职工思想教育的同时，在生产实践和发展过程中，培育并逐步形成了具有行业特点的精神素养，确立了企业精神的思想基础。浙江省航运公司改制为浙江省海运总公司后，特别是在应对1989年的严峻考验中，公司全体职工表现出来的工人阶级的高度政治责任感和主人翁精神，给公司管理层以深刻的启示。1990年下半年，两级公司开始酝酿并提出浙江省海运总公司的企业精神，全体职工（包括船员、普通职工、管理人员和各级领导等）积极参与，前后共收集到百余组企业精神建议稿。经两级公司筛选整合，浙江省海运总公司企业精神评审小组评审，初步确定了3组预选方案。1991年5月，经浙江省海运总公司二届一次职工代表大会和工会二届一次会员代表大会无记名投票，确认总公司的企业精神为“团结奉献、优质高效、务实开拓、振兴浙海”。浙江省交通投资集团有限公司成立后，浙江省海运集团有限公司作为其下属子公司，对公司的企业精神作了进一步诠释，与省交通集团“同路同心、追求卓越”的企业精神融合在一起。

企业精神确定后，浙江省海运总公司通过《浙航通讯》《海工简讯》刊物作了深入宣传，各分公司也利用内部宣传刊物进行广泛宣传，使企业精神深入人心。为把企业精神落到实处，公司在积极组织开展学习全国交通系统先进模范人物严力宾、包起帆等活动的同时，树立起本单位的先进模范典型。1995年2月，浙江省海运总公司与浙江省海运总公司工会联合发出《关于开展向王炳松同志学习的决定》，对1991—1993年连续三年被评为全国交通系统劳动模范的所属舟山第一海运公司“浙海718”轮轮机长王炳松无私奉献、奋发进取，为完成和超额完成运输生产任务作贡献的精神进行广泛宣传，号召全公司职工向王炳松学习，使模范人物的精神得以发扬光大。在强有力的宣传推动下，全体职工自觉践行，把企业精神体现在企业经营生产、技术进步、开拓发展、岗位实际工作中和效率效益的提高上，涌现了一大批各级各类先进模范集体和个人，促进了企业的全面发展与进步。

第四节　结合企业实际　做好职工素质的提高工作

进入20世纪90年代后，两级公司在继续做好职工常规教育培训工作的同时，把强化管理队伍素质，提高管理人员文化知识层次，促进企业科学和规范化管理作为职工教育重点，编制了教育计划纲要，并采取送培、委培、在岗带培、资历培训等措施。其中包括选拔热爱海运、有实践经验和培养发展前途的年轻职工到大专院校接受专业培训，或组织参加对口专业的函授、业余大学等学习，还有的通过在岗带培或下基层锻炼形式进行培养，对有资历要求的特殊岗位人员组织进行资历培训等。经过两级公司持之以恒的抓培训，既更新了学习参培人员的知识，扩大了知识面，提高了理论认知水平，又提高了管理队伍的知识结构和整体管理素质，为加强企业管理打下了良好基础。

“华铜海”轮是全国交通行业双文明建设的一面旗帜，“华铜海”人敬业爱岗、岗位奉献精神体现了这一时代的精神风貌。学习和移植“华铜海”轮重视并加强基层组织建设，提高职工队伍素质，提高行业文明程度，以及在船舶安全管理机制、自修保养等方面做法、管理模式与成功经验，对提高企业和船舶管理能力与水平，提高生产效率与效益有着现实意义。1996年，交通部组织开展“三学一创”（学习包起帆、学习“华铜海”、学习青岛港，创建文明行业）活动。根据企业实际，浙江省海运总公司成立学习“华铜海”领导小组，全面开展了学习“华铜海”轮活动，并把学习“华铜海”精神、培养职工敬业爱岗和岗位奉献精神作为加强两个文明建设和提高职工素质的结合点抓好落实工作。

在开展学习“华铜海”轮活动中，领导小组确定“富兴1”号轮作为浙江省海运总公司试点船舶，进行跟踪调查研究，以获取经验。各海运公司在进行广泛宣传教育的同时，也确定了本单位试点船舶，进行试点。这一年，各公司

围绕抓班子、抓基层、抓基础的三抓要求，从加强船舶基层组织建设和提高全员主人翁意识与工作责任心入手，相继建立健全了船舶党支部，结合各船舶具体情况，全面推进学习“华铜海”轮各项工作，使“华铜海”人的敬业爱岗、岗位奉献精神得到落实，职工素质有了显著提高。也是这一年，海门海运公司被评为全国交通系统学习“华铜海”轮先进集体，所属“浙海313”轮被评为交通部学习“华铜海”轮先进集体。为培育出更多“华铜海”式的先进船舶和集体，“浙海313”轮被浙江省海运总公司树为身边的典型，要求各船舶像“浙海313”轮那样，在提高上下功夫。

随着学习“华铜海”轮活动的逐步深入，浙江省海运总公司各项工作取得了长足进步，收到了良好学习效果。1997年，由于扩大了船员自修保养，船舶轮机厂修工程项目大幅减少，修理周期大大缩短，在确保修理计划完成和保证修理质量的前提下，全年修理费支出比计划减少近400万元，比1996年下降15.8%，实际修理周期（货轮）比计划减少271万吨天，客船比计划减少3.8万客位天，船舶营运率超过95%，创公司历史最好水平。

第五节　采取积极管理措施　努力控制成本过快增长

加强成本控制管理是企业管理的永恒课题。由于受经济结构调整影响，20世纪90年代初期我国的国民经济仍处于低位运行，社会需求不足，市场疲软，货源紧缺，运价下跌，浙江省海运总公司的经营生产遇到了极大困难。而另一方面，企业又处在计划经济向市场经济转轨的过渡时期，计划物资供应逐步缩小。仅平价船用柴油计划一项，继1988年被核减8%后，1990年又减少了35%，全年计划供应的柴油指标仅占实际消耗量的三分之一，大部分得靠企业到市场自行组织油源供应，推高了营运成本，而浙江省海运总公司的运力每年又在以较快的速度增加。虽然企业千方百计组织货源，增加产量，但仍然是增产不增收、不增利。1995年，两级公司和全体职工辛苦一年，实现利润勉强保“0”，但到了1996年却出现了高达1173万元的巨额亏损。扭转这一被动局面、摆脱困境已是企业工作的重中之重。

为此，两级公司通过经济分析认为，企业不能改变市场，但可以改变自己。眼睛向内，挖掘节支潜力，是当时经济环境下提高企业效益、摆脱困境的主要途径。公司各级从提高成本控制意识抓起，建立全员齐抓共管成本核算和成本控制机制。为强化成本控制管理，提高经济运行质量，公司明确提出：凡有经济和管理活动的地方，都有成本控制管理的内容和要求，都要实行目标成本控制制度，建立健全成本控制管理体系，落实成本控制管理责任，形成成本控制管理网络，达到降本增效目的。

船舶机配、燃润物料和修理费等支出是产生营运成本的大头，两级公司以船舶机务管理为突破口狠抓落实。为解决因平价船用柴油计划锐减带来的油料供应问题，两级公司采取了相应对策措施。一是积极组织力量，通过各种渠道组织低价油源。年采购的低价燃油量在1.6万吨以上，既保证了生产需要，又节约燃料成本500万元以上；为减少燃料采购供应的中间环节，浙江省海运总公司加大了直接组织供油力度，努力降低油料的平均单价。二是利用价格差，节约燃料成本。在船员的密切配合下，积极开展燃油以重（柴油）代轻（柴油）和适合使用燃料油船舶主机改用燃料油工作，使轻柴油使用量基本控制在总消耗量的15%~20%，其中使用的重柴油约占总消耗量的55%~76%。三是通过技术改造，对有条件改烧燃料油的船舶，积极做好技术改造工作，使燃料油使用比例从开始的约6%扩大到30%以上。之后，随着改烧燃料油工作的成熟，燃料油使用比例逐步扩大到公司总耗量的近80%。

船舶机务是船舶运行保障的关键，也是节支潜力最大和控制成本过快增长的重点。两级公司眼睛向内，从机务管理和机务技术层面做好内涵挖潜工作。通过采取积极有效的办法、措施，调动船员自修保养的积极性；加强船舶维修管理，扩大自修保养范围，建立和实施船舶到港维修保养制度，压缩厂修项目，把好修理质量关，以节约修理费用，缩短修理周期。特别是在学习推广交通部先进船舶“华铜海”轮经验后，扩大船员自修保养、修旧利废、航海节能等节支和成本控制措施得到进一步落实。

同时，两级公司还通过积极推进混油使用技术进程；通过清仓查库，加强船舶机配物料供应管理；对同机型船舶的一类备配件采取集中采购，避免多头重复采购；二类备配件、材物料加强定额管理；三类低值易耗品实施定额包

干；加强资金运作管理，调整负债结构，清理整顿无发展前景和一直处于亏损状态的对外投资的联营与三产企业等，降低资金使用成本，挖掘节支潜力，取得了很好的成本控制效果。由于采取了一系列成本控制措施，从1997年起浙江省海运总公司出现盈利，扭转了被动局面。

第六节　开展安全工作治理整顿　确保生产安全优质

根据水路运输的生产安全情况，1990年浙江省交通厅部署在全省水运系统全面开展安全整顿。浙江省海运总公司作为全省水运企业安全整顿的试点单位。年初，两级公司相继成立由主要领导和有关部门人员参加的安全整顿领导小组，制订了具体实施方案。整顿工作在两级公司安全整顿领导小组领导下，按照“边整边改，注重实效”原则，实行“五个结合”（即：整顿与职工思想教育结合，与整顿职工队伍结合，与整顿机关作风结合，与纠正行业不正之风结合，与企业上等级工作结合），突出思想整顿、组织整顿、纪律整顿、制度整顿四个重点，并按照先行试点、全面铺开、总结验收的程序进行。至当年11月，温州、海门、舟山一海3家海运公司，先后通过了浙江省交通厅组织的安全整顿验收。

通过安全整顿，浙江省海运总公司上上下下对安全生产的认识进一步提高，并形成党政工团齐抓共管安全生产的局面；全员安全意识普遍增强，遵章守纪成为广大船员的自觉行动；安全管理各项基础工作得到加强；机关作风有了明显转变；安全和治安状况显著改善，事故发生率与损失金额大幅度下降。1990年，全公司海损事故发生件数、损失金额、千吨公里损失金额分别比1989年同期下降82%、81%、87%，安全面比1989年同期上升22.3%。

为保持安全工作警钟长鸣，根据安全生产实际，1994年浙江省海运总公司又组织开展了以反“三违”（违章指挥、违章操作、违反劳动纪律）为主线，强化安全管理为目的，整顿劳动纪律为重点，杜绝“三违”现象发生的安全治理工作，并制定了工作方案，提出了工作要求。各海运公司据此方案，编制了实施方案，并结合本单位实际，编写了典型事故案例进行安全教育，逐步修订

了安全管理制度、操作规程，组织开展劳动纪律整顿和常态化的安全监督，使反“三违”取得了积极成效。

行业不正之风具有长期性、隐蔽性、反复性和互染性特点，对安全生产构成了潜在威胁，为消除隐患，必须把纠风工作深入持久地开展下去。浙江省海运总公司在前一时期对行业不正之风进行综合治理并取得成效基础上，1991年又针对行业不正之风中的突出问题，如捎买带、赌博、以修造船谋取私利等开展了专项治理，对一般的违规行为以批评教育为主，对查有实据的违法违纪事件进行严肃处理；加强对全体干部、职工的廉洁自律教育和政风政纪教育，不断增强全员的法制观念和廉洁自律意识；结合反腐倡廉，加强对经济活动的监督,促进职业道德建设，使安全生产多了一道防护。

第七节　调整运力结构　扩大企业规模　确保电煤运输

浙江省海运总公司成立初期，共有各类经营性船舶62艘，其中包括货船（含油船）42艘、108476载重吨和客船、客货船20艘、4792载重吨、4486座位、3328卧位。长期以来，浙江省海运总公司所拥有的船舶存在船龄大、吨位小、装载量少等问题，运载能力有限，致使承担的重点物资运输任务大部分只能为以上海港为中心的二程运输。船舶的这种营运组织安排，使航线结构不合理、航程短，船舶在上海港拥堵滞留现象屡见不鲜，效率、效益难以发挥。

针对上述情况，浙江省海运总公司组建后，在全力做好保证现有航线运行和电煤运输的同时，根据国民经济发展总趋势、浙江经济发展总要求和对市场需求的预期分析，提出了积极发展大吨位船舶，争取在三五年内运力保有量达到20万载重吨的发展计划目标，比浙江省海运总公司成立前翻一番。浙江省政府领导对浙江海运的发展也寄予了厚望。

为保证这一目标的实现，1989年初浙江省副省长王仲麓亲自带队到辽宁葫芦岛渤海造船厂商洽，联系为浙江省建造超浅吃水万吨轮的建造事宜。浙江省海运总公司经理庄钠也带领有关人员到北京，向交通部领导和上级有关单位汇报和请示造船、买船工作情况，并办领购买进口二手船许可证。通过不懈的努

力，这一工作取得了实质性进展，在浙江省财政厅、计经委、交通厅的关心支持下，基本落实了购买1艘万吨级二手船所需的320万美元。

同时，由于浙江省海运总公司组建不久，实力尚不雄厚，而船舶运力发展的一次性投入大，靠企业自身无法实现发展目标。为解决资金短缺问题，两级公司一方面千方百计挖掘筹资渠道，尽可能做好购船、造船资金的筹措工作，为运力发展提供资金保障。另一方面，为避免通过新造船舶发展运力带来的资金需求量大、建造周期长等问题，用好来之不易的资金，提高资金使用效益，根据当时浙江省海运总公司确定的“购（二手船）建结合，以购为主”运力发展原则，把重点放在大吨位、技术状况好、适用性强、船龄相对较短、价格又相对较低的二手船的购置上，为合理调整航线结构，提高船舶效率、效益和市场占有率做运力准备。

根据这一运力发展总体思路，浙江省海运总公司紧紧抓住盘石电厂和台州电厂新（扩）建契机，积极实施大吨位运力发展计划。两级公司在20世纪80年代末90年代初，先后从国（境）外购置了一批以2万吨左右为主的二手散货船，包括1989年温州海运公司从国外购入的1.8万吨级二手船1艘，冠名“武林”轮（图3–3），于同年12月投入营运。之后，又有舟山一海公司购入10403载重吨和19505载重吨二手船各1艘，分别冠名“浙海718”轮（图3–4）和“浙海720”轮；海门海运公司购入3艘二手船，分别冠名“浙海318”轮（6147载重吨）、“浙海301”轮（4710载重吨，见图3–5）、“浙海320”轮（4640载重吨）等。

图3–3 1.8万吨级“武林”轮

图3-4　10403载重吨“浙海718”轮

图3-5　4710载重吨“浙海301”轮

期间，由芜湖造船厂建造的4300吨散货船“浙海312”轮在1989年7月交船投产。1990年7月、12月又由该厂建造的载重量4715吨的“涌金”轮（图3-6）和4522吨的“清波”轮等也先后竣工投产，更替达到报废船龄船舶。公司的运力规模也随之扩大。与此同时，芜湖造船厂在原为浙江省海运总公司建造2艘4300吨货船之后，还与总公司续签了2艘4300吨级货船的建造合同。

图3-6　4715载重吨“涌金”轮

由于运力的增加和船舶逐步大型化，不仅使浙江省海运总公司船舶的航线结构趋向合理，而且也使电煤一程运输逐步取代了以上海为中心的二程运输，

船舶效率和企业效益均有相应提高。同时，也使台州电厂日存煤量从过去一直在1万吨左右徘徊跃增到8万吨以上，既保证了正常发电用煤，又经受了当年九号台风影响的考验，为维护浙江稳定做出贡献。

经过发展，到“七五”期末（1990年），浙江省海运总公司拥有的船舶艘数、载货吨分别是“六五”期末的163.04%和95.8%，平均船龄从17.5年降低至12.6年。随着船舶运力的快速发展，公司的固定资产也得到迅速扩张，到“七五”期末，固定资产原值增长至2.84亿元，净值增长至1.95亿元，分别为“六五”期末的179.74%和158.54%。

在此基础上，浙江省海运总公司根据市场需求和运力发展计划目标，继续做好发展工作。海门海运公司根据区域经济特点，率先开始了集装箱船舶建造，以在国内集装箱运输市场中占有一席之地。在这期间出厂投产的船舶有1991年7月舟山一海公司4500载重吨散货船“清泰”轮，1993年11月海门海运公司254标准箱集装箱船“浙海315”轮（图3-7），以及1996年4月出厂的298标准箱集装箱船“浙海316”轮等。

图3-7　254标准箱集装箱船“浙海315”轮

1993年，两级公司又投入资金1亿多元，新造船舶2艘（共9500载重吨），购置二手散货船2艘（共4.3万载重吨），净增货运运力49260载重吨。为加快发展步伐，两级公司还进一步拓宽思路，积极筹划组建联营企业，吸收外来资金，“借鸡生蛋”。期间，共吸收外来资金3700多万元用于购置运力。到1995年末，浙江省海运总公司的货运运力突破20万载重吨大关，比组建前翻了一番，实现了总公司提出的争取在三五年内，货运运力保有量达到20万载重吨的发展计划目标。

为解决运力迅速增长带来的船员紧缺，特别是持大证高级船员的紧缺问题，适应开拓经营需要，浙江省海运总公司要求并积极支持、组织持证高级船员培训与考证。包括航运技工学校在内的浙江省海运总公司各所属单位也克服困难，想方设法派出成套船员（教师），支持总公司占领国际、国内运输市场，基本满足了运力增长对船员的配置需求。

与此同时，为探索新的运输方式，提高船舶装卸效率，1989年4月浙江省海运总公司与上海船舶设计院组织召开了浙江省自卸煤船研讨会，对建造适合我国沿海港口特点的自卸船舶做了经济、技术可行性研究和论证。针对浙江沿海港口特点，组织进行了“万吨级超浅吃水肥大型运煤船方案”的设计、论证，以努力提高运煤船舶对浙江沿海港口的适应性，进一步改善运力结构。1997年8月，温州海运公司从国外购入的1480和2067载重吨二手散装水泥船“浙海102”轮、“浙海105”轮先后投入营运，尝试开展特种运输。1998年2月，温州海运公司引进1084载重吨液化气船，冠名“浙海106”轮，经营国内沿海液化气运输，拓展特种运输领域。

第八节　发挥“窗口”功能　做好生产协调

党的十三大提出“以经济建设为中心，坚持四项基本原则，坚持改革开放”的基本路线。根据这一基本路线，浙江省政府提出“出口导向，贸易兴省”战略决策，为加快浙江省海运发展提供了机遇，为企业拓宽思路、拓展经营、搞活经济创造了良好的政策环境。为抢抓机遇，浙江省海运总公司经营班子提出了“无内不稳，无外不活，以内定外，以外补内”的经营方针。

为更好地发挥设在省外“窗口”的经营服务功能和信息渠道作用，浙江省海运总公司成立后，根据各“窗口”的实际情况，采取了针对性措施。

首先，加强“窗口”的组织领导。根据需要，调整和充实“窗口”骨干人员，加强经营和财务管理，使“窗口”建设有了长足进步。特别是设在广州的越海船务有限公司，不仅在当地激烈的行业竞争中站稳了脚跟，扩大了知名度，而且取得了显著的经济效益。

其次，在天津设立办事处，为提高运输效率创造条件。北方的沿海港口（主要是天津、秦皇岛、连云港等）是内陆煤炭运往全国各地的中转集散地，

运煤船舶多云集港口待装，留港时间短则2～3天，多则1周左右，有的甚至超过10天，对确保输浙电煤均衡供给、船舶周转和企业效益带来严重影响。为此，经浙江省交通厅批复同意，浙江省海运总公司于1990年12月5日在天津设立办事处，隶属于浙江省海运总公司领导。与在南方设立的“窗口”企业属于经营服务型不同，天津办事处的性质为纯服务型，主要负责浙江省海运总公司所属船舶到北方运煤的动态信息掌控、与港口调度沟通协调、到港船舶服务管理，以及与各所属公司派驻代表联系等。一段时间的运行证明，天津办事处的设立对提高浙江省海运总公司船舶效率和效益起到了很好的作用。

第九节　组建富兴海运　建立优势互补的经营新格局

1993年，在邓小平同志视察南方的讲话和党的十四大精神指引下，我国国民经济呈现持续高速发展态势。在这一形势下，浙江省海运总公司领导带领全体职工，克服由于自身机制不完善、长期存在的深层次矛盾给经营生产带来的诸多困难，以及成本过快增长等不利因素影响，不失时机地抓住机遇，深化改革，转换机制，拓展经营，增强实力，提高效益。

同时，针对经济转轨带来的市场经济活跃，社会船舶纷纷拥向市场争取效益的情况，为保证重点物资运输到位，保障浙江省经济发展和人民生活需要，更好地发挥省属企业在全省经济发展中的主导作用和省属航运企业对浙江经济发展的保障作用，在浙江省交通厅的支持和协调下，1993年下半年，浙江省海运总公司与浙江省电力局（浙江省电力燃料总公司）就联合组建海运公司事宜进行了探讨。经多次洽谈，双方签署了合作协议，议定由浙江省海运总公司下属浙江省温州海运公司、浙江省电力燃料总公司各出资50%组建富兴海运公司，由浙江省电力燃料总公司负责船舶货源保障，浙江省海运总公司负责船舶运行管理，以充分发挥各自优势。1993年8月，交通部批复同意成立浙江富兴海运有限公司（以下简称“富兴海运”）。1994年1月24日，富兴海运在杭州市下城区工商行政管理局核准登记注册，宣告成立，注册资本1500万元，法定代表人孔祥驹（浙江省电力燃料总公司）。富兴海运的成立，实现了船东与货主单位之间跨行业强强联合、优势互补的经营新格局。

第十节　富兴海运在发展中壮大　实力不断增强

在改革开放经济大环境中，各地政府积极筹划设立开发区，并制定一系列优惠政策招商引资。为充分利用宁波市给出的“三免二减半”等政策优惠，提高企业效益，富兴海运于1996年2月25日移师宁波大榭开发区登记注册成功。之后，浙江省电力燃料系统股东单位变更，新增浙江宏发能源投资有限公司、浙江振源投资有限公司等4家股东单位，注册资本调整至4664万元，法定代表人变更为张谨（浙江省电力燃料总公司派出）。与此同时，各股东单位的股权也做了相应调整，其中：浙江省海运总公司占注册资本的37%，温州海运公司占5%（以运力投入）。

2008年11月30日，浙江省电力燃料系统内部股权结构变更，浙江振源投资有限公司等4家公司所持富兴海运全部股份转让给浙江省能源集团有限公司。据此，富兴海运股东会再次调整各股东单位出资比例，其中：浙江省能源集团有限公司为42%，浙江宏发能源投资有限公司为16%，浙江省海运总公司与温州海运公司所持股份比例不变。

2009年，富兴海运股东会将富兴海运注册资本从4664万元增至2亿元，各股东的出资比例也随之调整：浙江省能源集团有限公司为51%，浙江宏发能源投资有限公司为7%，浙江省海运总公司与温州海运公司所持富兴海运的股份比例不变。2000年9月，浙江省海运总公司整体改制，企业名称变更，富兴海运的浙江省海运总公司和温州海运公司股东单位随之变更为浙江省海运集团浙海海运有限公司和浙江省海运集团温州海运有限公司，股份比例不变。

根据企业经营需要，2010年12月22日富兴海运的注册资本再次调整，增至3亿元，各股东单位所持股份比例不变。

经过几年来的培育和发展，富兴海运实力不断增强，优势进一步显现。富兴海运利用贴近货主的优势，在租船经营、巩固货源和开拓市场、扩大整体运力规模等方面较好地发挥了桥梁和纽带作用。自1994年组建并运行至今，富兴

海运资产、负债、所有者权益分别为10.98亿元、4.25亿元和6.73亿元，经济运行情况良好。至2010年末，富兴海运运力保有量共10艘、40.75万载重吨，年完成重点物资电煤运量和货物周转量分别达到1076万吨、169亿吨公里以上，对保证浙江能源供应起到重要作用。这一合作成为浙江省海运总公司横向联合的成功范例。

第十一节　温溪海运公司（港务管理处）“撤航简港”改革

1994年以前，温溪海运公司与温溪港务管理处仍为港航合一单位，拥有7艘运输船舶，合计4500载重吨。自1990年开始，温溪海运公司连年亏损，企业陷入困境。为改变这一局面，浙江省海运总公司多次专题研究，并采取一系列措施，创造条件帮助其改善经营管理。但由于温溪海运公司所处的地理位置在丽水地区青田县温溪镇，船舶出海营运的乌溪江通海航道水深条件差，不可能发展稍大吨位船舶，没有发展海运的前景。该公司自身的生产经营结构也不能与市场经济发展相适应，缺乏竞争力和生存能力，不具备进一步扶持发展的基本条件。按照市场经济规律，浙江省海运总公司研究并提出了对温溪海运公司实施“保留牌子，撤航简港，人员分流，船舶转让”的改革方案，在浙江省海运总公司范围内对其人财物重新优化配置。方案经1994年8月12日浙江省海运总公司在杭州召开的二届二次职代会第三次代表团组长（扩大）联席会议审议通过。这一改革举措，得到了浙江省交通厅、财政厅及各级地方政府的理解和支持，也得到了温溪港航职工的理解。温溪海运公司的海运业务撤销后，完全退出了海运市场，保留、简化了港口管理。在海运从业人员的安置上，一部分被分流到温州、台州、舟山一海3家海运公司，另一部分则买断工龄自谋职业。温溪港务管理处留下37人，代管海运公司退休职工8人，保留了部分温溪海运公司的经营资质。至同年年底前，温溪海运公司的“撤航简港”改革完成。

第十二节　水路旅客运输在调整中逐步萎缩

随着浙江省航空、铁路、公路运输迅速发展，特别是高速公路的相继开通，浙江水路旅客运输遭到巨大冲击。为避免客运经营效益大幅滑坡，两级公司采取一系列应对措施：1991年1月31日，舟山一海公司“银洲湖”高速客船开通舟山市第一条跨省水上高速客运航线——舟山定海—上海芦潮港航线（因客流原因于当年年底停航）；1992年3月，经浙江省交通厅航运管理局批准，“浙江805”轮正式营运沈家门—乍浦旅游航线；1992年5月，经批准，舟山一海公司“明珠湖”客船由营运定海—小港航线延伸为普陀山—定海—小港航线。为提高船舶经营效益，浙江省海运总公司于1995年3月，将原由舟山一海公司经营的“明珠湖”轮以内部调拨形式，调拨给温州海运公司经营；1995年12月，舟山一海公司与南通港务局客运总公司联合开辟了江苏南通—浙江普陀山江海直达旅游航线；为充分利用现有运力，1996年8月，浙江省海运总公司将海门海运公司“浙江406”轮有偿调拨给舟山一海公司经营，更名为“紫竹林”轮（图3-8），投入定海—上海客运航线；1996年11月，舟山一海公司投资

图3-8　728客位客船“紫竹林”轮

100多万元，从广东购入730客位二手客船，冠名“大红鹰”号（图3-9），顶替因船龄到期而报废的“南湖”轮，投入定申客运航线；1998年春运结束后，海门海运公司经营的“浙江404”轮撤出椒申线，投入椒江—大陈岛客运航线；1998年7月，浙江省海运总公司将新建造的国内第一艘180客位穿浪型双体高速客船“飞鹰湖”轮（航速达26节，图3-10），投入定海—巨山—泗礁客运航线营运，由舟山一海公司负责经营。

图3-9　730客位客船“大红鹰”号

图3-10　穿浪型高速旅游客船“飞鹰湖”轮

在调整客船营运航线的同时，在客运经营上，采取了有利于市场竞争的营销策略措施，按照旅客需求变化进行客舱布局调整，灵活运用价格杠杆吸引旅客，以及通过电话订票、组团服务和狠抓服务质量等，提高市场竞争力。

由于浙江省海运总公司采取了一系列积极有效措施，“八五”期前三年（1991—1993年）公司的沿海客运量勉强得以维持。但在1994—1998年间，公司的沿海客运量持续下降，以致一些客船和客运航线因难以为继，不得不停航、停线。如海门海运公司恢复经营了23年的椒江—上海客运航线，也于1998年4月无奈撤销。到1998年，浙江省海运总公司完成的客运量和旅客周转量仅为101万人次和13461万人公里，比1991年完成的客运量（307万人次）和旅客周转量（28352万人公里）分别下降了67.1%和52.5%。随着旅客运量的变化，浙江省海运总公司客运船舶（含客货船，下同）的拥有量也呈下降趋势。到1998年末，浙江省海运总公司客运船舶从1991年初的35艘、10363客位减少到

17艘、4875客位，分别减少了51.43%和52.96%。

第十三节 抓住机遇重启远洋运输

“八五”和“九五”期间，国家出台一系列鼓励发展国际海运业的政策，调动各方面的积极性，浙江远洋运输蓬勃发展。两级公司抓住机遇，于1992年7月，报经交通部批复，同意浙江省海运总公司扩大经营范围，从事以浙江省港口为主的近洋国际货物运输，原租给国（境）外航运公司经营、浙江远洋公司代管的温州海运公司“越富”轮和海门海运公司“浙海311”轮，改为由浙江省海运总公司代管。海门海运公司“浙海311”轮主要航行于海门与港澳之间，对外以浙江省海运总公司名义经营。之后，又有“浙海315”轮、“浙海316”轮、“浙海108”轮（均系300标准箱集装箱船）及“浙海307”轮、“钱塘”轮（均系1000吨级散杂货船）参与港澳地区和近洋国际运输。有鉴于此，浙江省海运总公司的国际及港澳地区货物运输从此起步，并逐步得到巩固和发展。

第十四节 实施两项制度改革 提高企业生存发展能力

为适应市场经济发展对企业的要求，浙江省海运总公司以贯彻《全民所有制工业企业转换经营机制条例》为契机，以调整、理顺内部关系为目标，开展了以整顿劳动用工和分配制度改革为主要内容的两项制度改革。经过在舟山一海公司的一年试点，1993年在浙江省海运总公司所属单位全面推行。在两项制度改革中，初步引入了“人员能进能出，收入能高能低”“上岗靠竞争，分配看贡献”和“分配向一线倾斜”的激励机制，以及按照“精简、效能”的机构设置和人员配置原则设置机构和配置管理人员，使企业内部劳动用工和分配趋向合理，管理部门人浮于事与劳逸不均现象有了一定改善，提高了对市场经济的适应能力。而对在两制改革中下岗的富余人员，两级公司利用自身的优势

和有利条件，通过兴办经济实体，并给予必要的扶持和政策优惠，使其得到妥善安置。

为深入贯彻落实党的十五大精神，探寻新的经济环境下企业健康发展之路，建立起“产权清晰，权责明确，政企分开，管理科学”的现代企业制度，自1995年以来两级公司积极探索深化企业改革的合理途径，浙江省海运总公司也因此被列入浙江省百家现代企业制度试点单位。浙江省海运总公司按照浙江省政府对建立现代企业要求，编制了建立现代企业制度方案。但因受宏观经济调控和企业历史积聚的深层次矛盾影响，以及社会需求减少、海运市场运力过剩、运价持续下跌带来的压力，两级公司与其他单位合作兴办的多数联营企业（除与浙江省电力燃料总公司等电力系统单位联营的富兴海运有限公司外）出现亏损，建立现代企业制度方案未能有效实施。

为在困境中求生存，在改革中求发展，1996年至1997年初，浙江省海运总公司（含下属各单位）以深化改革为动力，努力促进机制转换，并在运力结构、航线布局、用人机制、内部核算单位经营管理机制和盘活存量资产、实践资产经营、拓展新的经济增长点等方面取得了突破。同时，根据浙江省交通厅厅长办公会议意见，在省交通厅指导小组的具体指导下，按照“精干、高效”和“公开、公平、公正”原则，浙江省海运总公司率先对机关本部采取“紧缩管理岗位，充实生产岗位，剥离后勤岗位”和“先挖渠，后放水，尽一切可能安置下岗分流人员”措施，进行全面的机构调整，按职能分解合理设岗，根据岗位定员，实行双向选择、竞争上岗、择优录用，既增强了职工的危机感和责任感，又实现精简机构、下岗分流、减人增效的目标，也促进了工作质量和效率的提高。

采取这一措施后，浙江省海运总公司机关本部在册人数从原来的123人减少到82人，下岗分流（包括办理退养手续）41人，缩减了1/3。在浙江省海运总公司带动下，各辖属公司根据总公司的总体安排和要求，也相继采取了机构调整和减人增效紧缩措施，开展了全面的内部收缩工作，并如期完成了这一改革举措。这一措施实施后，仅各辖属公司一级管理部门的减员分流人数基本都在1/3及以上，全公司先后有1500余名职工在企业结构调整中下岗分流，不仅消了肿，而且提高了企业生存发展能力。

第十五节　采取对策措施　在困境中谋求企业发展之路

由于企业的经营和经济情况不佳，资产负债又居高不下，且逐年上升，每年3000多万元的财务费用支出严重影响了企业资金周转，制约了企业发展。1995年底，浙江省海运总公司的资产负债率为68.4%，至1996年底上升到70.5%。为减少和避免经营亏损，浙江省海运总公司通过以贷还贷（千方百计争取低息贷款，用来归还高息贷款），努力减少财务费用支出。同时，在管理上通过抓增收节支、开源节流等措施，提高企业的整体效益。但1996年的实际经营效果仍然不佳，亏损达1173万元（如并计投资收益，1996年浙江省海运总公司全年亏损为673万元）。为扭亏转盈，浙江省海运总公司采取了积极有效措施，应对遇到的暂时困难。

在产业经营拓展方面，1997年开始浙江省海运总公司按照主业亏损副业补的思路，做好主业，发展副业，使持续亏损势头得到遏制，达到了扭亏增盈目标，但水运主业仍然处于亏损状态。为此，两级公司按照浙江省海运总公司提出的工作思路，一方面努力挖掘潜力，改善主业经营，另一方面利用企业优势，寻找合作伙伴，积极拓展其他产业。为降低经营风险，在与合作者联营中，按照《中华人民共和国公司法》规定，采取以多元投资主体组建有限责任公司的形式兴办联营企业。如浙江省海运总公司参股的富兴石油储运有限公司和茂盛海运有限公司、温州海运控股的海顺建材有限公司等，都按规范的公司制形式进行组建和运作，呈现出较强的活力。

在资本结构的优化方面，两级公司通过盘活存量资产，充分利用现有的设备、设施、场地和房产，采取修旧利废、房地产开发、场地出租等多种经营形式，努力发挥这部分存量资产的作用和效益。例如，温州海运公司利用原内河客货运中心优越的地理位置和闲置场地，通过合股组建旧货调剂市场（图3-11），收到了较好的经营效益，使该公司下属的内河客货运企业当年就实现扭亏增盈。

在经营模式的完善方面，1998年3月浙江省海运总公司在杭州清波饭店召开

了三届二次职工代表大会，58名正式代表、27名列席代表和9名特约代表参加了会议。会议审议并原则通过了《浙江省海运总公司深化改革总体方案》，审议通过了集中经营、重组优势的重大改革措施，并决定成立浙江省海运总公司货运公司，对浙江省海运总公司辖属的28艘主力船舶实行统一经营、统一调度、统一运价操作模式，货运公司生产经营中心设在海门海运公司，会议商定于1998年5月1日起正式开始运作。这一探索和尝试性的经营方式，有利于在浙江省海运总公司范围内实现船舶运输价格的合理化、统一化，有利于防止企业内部的不良竞争。

图 3-11　温州旧货调剂市场

1989—1998年，是我国从计划经济向市场经济过渡的重要时期。回顾浙江省航运公司自1989年改制并更名为浙江省海运总公司至1998年这十年间走过的历程，为把过渡时期出现的困难和问题对经营生产影响降到最低，两级公司立足自身，采取一系列深化企业改革，调整运力和经营结构，拓展产业经营，积极探索企业经营路子，加强内部管理，挖掘降本增效潜力等针对性措施，应对市场挑战，在困境中谋求企业的稳定和更好更快发展。在这期间，随着陆路交通的迅速发展，便捷的村村通公路目标的实现和人民生活水平的提高，人们的出行方式有了更多的选择，而由于传统的水路旅客运输存在速度慢、条件差等问题，虽然两级公司采取了一系列改善客运经营的措施和促销手段，但仍不能遏制其萎缩趋势。水路旅客运输从人们的生活中逐渐淡出。

浙江省海运总公司的十年运作，也给人们以深刻启示：在以市场为导向的经济运行环境中，作为一个长期在计划经济体制下运作的国有老企业，其体制、机制存在的弊端与在浙江省发展海洋经济中所担负的使命不相适应，进一步深化企业改革势在必行。

图3-12 ~ 图3-15为浙江省海运总公司1989—1998年间企业生产经营情况图。

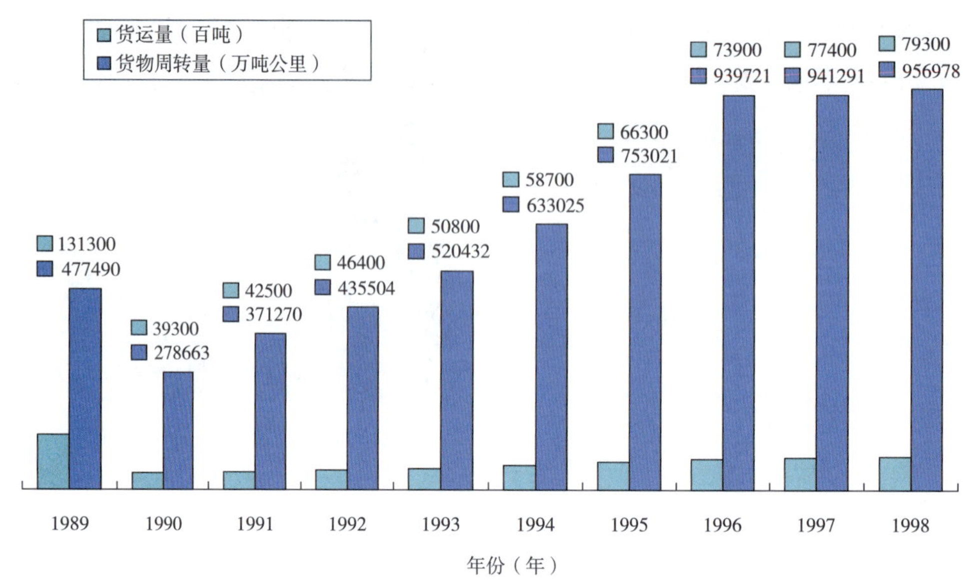

图3–12　浙江省海运总公司期间（1989—1998年）货运量和货物周转量图

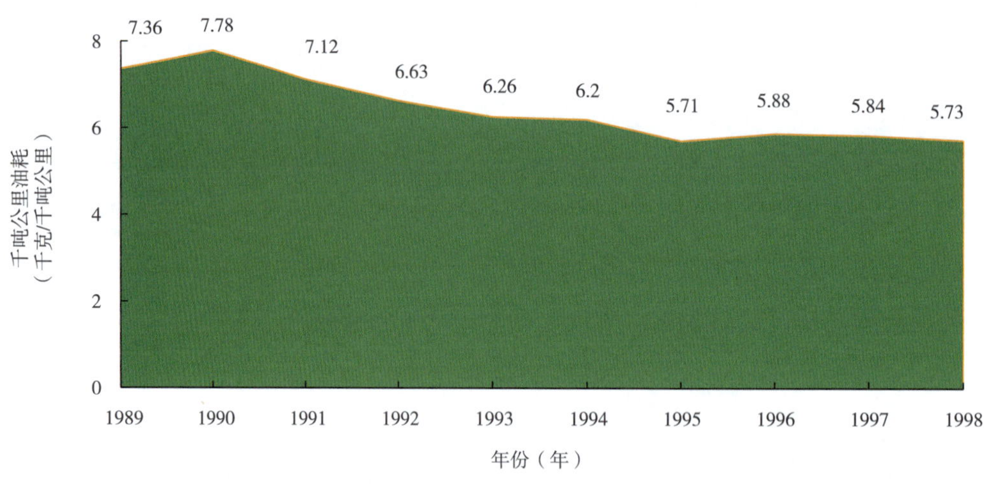

图3–13　浙江省海运总公司期间（1989—1998年）船舶千吨公里油耗图

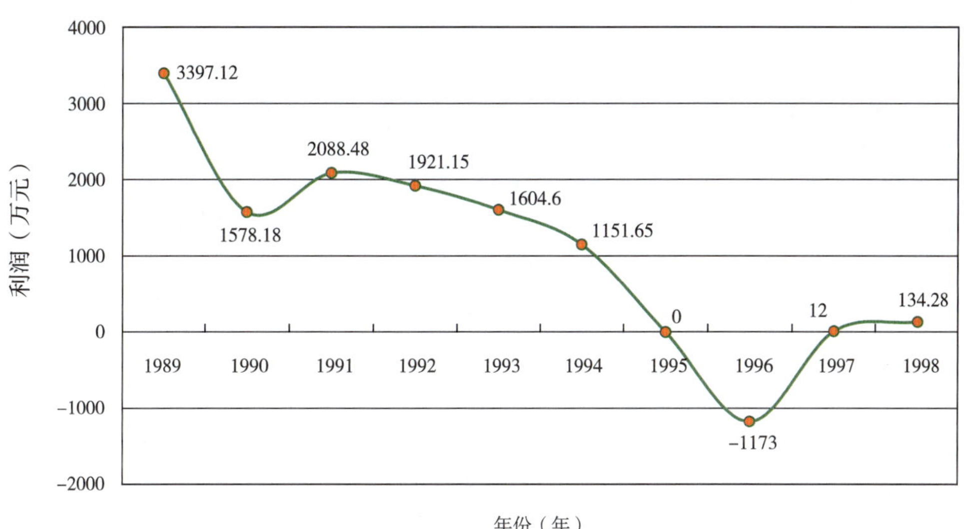

图3-14　浙江省海运总公司期间（1989—1998年）利润表

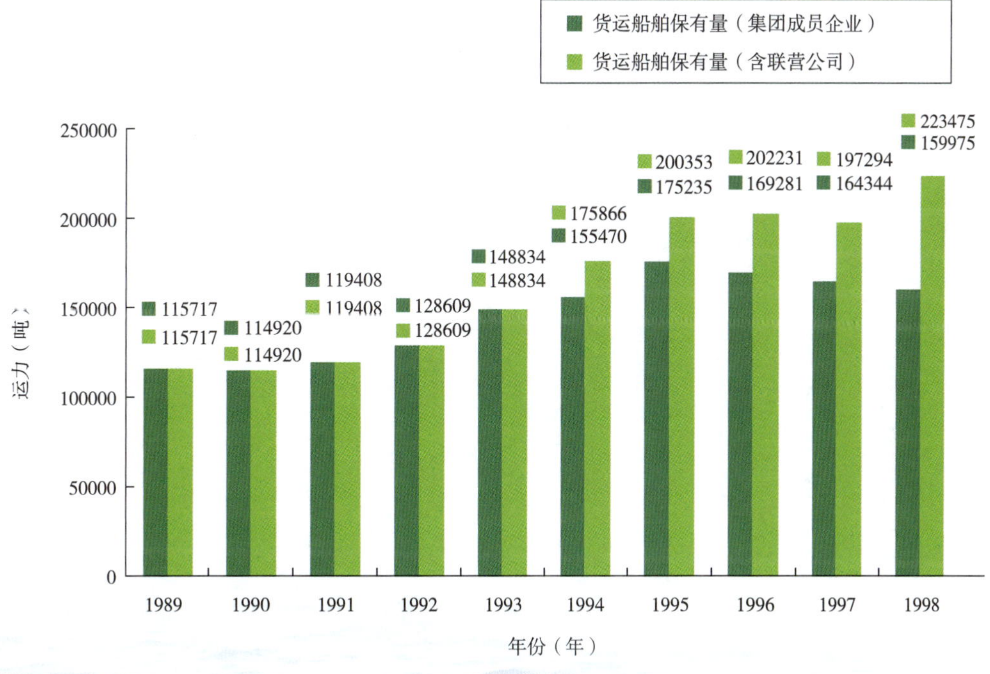

图3-15　浙江省海运总公司期间（1989—1998年）货运船舶保有量图

1950—2020

第四章
产权制度改革与发展的黄金时期
（1999—2010年）

“十年磨一剑。”1999年，浙江省海运总公司改制为浙江省海运集团（有限公司），下属企业一步到位改制成多元投资主体的有限责任公司，并按照“产权清晰，权责明确，政企分开，管理科学”的现代企业制度要求，对企业实施股份制改造。两级公司建立以资本为纽带的企业法人关系，是一次以产权制度为核心的革命性变革。经股份制改造后，两级公司在保证重点物资运输的同时，运用赋予的决策权和经营自主权，深化改革，理顺内部关系；完善机制，规范企业管理；创新融资办法，突破发展瓶颈；拓展市场，优化经营结构；多元发展，培育新的经济增长点；在提高市场竞争和应变能力等方面做工作，特别在应对世界金融危机，厘清思路，调整与实施企业发展战略，实现跨越式发展。由于牢固树立科学发展观，科技进步成果累累，可持续发展能力提升，企业的经济运行态势保持良好，经济增长质量显著提高，经济效益创历史最好水平。

第一节　股份制改造与浙江省海运集团的组建

自1989年浙江省航运公司改制为浙江省海运总公司并运行的十年间，公司作为承担浙江省重点物资、军运战备、抢险救灾物资等运输任务的省属海运骨干企业，为保障浙江省经济建设和社会发展做出了重大贡献。然而，作为一个长期在计划经济体制下运行的国有老企业，虽然采取过一系列内部改革举措，也取得了一定成效，使企业在激烈的市场竞争中得以生存和发展。但这些改革举措并没有涉及企业产权这一根本制度，只是一种适应性的内部调整，加之历史积淀的深层次矛盾综合影响，企业经济运行质量不高，困难重重，举步维艰。

具体反映在以下几个方面：一是产权不清，权责不明。以行政权力管理形式的两级法人体制产权关系界定不清，各级法人责权利不统一，难以成为真正的法人实体和竞争主体。二是所属海运公司资产配置小而全，结构类同，经营重复单一，导致资源浪费和内部不良竞争，不能有效发挥规模效能。三是冗员过多，负担过重，不仅消耗了主业大量利润，而且也影响了企业的生存和发展。人均运力保有量低于全省平均水平，管理和后勤辅助人员过多，且管理人员的结构、素质与企业发展不相适应，又缺乏开拓其他产业的专业技术人员、经营管理人员和营销业务人员。四是抵御海运市场风险的能力弱。由于受到行业的微利性和一次性投资大等特点限制，更新改造资金一直严重不足，致使船舶老化，平均船龄超过15年，影响企业发展。五是获利和偿债能力低，资产负债率高。经公司内部资产评估和资产核销，到1998年10月底资产负债率高达90%以上。

作为一个海洋大省，发展海洋经济是浙江省经济发展战略的重点，积极发展港口和海运事业又是浙江省跨世纪海洋经济发展的重点之一。时任浙江省省长柴松岳在全省海洋经济工作会议上指出“要认真搞好海运业的综合发展规划，大胆利用外资、筹集社会资金，组建大型海运企业，发展大吨位运输……积极推动江海联运，使海运能力与港口吞吐能力协调发展。”浙江省

委〔1998〕14号文件也强调“……支持以现有省级海运企业为骨干，沿海市县航运企业为基础，通过股份制等多种形式，组建海运船队”，为浙江省海运总公司发展海运船队，确保省级海运骨干企业地位提供了极好机遇。

有鉴于此，根据浙江省政府《关于加快省属企业改革的通知》（浙政发〔1998〕59号）和浙江省交通厅对厅属企业改革总体方案部署，立足于企业可持续快速发展，浙江省海运总公司组织两级公司改革改制小组，按照省政府确定的企业改制指导思想、原则、框定的改制形式和发展海洋经济要求，在广泛调查研究的基础上，结合企业实际，对改革改制进行多方案设计、论证、筛选，提出了《浙江省海运总公司改制总体方案》。该方案以产权制度改革为突破口，对企业实施股份制改造。通过改制，建立起“产权清晰，权责明确，政企分开，管理科学”的现代企业制度和以资本为纽带的企业法人关系（母子公司关系）；通过资产重组，优化资本结构，塑造多元化投资主体，有效配置资源，增强资产经营活力，形成规模经济优势，推动机制转换、制度创新和效益提高，使企业真正成为适应社会主义市场经济的法人实体和竞争主体。为使改制方案体现广大职工意愿，有广泛的群众基础，1999年4月20—21日，浙江省海运总公司在杭州召开了三届三次职工代表大会，专题审议并通过改制方案。该改制方案由浙江省交通厅转报浙江省省属企业改革领导小组。

9月7日，浙江省省属企业改革领导小组印发《关于浙江省交通厅直属企业浙江省海运总公司改制总体方案的批复》（浙企改〔1999〕21号），同意浙江省海运总公司改制为浙江省海运集团分两步走：第一步先改制为国有独资的有限公司，第二步改制为多元投资主体的规范化股份制公司。其下属企业一步到位改制成多元投资主体的有限责任公司。内部职工股作为优先股处理，鼓励企业经营者和骨干多持股、持大股。同意浙江省交通厅按照上报方案实施浙江省海运总公司的企业改革，同时还就改革过程中的相关政策做了明确规定。

9月14—15日，浙江省海运总公司在杭州召开改制工作会议，两级公司党政工领导及有关职能部门负责人参加会议。浙江省交通厅领导传达了省属企业改革领导小组对浙江省海运总公司改制总体方案的批复意见。会议讨论了改制方案实施意见，标志着浙江省海运总公司改制工作开始启动。

12月2日，浙江省计经委、省经济体制改革委员会联合印发《关于建立浙江省海运集团的批复》（浙计经企〔1999〕1659号）：浙江省海运集团是以浙江省海运集团有限公司为核心，联合5家紧密层企业和3家半紧密层企业组成的多法人经济联合体；浙江省海运集团有限公司是由浙江省交通厅所属浙江省海运总公司整体改制而成的国有独资有限公司；公司注册资本为人民币2亿元；浙江省海运集团所属各成员企业原行政隶属关系、财政税收渠道不变。

根据上述批复精神，在改制方案实施过程中，通过清产核资，对国有资产重新进行界定和评估确认、实施方案编制，按照《中华人民共和国公司法》筹建法人治理结构，按照《浙江省企业职工持股会暂行办法》组建职工持股会，按照《浙江省国有企业内部职工持股试行办法》由持股会会员认购本公司股份，募集资金，以及制订公司章程等。对企业的历史包袱和负担，浙江省政府又出台一系列政策，同意在国有资产净值中提留、核销和剥离。同时，母子公司按照《中华人民共和国公司法》规定，组建了股东会、董事会、监事会，配置经理人员（经营班子或执行管理机构），使所有者、经营者和生产者之间通过决策机构、执行机构、监督机构，形成了各自独立、权责分明、相互制约关系，并以法律和公司章程形式加以确立和实现，达到既按公司制要求改造企业，建立现代企业制度，又促进科学和规范化管理的目的。

2000年3月14日，浙江省交通厅印发《关于省海运集团成员企业改制方案的批复》，原则同意浙江省海运集团各成员企业的改制方案及国有资本出资比例，从2000年起实施。据此批复，两级公司全面开展了方案的实施工作，并于2000年7月底前完成了股份制改造，成为国有控股（51%）、职工参股（49%）的股份制企业。浙江省海运总公司整体改制为国有独资的浙江省海运集团有限公司后，行使对国有资产的管理职能。同时以原浙江省海运总公司生产经营部门为主体，组建了浙江省海运集团浙海海运有限公司（以下简称“浙海海运”）。与原浙江省海运总公司所属温州、舟山、台州3家海运公司的股份制改造不同，浙海海运的组建除了浙江省海运集团有限公司出资40%代表国有股相对控股，职工持股会出资35%外，还吸纳了一家社会法人企业投资参股，占注册资本的25%（后出资比例做了适当调整）。

浙江省海运集团有限公司及各子公司的成功组建（图4-1），标志着浙江省海运总公司实现了历史性转折。

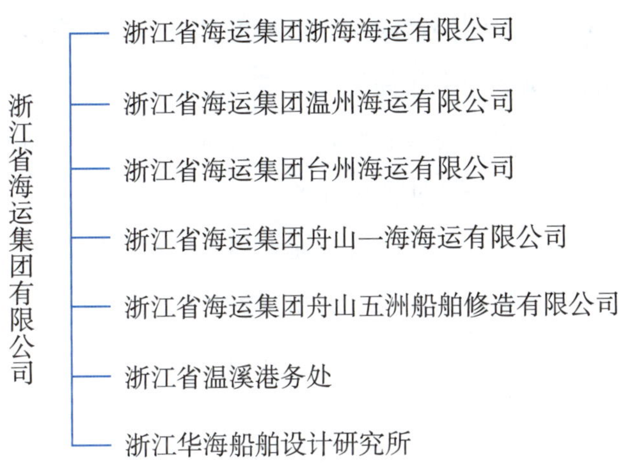

图4-1　浙江省海运集团有限公司组织构架图

浙江省海运集团有限公司（以下简称“省海运集团”）组建后，根据省政府关于发展海洋经济的战略决策要求，把“致力于发展海运业务，壮大企业规模，提高经济效益，增强企业实力”作为企业宗旨。两级公司充分发挥体制赋予的自主权，努力践行这一宗旨对企业发展的内涵要求，使省海运集团规模迅速扩张，经济增长质量不断提高，经济效益节节攀升。

2001年10月31日，经浙江省人民政府批准组建的浙江省交通投资集团有限公司（以下简称“省交通集团”）正式挂牌成立。由此，省海运集团的隶属关系也随之从浙江省交通厅转移至省交通集团。

在股份制改造过程中，两级公司按照专业化、知识化、年轻化和精干高效原则，组建了新的经营班子，平均年龄从改制前的48～55岁下降到42～45岁，具有大专及以上学历人员从50%～70%上升到70%～80%，管理部门的大专及以上学历人员从改制前的45.6%上升到51.8%。与之相适应，各单位还开展了修章立制和企业内部结构性调整工作，明确权责范围，规范管理职能，初步形成与现代企业制度相适应的管理和运行机制，使管理方式有了很大变化，管理效能明显提高；通过双向选择，竞聘上岗，优化了人员结构；利用闲置或腾出设备、场地以及社会资源，积极创造条件兴办第三产业，盘活存量资产。如温州海运，看准建筑市场需求和城市环境保护规定，腾出场地，与水泥销售单位合作办起了温州市海岳混凝土有限公司，生产经营商品混凝土等；台州海运（原海门海运公司，2000年7月更名为浙江省海运集团台州海运有限公司）通过合理调整公司布局安排，腾出空余房屋场地，进行房地产出租，办起出租车公司；舟山一海海运公司根据自身特点，组建了建筑队等，安置下岗分流职工，实现了新旧体制、新老机制的平稳过渡和衔接。

经过一年的改革实践，不仅为优化企业生存发展创造了条件，而且职工的改革意识也有了较大提高，择业观念有了很大转变，对减员增效举措的适应和承受能力明显提高。企业从国有独资改造为国有控股、多元投资主体的有限责任公司后，把职工利益与企业利益捆在一起，使职工的主人翁意识相应增强，主人翁地位也相应提高。董事会成为企业决策主体，改变了过去由行政决策带来的层次多、手续烦、周期长、容易丧失机遇的弊端，缩短了决策周期，提高了企业应对市场变化的能力。同时，因监事会的建立，实行了司务公开制度，企业的经济活动被置于广大职工监督之下，与企业党组织、纪委、监察的监督形成合力，提高了透明度，使监督机制得到了完善。

第二节　抓住有利时机　优化生产经营　提高企业效益

1999年，随着国家扩大内需、增加投入、拉动经济增长等一系列宏观调控政策措施逐步到位，浙江省海运总公司的经济运行情况比1998年有所好转。但由于社会有效需求仍然不足，运输市场波动较大，浙江省海运总公司未能达到预期经营效果。到1999年末，浙江省海运总公司共有营运船舶48艘（其中：货船33艘，载重量265114吨；客船、客货船15艘，1187座位、2520卧位），实现利润仅205万元。

2000年是公司新旧体制交替、新老机制转换，承上启下，实现历史性转折的关键一年，也是实现中央提出的国有大中型骨干企业“三年两目标”的最后一年，宏观经济环境出现明显好转，社会需求增加，市场回暖，拉动国民

经济增长向好的方向发展，给正在改制中的浙江省海运总公司带来了转机。在浙江省交通厅和政府各级各部门的关心支持下，企业各级紧紧抓住这一有利时机，采取各种有效措施，精心组织运输生产，努力增产增收，收到较好成效。

随着国民经济逐步进入良性运行，浙江省电力供应吃紧，电煤运输量明显增加。为确保运输，两级公司都成立了专门小组，一手抓改革改制，一手抓电煤运输的生产组织。各所属海运公司根据下达的电煤运输计划与流向，配置合适船型，积极配合电厂及时调整或超计划配置运力，有效地保证了电煤的均衡运输，满足了社会用电需求。

在确保电煤运输的前提下，为有效占领市场，各海运公司又把经营比较灵活、适合市场竞争的小吨位船舶，调整参与市场运输；充分利用电煤运输的时间差，穿插安排电煤运输船舶的外线（市场）运输，努力发挥船舶效率效益。同时，各所属海运公司之间通过及时沟通和信息交流，加强内部协调，防止相互间的不良竞争和内耗，联合抵御市场风险。

与此同时，各子公司根据区域经济发展和承担的电煤运输任务，想方设法筹措资金，调整和改善运力结构，淘汰了一批吨位小、船况差、不利于灵活经营的船舶，使运力和船型结构更加趋于合理，货运运力的保有量也比1999年末净增6.42万载重吨，达到32.95万载重吨，增长了24.2%。

企业通过股份制改造，既形成了水陆并举的产业结构，又提高了设备设施的技术含量，增强了后劲。也就在这一年，企业的经营生产取得了完成货运量、货物周转量和营收三项突破，即货运量突破700万吨（如计入富兴海运运量，则突破1000万吨），货物周转量突破80亿吨公里（如计入富兴海运，则为131亿吨公里），营收突破4个亿（1994—1999年营收从3亿元上升至3.5亿元左右，徘徊了6年）。2000年实现利润1432万元，比1999年增长了598.5%，创企业经营业绩最好纪录。当年7月，公司基本完成了浙江省海运集团（有限公司）的构建，实现了改制和经营生产两不误。

自2000年以来，国民经济持续向好，2004年又进入了快速发展的机遇期，致使电力供需矛盾更加突出。两级公司顾全大局，克服困难，做好北方电煤组织、电厂接卸等协调工作，加快船舶周转，出色地完成了电煤运输计划，为缓解浙江省电力紧缺状况、促进经济发展做出了突出贡献。为此，省海运集团受到了交通部表彰。

同时，各海运子公司充分利用市场需求上升、运价大幅上扬的有利时机，努力抓好经营生产。在确保电煤运输计划完成的同时，加强市场货源信息收集和承揽工作，根据货源流向与趋势，选择适合承运的最优航线和效益最佳的外线货源，合理配置和调整运力，取得了较好的经济效益。据统计，2004年省海运集团共完成计划外货运量约619万吨，占总运量的43%，比2003年增加178万吨，增幅40.4%。全年计划外货运量营收比2003年增加2.77亿元。

2004年，省海运集团共完成货运量2060万吨、货物周转量287亿吨公里（含富兴海运），分别比2003年增长24%和23%；实现营运收入9.67 亿元，比2003年增长59%；实现利润总额1.9959亿元，比2003年增长188%，比2000年增长1393.79%。以上数据均创公司成立以来最高纪录，实现了公司发展史上一次重大飞跃，也是企业产权改革成果的体现。在随后几年中，省海运集团的经营效果年年刷新，经济增长质量不断提高。2007年省海运集团完成货运量2321万吨、货物周转量333亿吨公里，实现利润2.48亿元；2008年完成货运量2422万吨、货物周转量326亿吨公里，实现利润3.09亿元； 2010年完成货运量2828万吨、货物周转量430.4亿吨公里，实现利润3.87亿元。以上数据年年再创省海运集团历史新高。

第三节　以造为主　造买结合　优化运力结构　实现跨越式发展

发展是硬道理。市场需求是企业发展的基础，市场竞争是提高企业技术含量的动力。在产权制度改革并运行的十年间，母子公司紧紧抓住国民经济快速发展、运输市场态势良好的有利时机，预测并编制了运力发展计划，继续抓紧做好运力发展工作，以进一步增强企业实力和抗风险能力，提升省海运集团在同行业中的地位和影响力，为浙江经济发展发挥更好的保障作用。

省海运集团组建后的最初5年间（1999—2004年），限于两级公司筹融资能

力，运力发展基本上仍以购置大吨位二手船为主。从2005年开始，随着省海运集团辖属舟山五洲船舶修造有限公司（以下简称“五洲公司”）造船项目陆续建成投产，开始为省海运集团各子公司大规模造船，促成了公司新一轮运力的大发展。以往运力发展是通过量的扩张达到扩大企业规模、提高市场占有率的目的，带有一定的被动性。而这十年发展，除了为适应国民经济快速发展对运力发展的需求外，更注重质的提高，着力保持和提高运力的市场竞争力与驾驭市场能力，并适当做好运力储备，属于主动发展型。因此在船型的选择上，更注重于安全、环保、健康、经济和适用性强、技术含量高的大吨位新船种。

进入21世纪后，我国国民经济保持健康发展态势，市场运力需求旺盛。为适应市场需要，在2000—2005年间母子公司千方百计筹集资金，积极发展船舶运力，主要以购置二手船为主。此期间共购置二手货船19艘，新建1艘。其中：台州海运在2001年5月购置“浙海311”轮（4251载重吨），2001年6月购置“浙海308”轮（7614载重吨），2001年7月购置“浙海309”轮（10171载重吨，图4-2），2002年12月购置“浙海323”轮（18451载重吨，图4-3），2003年12月购置“浙海325”轮（437标准箱，图4-4）、“浙海326”轮（16349载重吨，图4-5）；舟山一海海运公司在2000年购置“浙海712”轮（6074载重吨）、“浙海716”轮（7898载重吨），2002年购置“浙海721”轮（15795载重吨），2003年购置“浙海722”轮（14950载重吨）、“浙海728”轮（25566载重吨），2004年购置“浙海723”轮（15758载重吨）；温州海运在2002年5月购置“浙海126”轮（25600载重吨），2003年6月购置“浙海128”轮（26511载重吨，图4-6），2004年12月购置“浙海151”轮（2.8万吨级，图4-7）；浙海公司在2000年12月购置“浙海501”轮（11447载重吨），2004年5月购置“浙海505”轮、“浙海506”轮（各为28509载重吨），2004年6月购置“浙海502”轮（28430载重吨）等。此外，2005年12月台州海运还新建完工14588载重吨货船1艘，冠名“浙海351”轮（图4-8）。以上共增加运力344471载重吨。随着以上船舶的陆续购入并投入营运和更替部分到龄老旧船舶，省海运集团自有船舶运力比实施股份制改造前的1998年净增加30余万载重吨，上了一个新的台阶。

图 4-2　10171载重吨“浙海309”轮

图 4-3　18451载重吨“浙海323”轮

图 4-4　437标准箱（1万吨级）“浙海325”轮

图4-5　16349载重吨“浙海326”轮

图4-6　26511载重吨“浙海128”轮　　图4-7　2.8万吨级“浙海151”轮

图4-8　14588载重吨“浙海351”轮

2005年，五洲公司造船项目陆续建成投产，省海运集团根据承担的运输任务、营运航线和运力发展计划，以及对五洲公司造船项目的扶持，把运力发展定位在以建造大吨位灵便型货运船舶为主，逐步更新替代原有一大批老旧和小吨位运力船舶，既使运力规模进一步扩大，结构进一步优化、合理，又使船舶的科技含量得到提高，技术状况进一步改善，实现了企业的跨越式发展。

为解决造船资金问题，2005年母子公司积极探索、创新融资方式，提高筹资能力，多渠道筹集资金，以满足企业发展的资金保障。期间，母子公司领导亲自出马，通过多种方式向各银行宣传本企业发展前景和发展需求，使多家银行了解本企业的业务、能力、前景，扩大和密切了银企关系，使企业信贷规模又有了较大增长。到2005年末，省海运集团在杭州各银行的授信额度比上年同期增加了3.84亿，大大增强了企业的融资能力。

随着资金渠道的拓宽和融资能力的增强，省海运集团国有资产取得了良好的运行质量和效果。到2005年末，省海运集团国有净资产增加到29836万元，国有资产年保值增值率达到16.56%，比考核指标提高了约5.5%（省交通集团对省海运集团的考核指标为10.98%）；对外投资回报率达到44.16%，比考核指标提高了29%（考核指标为15%）；年度未收款为当年应收账款的12.04%，达到了省交通集团控制在15%内的考核指标。各成员单位也均较好地完成了各项国有资产经营考核指标。

有了资金保障，两级公司着手落实船舶建造，至2010年，两级公司新建并投入营运的船舶如下：

2006年1月出厂并交付投入营运的温州海运“浙海152”轮（19980载重吨）；2007年4月、7月由五洲公司建造出厂并分别交付投入营运的浙海海运“浙海507”轮和温州海运“浙海161”轮（均为33478载重吨）；2007年7月出厂并交付投入营运的台州海运“浙海357”轮（8567载重吨）；2007年10月由五洲公司建造出厂并交付投入营运的台州海运“浙海358”轮（33478载重吨）；2008年4月出厂并交付投入营运的台州海运“浙海359”轮（8457载重吨）；2008年6月由省海运集团（船东）、五洲公司和设计单位联合研制，五洲公司建造出厂并交付投入营运的世界首艘满足国际《共同（结构）规范》的浙海海运“浙海521”轮（54036载重吨）；2009年2月由台州天时船厂建造出厂并交付投入营运的温州海运“浙海162”轮（33400载重吨）和2009年5月出厂并交付投入营运的“浙海156”轮（23527载重吨，图4–9）；2009年8月由五洲公司建造出厂并交付投入营运的浙海海运“浙海522”轮（54236载重吨）；2010年3月出厂并交付投入营运的台州海运“浙海355”轮（27564载重吨，图4–10）；2010年7月出厂并交付投入营运的温州海运“浙海157”轮（26355载重吨）；2010年8月出厂并交付投入营运的“浙海354”轮（27564载重吨）及由江苏宏铭船厂建造出厂并交付投入营运的温州海运“浙海165”轮（50568载重吨，图4–11），5年间共新增船舶14艘，计434688载重吨。

图 4-9　23527载重吨“浙海156”轮

图4-10　27564载重吨散货船“浙海355”轮

图4-11　50568载重吨“浙海165”轮

在运力发展过程中，特别是2010年，省海运集团根据省交通集团“做强做大海洋运输船队”要求，母子公司联动制定了三年运力发展规划，提出了在三年内自有运力达到200万载重吨目标。各海运子公司按照自身的发展目标和要求，抓住船市低位运行的有利时机，坚持购置和建造并举，并通过融资租赁等方式筹措资金，加快发展运力。这一年，省海运集团净增运力16.48万载重吨。

“十一五”期间（主要是2009年）共淘汰老旧船舶7艘，其中浙海海运1艘（“浙海501”轮，11447载重吨）；温州海运2艘（“浙海116”轮、“武林”轮，共22710载重吨）；台州海运3艘（“浙海328”轮、“浙海316”轮、“浙海325”轮，共21638载重吨）；富兴海运1艘（“富兴2”号，24090载重吨），增减相抵，净增运力31.98万载重吨，超过了公司1979年恢复建制至2000年20余年的运力净增数。

到2010年末，省海运集团共拥有营运货运船舶40艘，总运力达到108.58万载重吨（其中自有运力26艘，共61.84万载重吨），平均船龄从年初的16.2年降至年末的13.3年，船龄结构得到明显改善，有效增强了抗市场风险能力。此外，省海运集团当年在建、拟建的船舶还有9艘，即“浙海167”轮（图4-12）、“浙海363”轮、“浙海168”轮、“浙海525”轮、“浙海505”轮和“富兴21”轮等2艘，以及集团本部2艘，计42.75万吨。

图 4-12　5.7万载重吨散货船“浙海167”轮

“十一五”初（2006年初），公司运力（含联营公司，下同）仅为74.1万载重吨，到“十一五”末（2010年末）增加至108.58万载重吨，增长了46.6%。此外，在立足国内需求的同时，省海运集团根据外贸运输情况，积极拓展国际及港澳地区运输业务，努力提高船舶的效率和效益。

随着运力增长，省海运集团完成的货运量也逐年增长：省海运集团建

立初期（2000年），完成货运量和货物周转量（含联营公司完成量）仅为1050万吨、131.51亿吨公里，而至2010年，完成的货运量和货物周转量已增加至2828万吨、439.42亿吨公里，同比分别增长了1.7倍和2.3倍，年均增长率达15%和21%。

第四节　加强廉洁从业建设　增强法制意识

省海运集团始终将建设廉洁企业作为一项重要目标，为进一步加强企业党风廉政建设，营造廉洁企业氛围，把党风廉政建设作为党建工作的一项重要任务，不断完善党风廉政建设工作制度与机制。省交通集团自2001年成立以来，制定了《浙江省交通投资集团有限公司党风廉政建设责任制实施细则》等廉政建设制度。省海运集团在省交通集团领导下，根据各个时期党风廉政建设的不同要求，深入开展党风廉政建设工作，不断制定和完善制度，努力形成长效工作机制。在省海运集团党委、纪委的不懈努力下，多年来，公司廉政形势基本平稳。

为落实党风廉政建设责任，省海运集团每年与各子（分）公司签订党风廉政建设目标责任书，明确经营管理、廉洁从业、党建工作、企业文化建设等目标责任。责任书对各子（分）公司的廉政建设工作责任进行了分工，要求领导人员认真执行廉洁从业各项制度，参加反腐倡廉学习教育，统一规范招投标和采购管理，实施党务公开制，认真处理各类来访来信，加强纪检监察队伍建设等。省海运集团党委每年还与集团本部各部门签订党风廉政建设责任书，要求切实履行党风廉政建设责任，严格执行各项廉政规定，抓好廉洁从业学习和教育，严格监督和管理，严格责任追究等。

在落实廉政建设责任制的同时，两级公司积极开展廉政风险排查，坚持“标本兼治、综合治理、惩防并举、注重预防”的反腐倡廉工作方针，以规范权力运行为主线，从企业实际出发，查找廉政风险点，制定相应的防范措施，认真查找领导岗位廉政风险、关键岗位廉政风险、管理经验不足和管理薄弱环节廉政风险、重点工程建设领域廉政风险，推动了省海运集团反腐倡廉工作深

入开展。

根据中共中央、国务院及浙江省委、省政府关于全面开展普法教育的要求，为在省海运集团全体员工中普及法律知识，增强法律意识，提升法律素质，提高自我保护能力，规避企业经营中的法律风险，自“一五普法教育”以来，两级公司结合企业实际，按照各个时期法制教育的重点编制普法教育规划，有计划、有步骤地积极组织开展法制宣传教育活动，落实普法教育各项工作，把法律教给群众。

2001年10月，省交通集团成立，省海运集团隶属关系转移后，根据省交通集团对普法教育的要求，公司研究制定了法制宣传教育规划和各年度工作计划，从指导思想、对象、内容、步骤方法、进度安排、工作职责等方面都做了具体要求。“五五”普法期间，母子公司均成立了普法依法治理工作领导小组，由董事长、党委书记任组长，亲自抓普法工作的开展。通过开办讲座、举办法律知识竞赛、广播宣传等普法教育活动，深入开展宪法和国家基本法律，以及与企业生产经营和员工工作生活密切相关的法律教育，增强全公司员工的法律意识。同时，母子公司均设置了专职或兼职法律事务机构，配备了法务人员，按照以事前防范、事中控制为主原则和相关法律完善企业管理，将法律风险防范融于企业决策、经营和管理工作之中，进一步提高了防范合同法律风险能力。

第五节　以安全和质量管理为重点　推进企业机制建设

企业管理作为企业文化的重要组成部分，备受企业各级管理者重视。与其他企业一样，省海运集团的企业管理同样经历了从粗放管理到加强制度建设，逐步规范管理再到精细管理（程序化管理），从管理空白到有“法”可依，从人治到“法”治的循序渐进发展过程。这些管理制度的形成，除了根据企业经营生产管理实际陆续制定出台并实施外，更多的是在开展专项治理整顿、企业全面升级、上等级和标准化管理的达标活动中制定、修改和补充完善的，成为专项管理制度体系。到2010年，省海运集团各级已建立起涵盖企业经营和经济

活动、技术、安全、员工薪酬奖惩、员工教育培训、班子建设、思想政治教育及生活后勤保障等所有方面的制度化、规范化、程序化管理体系。对一些有可能出现突发性事件的重大事项，还编制有相应的应急预案，保证应急处置迅速、及时、有效。

安全是企业的生命，是企业管理工作的重中之重。安全稳则生产稳，企业也有了稳定和发展的基础。两级公司每年年初都提出安全管理目标和工作要求，逐级签订《安全生产管理目标责任书》，落实安全管理责任；建立了比较完整、涵盖生产安全各个环节的一系列安全管理制度，使生产安全的过程控制有章可循，有责可究；始终坚持安全例会或安全办公会议制度，完善了安全监督机制，开展形式多样的不定期明察暗访、抽查、突击检查相结合的安全检查。

为积极推进安全管理新机制建设，规范安全管理，满足国际海事组织和国家主管机关对安全管理工作的要求，全面提高企业安全管理水平，促进人本管理，根据《国际安全管理规则》（ISM规则）和《中华人民共和国船舶安全营运和防止污染管理规则》要求，结合企业改制，从1999年上半年开始（浙江省海运总公司改制组建浙江省海运集团的转换期），在辖属海运公司陆续开展实施ISM规则宣贯工作，积极推进安全管理体系（SMS）建设。1999年6月10日，浙江省海运总公司以浙海总〔1999〕49号《关于设立省海总ISM办公室的通知》，成立了ISM办公室，具体负责ISM规则的推进实施工作。

根据浙江省海运总公司《关于设立省海总ISM办公室的通知》和ISM规则要求，各辖属海运公司编制了推进ISM规则工作实施计划，组织对全员进行推进实施ISM规则宣传教育和培训；根据本单位安全工作实际，进行安全管理体系（SMS）设计，在明确本单位安全和环境保护的方针、目标及承诺前提下，进行安全管理职能分解，组织文件（制度）编写、修改、审核、发布和实施，形成包括安全管理手册、安全管理职责手册、安全管理程序文件和安全管理须知文件等一整套规范的文件体系，涵盖了安全管理的各个环节和运输生产的全过程，建立起安全管理新机制。

为检验SMS文件的实用性和可操作性，保持常态化运行，按照ISM规则要求，各单位在完成SMS文件编写基础上，先后选定代表船进行试运行，取得经验和效果后，再逐步扩大实施范围。同时，对实施SMS文件的船舶，按规定组织内部审核和外审（年度审核），取得符合《中华人民共和国船舶安全营运和防止污染管理规则》的“符合证明年度审核签注”，对在实施和审核过程中发现的不符合项，采取对不符合项的原因分析、拟定并落实纠正（预防）措施，对体系文件中不适应生产实际需要的条款进行及时修改和补充完善，限期完成整改。整改完成后，经有效性验证（评审）合格，不符合项闭合。安全体系的建立，不仅使安全工作越做越细，安全管理基础越来越扎实，也使安全管理体系文件和安全管理新机制不断得到完善。

浙海海运根据浙江省海运总公司《关于设立省海总ISM办公室的通知》精神，1999年上半年开展了ISM规则推进实施工作，组织进行SMS文件编写和宣传、教育与培训。2001年11月8日，由时任总经理杨建雄发布安全管理体系试运行实施令，2003年12月17日，浙海海运通过了主管机关的年度审核，取得了“符合证明年度审核签注”。实施SMS文件体系的船舶（包括代管的富兴海运船舶）在通过审核后，取得了符合《国内安全管理规则》的“安全管理证书”。省海运集团下属其他海运公司也相继完成了SMS体系的建立和推进实施工作，建立了安全管理长效机制，并一直保持有效运行。安全管理体系把传统管理与现代管理有机结合，它的实施有效地控制和减少了安全事故发生概率，创造了良好的安全生产环境，也使安全工作向标准化、科学化和精细化管理迈出了坚实的一步。

与此同时，企业各级针对安全工作实际，有的放矢地积极组织不同层次、不同工种岗位开展形式多样的业务培训、岗位练兵、技术比武和竞赛活动等，并使之常态化；坚持按照“四不放过”原则（事故原因没有查清不放过，事故责任者没有严肃处理不放过，广大职工没有受到教育不放过，防范措施没有落实不放过）及时处理事故和事故苗子；汇编了事故典型案例分析，供职工学习，吸收经验，触类旁通，既提高了管理队伍的管理素质，又提高了生产操作人员的操作技能水平和对突发情况的应急处置能力。

五洲公司为提高企业在船舶修造市场的竞争力和船舶建造管理要求，建立包括质量、职业健康安全和环境管理等方面内容的综合管理体系，于2008年上半年成立了由分管副总任组长、各相关职能部门人员参加的综合管理体系“认证工作小组”，着手组织进行《质量管理体系 要求》（GB/T 19001—2000）、

《环境管理体系　要求及使用指南》（GB/T 24001—2004）、《职业健康安全管理体系　规范》（GB/T 28001—2001）的贯标和在全体员工中的宣贯工作。同时，在明确质量、职业健康安全、环境管理的方针和目标的基础上，按照“先重点，后全面”和“成熟一项，推出一项，实施一项”的工作要求，编制了管理手册（一级文件）、程序文件与作业指导书（二级文件）、管理制度与操作规程（三级文件），覆盖船舶建造整个过程，使船舶建造质量有据可查，安全生产、职业健康和环境保护有章可循。体系经过半年多的试运行，按照规定程序，进行了内部审核和管理评审。对在审核中发现的不符合项，由职能或责任部门组织实施整改纠正、文件修改等，经复审通过后不符合项闭合，完成一个循环。2008年12月，经中国船级社（CCS）认证小组组织对五洲公司综合管理体系的外部审核认证，取得了质量（ISO 9001：2000）、职业健康安全（OHSAS 18001：2001）和环境管理（ISO 14001：2004）证书。2009年，五洲公司又按照ISO 9001：2008版标准，对质量管理体系文件进行了换版修改，并按照规定程序审核（包括CCS的外部审核）通过后，换发了质量管理体系证书。

五洲公司综合管理体系建立并取得证书后，为保持体系运行的有效性，按照规定，每年都组织内审、管理评审和外部审核。同时，由于五洲公司的生产经营活动、技术、质量与安全、环境保护等的管理，有大量的程序文件、作业指导书、操作规程和制度等作保证，并形成了机制，使企业管理水平与管理效能有了显著提升，公司在国内、国际业界的知名度也有了进一步提高。

第六节　延伸主业　组建船舶修造企业　服务主业

省海运集团在抓好航运主业发展的同时，积极稳妥地拓展其他产业，并以市场为导向，选准、选好投资项目。为积极落实浙江省委、省政府提出的关于“加快发展海洋产业，建设海洋经济强省”的战略决策，发展临港工业——船舶修造业，向海洋要资源，向海洋要发展空间。2001年9月，省海运集团抓住有利时机，与辖属温州、台州、舟山一海3家海运公司共同出资（各占25%股权），以2625万元协议买卖价，适时收购了地处浙江省舟山市定海区民间码头对岸五奎山的原舟山五洋船厂破产资产（包括288.7亩土地使用权、2.5万吨级船坞及附属实物资产，1亩=666.67平方米），并及时作出了把该公司改建成具有建造8万吨级大巴拿马型船舶能力、集修造一体的综合型船厂的决策，创办了浙江省较大规模的船舶修造基地——浙江省海运集团舟山五洲船舶修造有限公司（图4-13）。买卖协议签订后，省海运集团立即从各股东单位抽调人员组成筹备组，按照规范的公司制要求进行组建。2001年10月10日，经舟山市工商行政管理局核准登记注册，注册资本1300万元，五洲公司宣告成立。五洲公司作为集团主业的延伸，以从事本集团船舶修造为主，并面向社会，为社会服务，被舟山市列为重点引进项目。

图4-13　五洲公司全景

浙江省海运集团浙海海运有限公司组建后，2001年12月27日，五洲公司股东会决议，原4家股东单位各将5%股权转让给浙海海运，调整后的股东单位为5家，所持股权各为20%。2004年3月28日，五洲公司股东会根据经营和发展造船生产需要，决议将注册资本增至5000万元，各股东单位保持20%股权，出资比例不变。

五洲公司成立后，在组织进行筹建工作的同时，立即组织开展船舶修理业务。至2009年8月（船坞造船前）的8年间，共完成船舶修理450余艘。

21世纪初，世界造船业逐步进入黄金发展期。2004年，省海运集团紧紧抓住浙江省政府关于“加快船舶工业发展的若干意见”和舟山市政府“着力把舟山打造成我国重要的船舶修造业基地”的良好机遇，省海运集团和五洲公司董事会利用大五奎山紧邻定海港区的地理优势，于2004年2月决定上马造船项目。

省海运集团从当时正在改制中、有几十年造船经验的钱江船厂，自愿报名挑选了30余名业务素质好、技术水平高、工作能力强的骨干人员，在钱江船厂厂长於建华的带领下，从杭州移师舟山大五奎山，组建建厂、造船班子，实施五洲公司从以“修船为主”向“以造为主，造修并举”的战略转移，走上二次创业路。

根据五洲公司董事会决策，造船项目定位为建造起点高、技术含量高、设备配置也相对较高和适用性强、受市场欢迎的3万吨级以上、8万吨级以下国内外钢质运输船舶。据此，省海运集团配套建造了8万吨级船台、2万吨级气囊船台、7万吨级和4万吨级舾装码头、300吨起重机等各1座，配备有2条等离子水下切割机、800吨油压机、400吨肋骨冷弯机以及时为浙江省省内最大的12.5米三星辊床等性能比较先进的修造船设备设施和生产厂房。新组建的建厂、造船班子，按照“边申报审批、边建设、边造船”的工作思路和“建成一项投产一项”的工作要求，于2004年9月起，各造船子项目陆续动工建设。2005年5月25日，首制3万吨级散货船——浙海海运“浙海507”轮开工建造，并于2006年10月25日举行隆重下水仪式（图4–14），向省交通集团成立5周年献礼。该船于2007年4月14日交付浙海海运投入营运，也是当时舟山本地建造的吨位最大的船舶。

图4–14　“浙海507”轮下水仪式

五洲公司从建造第一艘船舶开始至2010年底的5年半时间里，共开工建造船舶21艘，其中交付船东投入营运10艘、44.1万载重吨。所建船舶中，有世界首艘满足国际《共同（结构）规范》的5.45万吨散货船，为五洲公司、船东和设计单位联合研制的新船种，投入营运后，完全达到安全、环保、健康、经济的预定目标，为我国造船新规范、新标准的应用，走出了一条独立自主创新之路；还有技术要求高、建造难度大的德国船东4艘GL规范的5万吨级大开口多用

途散货船（图4-15）等，彰显五洲公司经营班子依靠科技、不断进取、敢为人先的经营理念。

图 4-15　5万吨级大开口多用途散货船

第七节　开拓发展　涉足房地产业

根据杭州市城市发展需要，浙江省钱江船厂在20世纪末整体搬迁，原厂区土地由杭州市政府收回储备。2002年11月，经杭州市政府批准，原钱江船厂的部分地块土地（共21.45亩）协议出让给钱江船厂，同意按商业、写字楼等综合用房进行浙江海运大厦（后更名为海运国际商务楼，图4-16）房地产开发。2005年1月，钱江船厂整体改制成由浙海海运和钱江船厂职工自然人共同持股的浙江省钱江船舶有限公司。2007年7月，浙江省钱江船舶有限公司股东会讨论通过自然人股东将600万股权转让给浙海海运，浙江省钱江船舶有限公司成为浙海海运的全资子公司。

图 4-16　海运国际商务楼

为将钱江北岸为数不多的江景地块开发

成一个具有良好市场投资价值、符合城市发展的高品质项目，省海运集团对多个项目开发设计方案进行了充分论证，并最终选择了由日本日建设计株式会社设计的产品方案。设计方案由两个相连的单体构成，塔楼单体将开发成高近100米28层的5A级高端商务写字楼，建筑面积32219.56平方米，共166套，主力户型为180平方米；连体的板楼为退台式的精装私家公馆（酒店式公寓），建筑面积24578.09平方米，共299套，主力户型为65平方米，项目定位高端，功能配套齐全，为高端私人会议和大型团体会议提供高规格服务。该项目工程位于杭州市钱塘江北岸、复兴大桥东侧，直面钱塘江一线水景和绿地公园，总建筑面积88875平方米。其中：地上建筑面积64358平方米，地下建筑面积24517平方米，建成后对外销售。

第八节　抓住机遇　拓展国际运输

进入21世纪后，世界经济逐步回暖，国际贸易有了较快发展。母子公司紧紧抓住国际航运市场复苏的有利时机，充分利用国家相对宽松的外贸运输政策，在巩固现有国际营运船舶外租经营的同时，及时调整船舶航线和运输结构，增大在国际海运市场的运力投入，引进具有国际航运管理经验的人才，积极拓展国际运输，创造条件开展自营国际货运业务。同时，省海运集团又相继投入了“浙海308”轮（0.77万载重吨）、“浙海323”轮（1.8万载重吨）、“浙海128”轮（2.8万载重吨）加入国际运输船舶行列。2004年完成远洋运输货运量32.8万吨、货物周转量18.6亿吨公里。国际航运业务的开展，不仅取得了理想的经营效果，也为省海运集团更广泛地开展国际运输业务积累了宝贵经验。随着省海运集团运力的逐步大型化和国际贸易的快速发展，2007年后，省海运集团所属“浙海161”轮（3.3万载重吨）、“浙海167”轮、“浙海168”轮、“浙海169”轮、“浙海525”轮（均系5.7万载重吨）、“浙海521”轮、“浙海522”轮（均系5.4万载重吨）、“浙海505”轮、“浙海1”轮（均系3.5万载重吨）共9艘散杂货船也陆续参与，进一步拓展了国际运输，航迹遍及全球。

第九节　抓好主业经营　努力降本增效

2004年，省海运集团辖属海运公司以市场为导向，在发展水运主业的同时，积极稳妥地拓展水运相关产业和陆上产业，在改善企业经营和经济结构方面取得了较理想的进展。

为增加效益，省海运集团努力挖掘老旧船舶的生产潜力，使其继续为公司创造效益。如温州海运“武林”轮、“浙海121”轮这两艘2万吨级船舶，按交通部关于国内老龄船舶使用年限规定，在2004年使用年限到期后须强制报废。温州海运根据船舶的技术状况，在保证安全的前提下，采取转籍营运办法延长使用期，并在使用年限即将到期前，完成了转籍营运的有关工作，使这两艘船舶顺利出租改跑近洋航线，不仅发挥了老旧船舶效益，缓解了运力增加的资金压力，又增大了国际航线占领，同时也为公司增加了收益。

与此同时，各海运公司在巩固原有营运航线的基础上，拓宽思路，积极拓展长江航线，温州海运、台州海运还根据浙江省在北方港口的电煤集散和运输计划安排情况，利用时间差，开辟了北方港口之间的短途航线等，均取得了较好效果。通过一年努力，省海运集团还与长江中下游沿岸的火力发电厂及北方一些港口建立了比较长期、稳定的合作关系，为今后与这些单位进行更深入的合作创造了条件。由于母子公司的共同努力，2005年2月，交通部对电煤运输工作中做出突出贡献的国内12家港航企业进行表彰，省海运集团也名列其中。

为抓好主业经营，根据市场情况，省海运集团继续加快了购置建造大吨位船舶、淘汰老旧船舶和小吨位船舶的步伐，不仅使船舶运力得到了较大幅度增长，也使省海运集团货运船队的结构更趋合理。2004年，省海运集团（包括富兴海运）共新增货运船舶7艘，合计新增船舶运力17.8万载重吨。至该年年末，省海运集团管理船舶的总运力已接近80万载重吨。如不计富兴海运船舶，省海运集团船舶保有量为50.6万总载重吨，当年增加12.6万吨，比2003年末增加33%。

同时针对常规客船越来越不适应旅游经济发展需求，旅客运输经营困难的情况，舟山一海海运公司努力做好撤线转让工作。温州海运为力挽客运颓势，

于2000年9月自筹资金320万元，购入苏联建造的128座二手水翼客船3艘（船名为“神龙”号、“神风”号、“神彩”号），经整修后投入温州—洞头客运航线，但仍无济于事。至2004年底，省海运集团各子公司辖属的客运单位基本停止所有客运业务，结束了客运历年亏损的局面。2006年1月，旅客运输船舶全部撤线，船舶作价处理，退出客运市场。

2004年，省海运集团的节能降耗工作也取得了较显著的成绩，各子公司依靠科技进步，降低船舶能耗，通过扩大以重代轻比例、想方设法降低油料采购费用等措施，在一定程度上降低了燃润料价格上涨的不利影响，使船舶燃润料成本得到了较有效的控制。

第十节　涉足建材行业　取得喜人成绩

水泥生产与水路运输虽关联性不大，但浙海海运在经过广泛、长时间的市场调查、趋势和产能分析比较，看准当时基础设施建设市场对水泥的高需求，看准黑龙江省这一招商引资的重点项目及充沛的电力供应，看准国内绝大多数水泥生产企业装备落后、效率低下的现实情况，在省交通集团、省海运集团和黑龙江省政府的支持下，2003年12月在黑龙江省宾县投资建立黑龙江省宾州水泥有限公司（图4-17），从事高强度等级水泥生产（包括石矿开采）与销售，把企业的生产经营从运输业拓展到建材行业。

图4-17　黑龙江省宾州水泥有限公司厂区

项目于2004年初正式动工建设，一期、二期工程总投资7.5亿元。为确保水泥生产线的先进性和投资与产成品质量，黑龙江省宾州水泥有限公司委托国内知名的天津水泥设计研究院和合肥水泥设计研究院联合设计；从丹麦、德国、荷兰引进了生料立式磨、减速机、斗式提升机、荧光分析仪等先进生产、环保设备和精密质量检验仪器30余台（套），花费金额800余万美元，每条生产线安装设备都超过1000台（套），并建设66千伏用电专用线路，装备水平国内一流；整个生产过程采用全自动控制，生产流程、设备运行参数和全部生产过程都可直观地在计算机屏幕上显示和监控，在中央控制室可对各设备运行参数进行调整。同时，黑龙江省宾州水泥有限公司还拥有储量约1.2亿吨石灰石矿山1座，建有石灰石预均化库、原煤及辅料均化堆场、石膏及混合材堆场、生料库、粉煤灰库等多个大型封闭堆场和圆库；配有国家水泥企业合格、黑龙江省一级化验室（2006年9月通过了ISO 9001质量管理体系认证和水泥产品认证）。

经过约两年时间的艰苦努力，一个采用现代化先进设备、高效中央控制技术、先进管理方式的首条日产5000吨新型干法水泥现代化生产线于2005年下半年竣工投入试生产，并在当年就取得了较好的经济效益。它的建成投产也带动了以农业为主、经济发展相对滞后的黑龙江省宾县的经济发展，促进了采矿、运输业的发展，也为当地社会提供了数百个就业机会，受到所在县、市和黑龙江省委、省政府领导的重视和赞誉。

为扩大投资收益，2009年5月，宾州水泥二期工程（包括建设第二条同类生产线和余热发电项目等）开工，并于2010年8月完工投产。2条日产5000吨水泥熟料生产线和5条水泥粉磨线，年产水泥熟料380万吨，年产各等级“虎鼎”牌水泥550万吨，成为当时黑龙江省最大的水泥生产企业，也是当时黑龙江省唯一获准生产PII52.5R高强度等级水泥生产许可证的企业。

黑龙江省宾州水泥有限公司的“虎鼎”牌水泥自投入市场后，客户普遍反映产品品质均衡一致、富裕强度高、色泽稳定，没有收到一起品质投诉。产品被应用在哈大高铁、哈尔滨西客站、松花江大桥、哈肇公路、绥满公路、哈尔滨文昌立交桥、哈药大厦、大庆中央立交桥、大顶山水利枢纽工程、双鸭山电厂等诸多黑龙江省市重点工程中，得到用户的充分肯定。在哈尔滨跨铁路三环立交桥89米连续梁冬季施工中，由于使用了“虎鼎”牌水泥，经铁道部桥梁专家检测无一处出现裂纹，充分证明了“虎鼎”牌水泥的高品质。

由于黑龙江省宾州水泥有限公司重品牌、讲诚信，获得了多项荣誉。黑龙江省消费者协会认定该公司为“3・15”诚信维权单位，“虎鼎”牌水泥从其投放市场的第一年起，即连续获得黑龙江省质量服务双优商品称号；黑龙江省

企业家科学家协会认定黑龙江省宾州水泥有限公司为诚信建设示范单位；黑龙江省经委认定黑龙江省宾州水泥有限公司为资源综合利用单位，并在黑龙江省2006年《经济信息》第36期上出专版介绍了黑龙江省宾州水泥有限公司节能降耗经验；黑龙江省宾州水泥有限公司产品为黑龙江省2007—2010年免检产品等。

第十一节　舟山一海海运有限公司划转舟山市管理

为优化国有资产布局、促进企业发展，省海运集团积极支持并推进舟山一海海运有限公司国有股权划转当地管理的改革方案。2005年12月，根据省交通集团与舟山市人民政府关于舟山一海海运有限公司划转舟山市管理的协议，决定将原省海运集团所属舟山一海海运有限公司所持有的51%国有股权划转由舟山市管理。

2006年，省海运集团在省交通集团的指导和支持下，圆满完成了舟山一海海运有限公司国有股权划转舟山市管理的重大改制工作，并于当年1月底前顺利完成各项交接。与此同时，省海运集团还着手推进将现代船舶设计所30%国有股对外挂牌转让，以及按照浙江省政府对事业单位改制的有关政策规定，当年基本完成了浙江省交通物资公司改制前的相关调研工作。

第十二节　调查研究　厘清思路　调整并实施企业发展战略

2007年12月中旬，省交通集团对省海运集团班子作了调整。新班子到位后，用了近一个月时间，先后到五洲公司、台州海运、温溪港务处、温州海运、现代船舶设计、交通物资、宾州水泥公司等辖属子公司调研，了解情况，征求企业发展意见。通过调研，基本厘清当前企业存在的主要问题，以及企业在本领域竞争的优势与劣势，并根据省交通集团的总体战略框架，研究提出了省海运集团的战略定位和发展构想，得到省交通集团的认同。

2008年初，经省交通集团批准，省海运集团确定了“做好航运业，做强造船业，开拓港口业”的发展战略。省海运集团各级紧紧围绕这一发展战略，以

“以厂带航、以航促港、港航并举、协同发展”的发展思路，经历了错综复杂的经济形势变化和剧烈震荡的航运市场变动，较好地完成了年初确定的经营目标，营收、利润均创历史新高。

省海运集团班子调整后，深入调研，取得第一手资料，并遵照浙江省委、省政府建设港航强省战略的要求，提出了“在省交通集团总体战略框架下，充分发挥集团公司的核心优势，发展成为从事港口、航运业务和临港工业的投资载体”的战略定位，并作为省海运集团再创业、再发展的指针，在2008年得到较好的贯彻。据此战略定位，各辖属子公司重新编制并基本形成了本企业的发展战略。

遵照重新确定的战略定位，省海运集团领导班子始终坚持集团公司一盘棋、各子公司协同发展的理念，不断加以实践。省海运集团在完成与浙海海运功能划分后，很快就重建了省海运集团本部各职能部门，确立了各部门职责，重新制定完善了《母子公司治理细则》等几十项规章制度，逐步厘清与各子（分）公司的关系，建立了子公司重大决策会前沟通协调机制，进一步规范母子公司法人治理工作；统筹安排融资担保计划，重点加大对温州海运、台州海运的支持力度，争取到由省交通集团与省海运集团合计担保各3亿元的额度，并积极指导各子公司平衡2008—2010年的投融资计划。使省海运集团内部财务关系基本厘清，一些历史遗留问题也得到了较好解决。

第十三节　深化三项制度改革　完善劳动、人事、分配机制

省海运集团坚持以深化三项制度改革为抓手，推进改革，完善经营机制，努力建立适应企业发展需要的新的用人、用工机制和激励约束机制，从强调深化三项制度改革是检验子公司领导班子战斗力的一项重要标准的高度，来统一企业各级领导的思想认识，并从抓员工的思想教育、观念更新入手，从实现企业合法经营和促进企业持续发展两个方面出发，采取多种宣传教育方式，进一步增强对深化三项制度改革重要性的认识。同时，2008年7月，省海运集团出台了《进一步深化企业劳动、人事、分配制度改革指导意见》，明确了工作重点和工作措施，指导各子公司工作。相关子公司也结合历史，面对现实，针对改

革难点，分清主次，依法制定了改革方案，并广泛征求意见，逐步修改完善，为深入推进三项制度改革打下了较好的工作基础。

在改革实践中，坚持从改革管理人员人事制度入手，通过公开选拔、竞聘上岗等形式，逐步建立管理人员能上能下的机制。浙海海运通过内部民主推荐，选拔了两名总经理助理。温州海运也通过内部公开竞聘，选聘了一名总经理助理，拉开了本企业管理人员制度改革的序幕。台州海运、温州海运在完成定岗定编、中层管理人员竞聘和薪酬制度修订等三项制度改革的具体方案后，在企业内部全面推行，精简并优化了管理队伍结构。省海运集团所属物资分公司也通过公开竞聘，在原有的员工中选拔了部分中层和普通员工上岗，并将其收入与企业绩效挂钩，改变了原执行事业单位用工及计薪制度，较好地调动和发挥了原有人员的作用和积极性。

在薪酬分配制度改革方面，结合产权制度改革，母子公司普遍进行一岗一薪、岗变薪变分配方式尝试，打破了长期以来分配上的平均主义、吃大锅饭状况，较好地调动了广大职工的工作积极性。各子公司在对公司管理人员实施分配制度改革的同时，对船员工资也实施了改革。在实施这一改革措施前，船员待遇一般采用传统的工资加奖金分配方式，对调动本企业正式职工身份的船员积极性起到过一定作用，但缺乏透明度。随着劳动用工制度的改变，这种分配方式对向市场聘用船员带来一定的难度。鉴于这一实际情况，省海运集团修订船员工资管理办法，实行综合工资制度，明确了船员工资标准，使工资水平逐步与市场接轨，对船员的聘用、稳定和管理起到了很好的作用。

为提高员工积极性，2005年，省海运集团还向省交通集团选拔推荐“169”拔尖人才54名，经省交通集团审定，被纳入各类拔尖人才的共42名（包括纳入第一层次的拔尖人才2名，第二层次的拔尖人才3名，第三层次的拔尖人才37名），极大地激励了员工努力工作、奋发有为、积极向上的创业精神和工作积极性。

第十四节　采取积极措施　应对市场变化

2008年，省海运集团经历了国际、国内错综复杂的经济形势变化和剧烈震荡的航运市场变动。年初出现的冰雪灾害和上半年工业需求的旺盛，造成电力用煤一度告急。两级公司严格履行企业使命，担当社会责任，抽调绝大部分运力投入电煤运输，为保障浙江电力供应做出贡献。下半年由次贷危机引发的世界性金融危机使国际经济环境急转直下，反映在运输生产上则是市场运输量急剧萎缩、运价直线下跌。母子公司及时统一认识，以“牺牲眼前利益换取长期保障”的思路，采取了积极有效的应对措施。一是加快老旧船舶更新，转让老旧船舶2艘，开工建造4艘，新增船舶2艘，使运力结构得到进一步调整。二是科学组织生产，合理安排船期，减少空载航次和利用长、短距航线穿插运输，积极主动配合货主做好缩短船舶留港时间，加快周转，努力提高效益。三是采取多种有效措施，切实做好降本增效工作。除采取节能降耗、节材降本等传统措施外，还通过运用利率、汇率杠杆，合理调整出口船造船款项支付和银行债务置换方案，有效降低了成本。

增资扩股，完善产权制度改革，提高抵御市场风险和融资能力。各子公司在2000年的产权制度改革中，受原有规模限制，注册资本相对较低，不能适应企业发展的融资需要。2004年，经省海运集团股东会、董事会研究，决定重组浙江省海运集团有限公司，实施增资扩股，方案得到省交通集团的批复同意。为顺利推进增资扩股工作，妥善解决职工股的股权结构、配股、权属处理等问题，各子公司都做了认真部署。在充分尊重广大职工意愿的基础上，对增资扩股方案做了修改，并提交职代会、职工持股会会员代表大会审议通过，有3家海运子公司的注册资本增加到5000万元以上。在方案实施过程中，温州海运根据企业发展的实际需要，在省海运集团的积极协助和省交通集团的大力支持下，通过再次增资，于2005年8月将注册资本增加到1.2亿元，为今后发展创造了有利条件。2008年7月，温州海运、台州海运利用历年未分配利润等存量股东权益和现金，以增资扩股形式，将注册资金再次做了调整，分别达到1.8亿元和1.4亿元，使公司的抵御风险和融资能力有了进一步提高。

在稳步开展增资扩股的同时，省海运集团又把股份改造和股权转让等工作摆上议事日程。为提高对浙海海运的控制力，2008年，省海运集团妥善收购了上海泰皓置业有限公司持有的浙海海运18.5%股份。收购后，省海运集团所占浙海海运的股份从20%上升到38.5%，既有利于对浙海海运的掌控，又取得了

较好的经营效果；对浙江现代船舶设计研究有限公司采取以省海运集团投入的30%国有股权转让方式进行改制，经资产评估，国有股权转让方案报经省交通集团批复同意，于2009年3月在浙江产权交易所公开挂牌出让，该公司管理层摘牌受让成功，成为民营企业，结束与省海运集团的隶属关系。2009年，省海运集团还配合浙江能源开发公司完成对富兴海运的股权整合，并以此为契机，进一步理顺与浙海海运的关系，重新梳理委托管理细则。

产业经营方面，在做好海运主业的同时，还积极依托主业，发展多元业务。2008年下半年，国际经济形势发生逆转，但通过各海运子公司的精心运作，海运主业还是取得了良好的经营效果。同时，非传统主业发展势头良好，特别是黑龙江省宾州水泥有限公司自投产以来，屡获佳绩，销售量逐年上升，效益达历史最好水平；温州海运、台州海运的陆上产业也基本保持正常发展，形成主业的有效补充；省海运集团将物资分公司、进出口分公司和交通物资公司三块业务单元进行整合，实现统一经营与管理。同时，积极发展新业务，争取到作为长城润滑油的特约经销商，在省海运集团内部开展国产润滑油的替代应用，并充分利用原建立的物资渠道，作为五洲公司的供货商和代理商，做好造船船板供应及其他代理服务，均取得了双赢效果。五洲公司当年完成各项业务收入近4600万元，实现利润220万元，同比增长近22%。

2009年，继续受世界金融危机和多种因素影响，省海运集团经受了前所未有的困难与考验。面对严峻形势，省海运集团坚持以科学发展观为指导，勇于面对挑战，向改革、管理、科技要效益。针对严峻的内外环境，母子公司着重将保证现金流量平衡作为确保平稳“过冬”的重中之重来抓，全面筹划1～3年的资金平衡计划，统筹使用有限资源，确保母子公司资金链长期稳定。与此同时，母子公司根据市场情况把握投资节奏，控制投资风险，严格执行投资计划，合理控制投资规模，确保企业平稳发展。同时，省海运集团全体员工牢固树立过“紧日子、苦日子”思想，千方百计做好增收节支工作，取得明显成效。仅财务成本一项，通过采取贷款债务置换等措施，使企业节支700多万元，全年实现合并利润总额达7878.78万元。

在企业规模扩大的情况下，为改变主业单一的格局，省海运集团努力谋取战略合作，实现上下游产业拓展。如温州海运、台州海运积极与长江沿线、华南沿海电厂进行合作；浙海海运努力开拓国际海运市场取得了实质性进展；省海运集团也积极与中国建材、舟山港等进行战略合作洽谈。从总体上看，省海运集团虽运行在“严冬”，但尚处于平稳发展状态。

第十五节　校企合作　参与学校教育改革　增强企业吸引力

随着市场经济的不断完善和我国教育事业的快速发展，企业用人方式发生很大变化，人才竞争和流动日渐频繁。保持一支高素质的员工队伍，关系到企业竞争力的提升和发展。为吸引更多对口专业的优秀学生到公司从事海运事业，经过产权制度改革的省海运集团调整人才招聘思路，从原先接纳浙江交通职业技术学院（以下简称“交职院”）学生上船实习，进而配合交职院教育改革，开展“以国际海员适任能力为标准的高职航海类人才培养模式的改革与实践”课题的校企合作。浙海海运根据学校教育计划，参与了学生岗位适任教育计划方案编制、对学生专业辅导、安排上船实习等具体落实工作。期间，浙海海运派出以总经理徐光晓为代表的专业技术人员，到交职院对学生、老师作专业讲座并沟通，介绍职业状况、海运在浙江经济发展中的地位和作用、浙江海运发展的过去、现在与未来等。学生上船实习期间，浙海海运尽可能多地安排学生到综合条件比较好、力量配备强的船舶上去实习，派出优秀船员进行专业辅导，熟悉岗位技能，巩固专业知识，锻炼作风意志，培养职业精神，并在生活上给予关心和照顾，受到学校师生好评，增强了企业吸引力。省海运集团因此荣获教育部2009年“第六届高等教育国家级教学成果二等奖”，浙海海运总经理徐光晓获浙江省人民政府颁发的“浙江省第六届高等教育教学成果一等奖”。

第十六节　依靠技术改造和科技进步　打造效能型企业

长期来，省海运集团一直把技术改造作为挖潜降耗、控制成本增长、提高

企业经济效益的重点工作来抓。1999年，在国家扩大内需、增加投入、拉动经济增长政策的推动下，我国国民经济开始摆脱1995年以来的持续不景气局面。由于交通运输对国家扩大内需反应的滞后性，运输价格仍处于下行走势。与之相反，燃油价格则一路飙高，运输成本大幅攀升。面对这一状况，两级公司眼睛向内，挖掘潜力，以技术改造和科技进步为抓手，努力实现降本增效。

在浙江省交通厅科教处的支持下，浙江省海运集团有限公司（浙江省海运总公司）、台州海运有限公司（海门海运公司）、船舶设计研究所联合开发研究了"G6300柴油机改烧燃料油（燃料油价格低于柴油价格）"项目。项目经过经济技术论证、技术和施工设计等，在台州海运"涌金"轮一次改装成功，并通过了项目验收，既运行安全，又显示了良好的节支效果。在此基础上，该项目又在省海运集团（浙江省海运总公司）范围的同类机型中全面推广，并以较少投入完成了技术改造。舟山一海海运公司的"清泰"轮通过实施此项技术改造，投入使用10个月就收回了技术改造全部投资；为提高燃油效率，省海运集团（浙江省海运总公司）还组织进行了3J添加剂试验，控制成本增长；通过加大技术改造投入，在两年左右时间里，实施并完成了省海运集团（浙江省海运总公司）全部3800吨散货船船体接长至4300吨的技术改造，提高了装载量。

同时，各公司技术保障部门在船员的积极配合下，努力改善船舶主副机技术状况，提高降耗效果，使船舶千吨公里油耗逐年下降。2001年，全公司船舶千吨公里油耗比2000年下降了0.24公斤，同比可减少燃油消耗2250吨，按当时省海运集团使用燃油的平均价格，节支近580万元，对遏制成本过快增长势头起到了重要作用。

2006年，省海运集团以严谨科学的态度，在运用技术手段实施增收节支方面又有新的举措。省海运集团技术管理部门在对营运船舶运行情况进行综合分析计算的基础上，对照船舶检验规范，认为将原从国外购买二手船改跑国内航线后，原采用的国际B型干舷改为国内B-6D干舷，其额定载重量还有潜力可挖。为此，委请专业机构对"浙海151"轮（2.86万载重吨）、"富兴6"轮（2.6万载重吨）等散货船载重量重新进行计算和评估，并通过实施改造，使"浙海151"轮增加载重量约1300吨，"富兴6"轮增加载重量近2000吨。"富兴6"轮的改造项目还获得了浙江省交通厅职工经济技术创新活动优秀成果奖。

之后，还对“浙海512”轮、“浙海515”轮、“浙海516”轮等采取同样措施，每艘船舶增加载重量均在1500吨左右，累计相当于增加了一艘8000载重吨的船舶，也使省海运集团在不增加营运成本的基础上增加了企业的收入。

在科技进步方面，2008年，省海运集团共承担科技项目8个，其中浙江省交通厅项目4个，浙江省科技厅项目4个，完工科技项目1个。五洲公司在船舶建造中探索研究的“基于‘共同规范’的大型散货船集成建造技术及应用”项目，被浙江省科技厅列为2008年第二批重大科技专项和优先主题项目计划；五洲公司与浙江海洋学院联合研发的“大型散货船节能船型研发与示范”项目，被列入浙江省“船舶修造优先主题项目（重点项目）”，五洲公司获2009年浙江省科技厅、财政厅、国税局和地税局“国家级高新技术企业”称号；省海运集团“3万吨级浅吃水节能型散货船设计技术应用”科技项目，在省交通集团科技工作座谈会上作了交流，获得好评。通过承担科研项目，有效提升了省海运集团船舶建造的能力与技术水平。

省海运集团还积极推进信息化建设步伐，在省交通集团统一部署下，先后完成了OA系统、HR系统人事和薪酬模块建设，并投入正常使用，为提高企业的管理和决策水平打下了基础。

第十七节　拓宽思路　创新发展　保持企业良性运行

2010年，省海运集团在完成浙能富兴电煤运输合同量等传统业务的基础上，各海运子公司积极开拓新市场，主动转变生产组织方式，合理安排运力投放，提高船舶营运效率和效益。温州海运与沙洲、太仓、南京等长江沿线电厂在原建立合作关系的基础上签订了煤炭运输合同，总运量达600万吨；台州海运实施“进江”策略后，大力开拓夏港电厂、神华中海航运、南方水泥等煤炭运输业务；浙海海运不断扩大境外航运业务，继2008年以期租形式开展远洋运输后，远洋航运业务得到进一步发展。

2010年，省海运集团积极创新，着力突破发展瓶颈。一是筹划深化产权制度改革方案。省海运集团选定海通证券公司作为合作方，协助筹划改革思路和

方案，并将整体改革方案报省交通集团审批。二是统筹安排资金运作。在统筹使用浙江省交通、海运两级集团公司担保资源的同时，不断探索新的融资渠道，先后与招银租赁、交银租赁签署了总额60亿元的框架合作意向，这一年已合计利用资金12.84亿元。三是努力实现降本增效。省海运集团各级把降本增效作为应对金融危机、实现扭亏为盈的一项重要举措和重点工作常抓不懈。在开展精细化管理、继续开展节支降耗工作的同时，积极创新经营模式，努力实现降本增效的目的。一方面，积极争取在香港注册离岸公司和单船公司；另一方面，抓住国家在上海建立国际航运中心、出台诸多优惠政策的有利时机，积极与金融租赁公司、上海洋山港政府部门协调，落实在洋山港保税区设立境内关外公司，争取通过税收优惠等举措来降低成本。

2010年是“十一五”计划的收官之年，省海运集团全体员工齐心协力，努力拼搏，成功克服航运业低位运行等不利因素影响，实现经济效益和社会效益的双丰收。

第十八节 加强企业文化建设 为公司长远发展提供保障

企业文化是员工在企业长期的生产经营活动中形成的、为全体员工所遵守和信奉的价值观念、基本信念和行为准则，是企业凝聚和激励全体职工的重要力量，是现代企业持续发展的精神支柱和动力源泉，也是核心竞争力的重要组成部分。在公司发展历程中，紧密结合企业特点开展文化建设，并将此作为推动企业文明建设、促进和谐发展的重要切入点、着力点和创新点，也积聚了深厚的文化底蕴。公司产权制度改革后，始终牢牢把握社会主义先进文化的前进方向，按照企业改革发展的总体要求，省海运集团提出了以深入学习践行科学发展观为指针，以优化企业产业结构、提升核心竞争力为中心，构建符合时代特征和海运发展战略需要的、具有海运特色的文化体系要求。

同时，根据省交通集团全方位塑造以核心价值体系为主导的、全体员工认同并遵守的价值观念、思想观念和行为方式，建立起具有鲜明时代特征和企业特色的优秀的统一的企业文化的建设部署，按照“内化于心灵、外化于行为、固化于形象”的要求，在省交通集团“同路同心”文化的主体框架下，结合自身实际，在弘扬省海运集团近60年企业精神的基础上，努力做好企业文化建设“4351”规划目标的实施工作。即：丰富企业文化“四要素”（精神、制度、行为、物质），推进“三个文化”建设（安全文化、廉洁文化、和谐文化），实现“五个结合”（企业文化建设与践行社会主义核心价值观相结合，企业文化建设与企业改革发展和生产经营工作相结合，企业文化建设与基层党组织建设、党员队伍建设相结合，企业文化建设与思想政治工作相结合，企业文化建设与精神文明建设相结合），形成“一个体系”（具有海运特色的企业文化建设体系），从而建立起具有海运特色的优秀企业文化，为营造和谐、创新、发展的企业环境，进一步增强员工对企业的认同感、归属感、责任感和自豪感，增进党组织向心力，增强企业凝聚力，逐步建成具有自身特色的亚企业文化，为公司长远发展提供动力和保障。

第十九节　产权制度改革成效卓著

产权制度改革后经过十年发展，特别是“十一五”期间的快速发展，省海运集团资产、营收、利润等主要经济指标完成情况良好，创公司成立以来最好纪录。至2010年末，省海运集团合并总资产为63.15亿元、合并净资产为15.64亿元，分别为2005年末的5.05倍和3.84倍。2010年度实现合并营业总收入26.83亿元、合并利润总额3.87亿元、合并净利润2.98亿元，分别为2005年度的4.18倍、6.12倍和16.92倍。2006年与2010年（“十一五”期间）的经营效果分析比较情况如下所示。

在航运主业经营方面，货运量、货物周转量均呈现稳定增长态势。按包含联营企业口径统计，完成货运量从2006年的1979万吨增加到2010年的2828万吨，增长了42.9%；货物周转量从2006年的280亿吨公里增加到2010年的439亿吨公里，增长了56.8%。省海运集团自有及管理船舶运力从2006年末的63.28万吨增加到2010年末的108.58万载重吨，船舶运力得到进一步发展。按国内水运统计部门发布的船队规模排名表，“十一五”开始的2006年初，省海运集团

（不含富兴海运运力）在国内排名第八位，而根据截至2008年末的排名，省海运集团在国内排名为第九位。

在辅业经营方面，省海运集团修造船业务板块逐步做大，所属五洲公司从修船起步到建造大灵便型散货船，业务收入从2006年的24525万元增加到2010年的77470万元，增长了216%；由浙海海运投资建设的黑龙江省宾州水泥有限公司及其 2条日产5000吨级熟料生产线生产的水泥产品，以其产品的高品质和诚信服务，发展成为黑龙江省水泥生产龙头企业，水泥、熟料销售业务收入也从2006年的40425万元增加到2010年的96270万元，增长了138%。

上述分析表明：通过产权制度改革，企业充分运用这一制度赋予的自主权，主观能动性得到有效发挥；企业员工的主人翁意识明显增强，生产（工作）积极性有了进一步提高。又有国民经济快速发展、社会需求增加为企业发展提供的客观环境条件，经营和经济发生了结构性变化。省海运集团的营业收入从以往主要靠单一航运业务，到2006—2010年间（“十一五”期间），航运业务收入平均仅占总营业收入的36.06%，而造船业务收入从过去的空白发展到平均占总营业收入的23.72%，同样，水泥生产销售业务收入也从“0”开始，到平均占总营业收入的34.26%，其他业务收入平均占总营业收入的5.94%。航运业务、水泥生产销售业务、造船业务加其他业务基本贡献为总营业收入大约各为三分之一；航运业务、水泥销售业务、造船业务加其他业务分担总营业成本也大约各为三分之一，但造船业务收入成本配比明显劣于航运业务和水泥销售业务。航运业务是“十一五”期间省海运集团的核心主业，水泥销售业务是“十一五”期间的新兴优良业务，均对利润有重大贡献；造船业务虽然对总营业收入有重大贡献，但由于成本过高挤压了利润空间，虽然业绩贡献并不理想，但从省海运集团的规模效应角度看，它对省海运集团海运规模的扩大和迅速发展，起到了积极的推动作用。

图4-18 ~ 图4-21为浙江省海运集团有限公司1999—2010年间企业生产经营情况图。

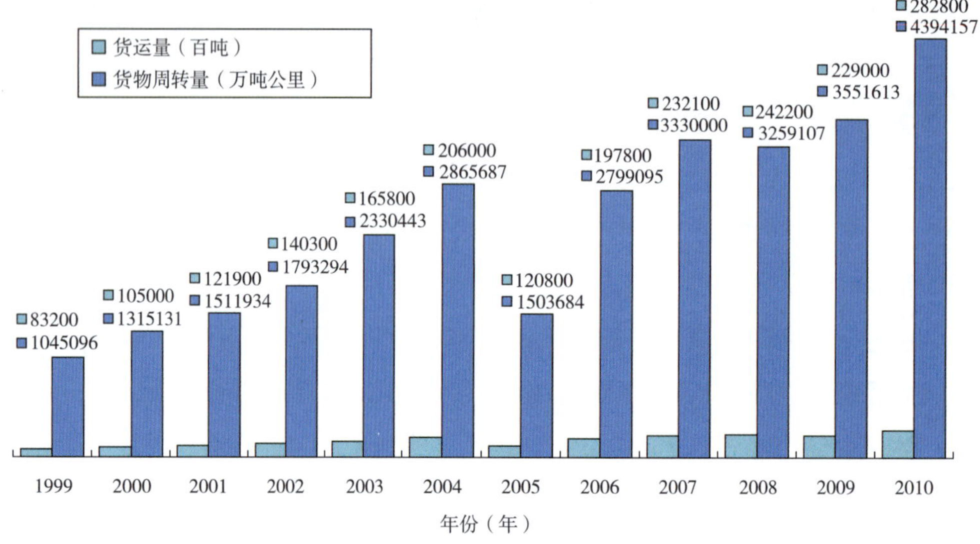

图4-18　浙江省海运集团有限公司期间（1999—2010年）货运量和货物周转量图

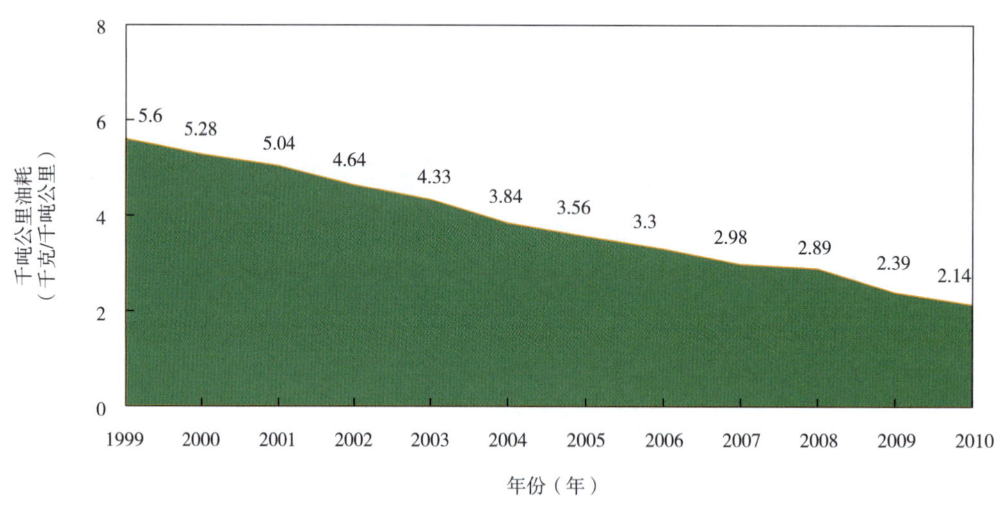

图4-19　浙江省海运集团有限公司期间（1999—2010年）船舶千吨公里油耗图

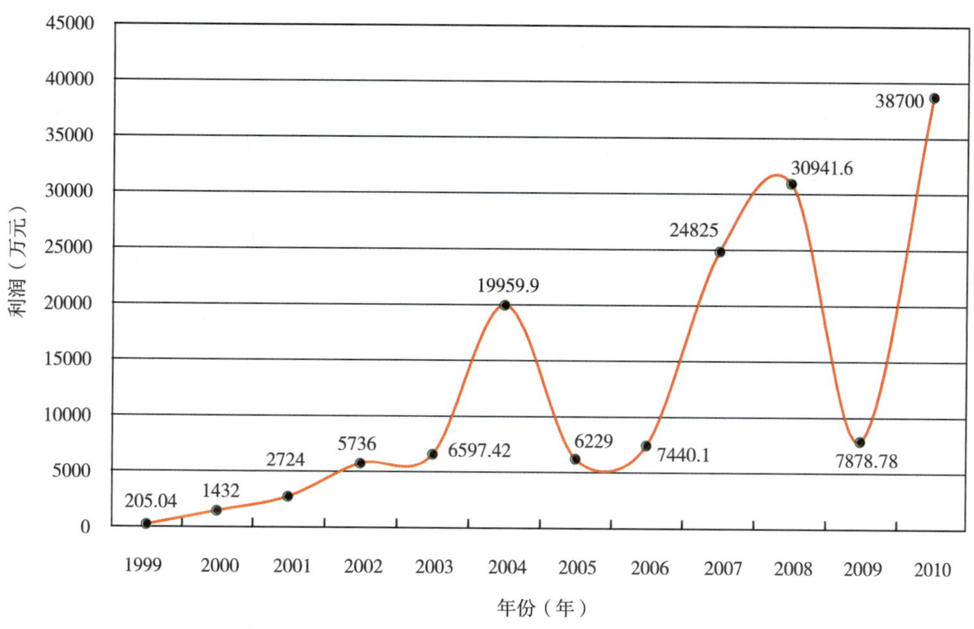

图4-20　浙江省海运集团有限公司期间（1999—2010年）利润表

图4-21　浙江省海运集团有限公司期间（1999—2010年）货运船舶保有量图

1950—2020

第五章 自我革新与重生时期（2011—2020年）

改革是企业发展的源动力。“改革”二字在这十年里成了浙江省海运集团有限公司的主旋律。集团上下立足自身实际，以争取实现上市为最终目标，不断寻求自我改革，从谋划企业股份制改造到实施集约化经营，从完成水运板块改革重组到推进资产证券化工作，省海运集团踏出的每一步都是一次尝试、一次创新，做出的每一个动作都充满了初心、信心和决心。2016年水运板块改革重组，省海运集团以壮士断腕的勇气，对下属温州海运有限公司、台州海运有限公司进行了破产清算，再加上前期已进入破产程序的五洲船舶修造有限公司，同一时间不同属地的三家企业破产考验着省海运集团的上下管控水平和处置能力。在改革重组整个过程中，省海运集团各级组织顶住了来自安置职工、合作伙伴、低迷市场等各方压力，圆满完成了各项改革重组任务，最终涅槃重生，并一举实现扭亏为盈，保持了持续盈利的良好态势。同时，在后续生产经营过程中，省海运集团更是提出了在“十三五”末打造成为一流航运企业的宏伟目标。脚踏实地苦练内功，仰望星空谋划未来，省海运集团正朝着“百年企业”的愿景稳步向前。

本章将以2016年为分界线，叙述省海运集团的十年改革历程。

第一节　省海运集团拉开自我革新2.0序幕

自党的十六届三中全会提出建立“归属清晰、权责明确、保护严格、流转顺畅”的现代产权制度以来，党的十七大再次明确要求要深化国有企业公司制股份制改革，重申了“以现代产权制度为基础”来深化国有企业改革。作为海运类国有企业，省海运集团必须在行动上加快落实、加快推进、加快完成。

2000年的初次产权制度改革，省海运集团国有净资产从改革前1998年底的2.06亿元，增至2010年底的6.48亿元，这十年间的年均净资产收益率达到了约18%，资产规模和质量均有较大发展，改革效果明显。但受初次产权制度改革不彻底的局限，省海运集团在这十年间的发展也遇到了新瓶颈，具体体现在以下几个方面。一是旗下企业发展不均衡，影响企业整体凝聚力、执行力和向心力。二是初次产权制度的局限，形成的产权制度和管理制度制约了企业的进一步发展，特别是职工持股会、职工代持股等形式存在严重瑕疵。三是60余年的企业历史积聚的直接和隐性冗员负担给企业发展带来较大压力，也给企业稳定带来较大隐患。四是经营业务比较单一，人均船队规模偏小，内部同业竞争现象严重，专业化分工难以实现，经营效果受到较大影响。五是企业资产负债率高，融资渠道单一，资金问题成为企业发展的瓶颈。

为适应社会主义市场经济的发展要求，进一步优化资源配置，规范公司管理，能更好地从深层次上解决企业的发展后劲问题，持续促进公司的长足发展，实现企业稳定，根据国家、省和各地方政府的有关政策规定，结合省交通集团“十二五”发展规划要求，“提出公司整体改革方案，进一步推进股份制改造，解决历史问题实现轻装发展，创造上市条件”，以及对省海运集团《“十二五”发展规划的批复》意见，省海运集团正式开启自我革新2.0的序幕。

省交通集团规划批复同意，省海运集团的发展思路和规划目标即重点发展国内沿海运输业务，提高在国内沿海煤炭运输市场的份额；按照省交通集团总体发展战略推进水上运输板块整合，根据整合方案调整运输业务类型与船型；

推进整体改革，完善股权结构，激活经营机制；理顺母子公司关系，明确职责分工，增强管控能力。

鉴于此，省海运集团一方面组织公司全体人员宣贯学习政策文件，提升对整体改革必要性、紧迫性和可行性的认识，另一方面充分征求财务顾问单位的意见建议，最终于2011年1月7日，向省交通集团递交了《关于推进省海运集团整体改革的请示》（浙海〔2011〕1号），提出了以完成股份制改造和资产重组，争取实现上市的最终目标，并拟定了推进整体改革的初步设想、步骤和安排。计划通过三步实施：一是收购，即对下属企业职工股权实施收购，使其成为国有独资公司，同时对黑龙江省宾州水泥有限公司资产进行转让处置；二是重组，即按规范的股份有限公司方式组建资产重组和上市平台，该股份有限公司系新设立公司，由省海运集团绝对控股，并引入战略投资者，如有必要，鼓励中高级管理人员持股；三是上市，通过资产重组深化改革创造条件，争取上市。

2011年4月19日，省交通集团印发《关于推进浙江省海运集团有限公司整体改革的批复》（浙交投〔2011〕36号），批准省海运集团启动整体改革工作，妥善制定整体改革方案。

5月4日，省海运集团召开整体改革启动会议，省海运集团领导班子、下属各单位主要负责人和财务部门负责人、省交通集团有关部门领导及各相关中介机构人员参加会议。

省海运集团以统筹研究解决历史遗留问题、引进战略投资者和改造职工持股会，做到同步考虑、同步完成为思路，深入开展调研，进一步梳理政策、摸清家底，并成立了由“一把手”担任组长的改革工作领导小组、推进工作组和下设办公室。由于受到企业历史悠久、整体情况较为复杂、在推进改革过程中面临的问题多且相互关联等原因，领导小组决定分三个阶段逐步推进改革工作，即动员和信息收集阶段、方案制定阶段、方案审批阶段，并拟定了各阶段的完成时间。

经过2011年全年的谋划、走访、推进、落实，省海运集团内外基本信息日渐明晰，改革所需材料收集日渐完善，职工的改革意识也得到了进一步强化。省海运集团下属温州海运职工代表大会通过了《关于尽快推进企业整体改革的

决议》，台州海运职工代表大会通过了《关于加快推进改革重组的决议》。2012年1月17日，省海运集团经过2011年全年的努力，最终形成并再次向省交通集团递交《关于上报省海运集团整体改革总体方案的请示》（浙海〔2012〕1号）。

该改革方案详细梳理了省海运集团截至2011年底的相关情况。截至2011年12月31日，公司在册职工2998人，其中：在岗职工2194人，待岗职工804人。另负担离退休职工1514人，供养人员226人，精简退职人员49人。公司自有和管理船舶40艘、运力140.04万吨，其中自有船舶29艘、运力93.2万吨。五洲公司拥有的船台最大建造能力达8万吨级。

省海运集团企业架构如图5-1所示。

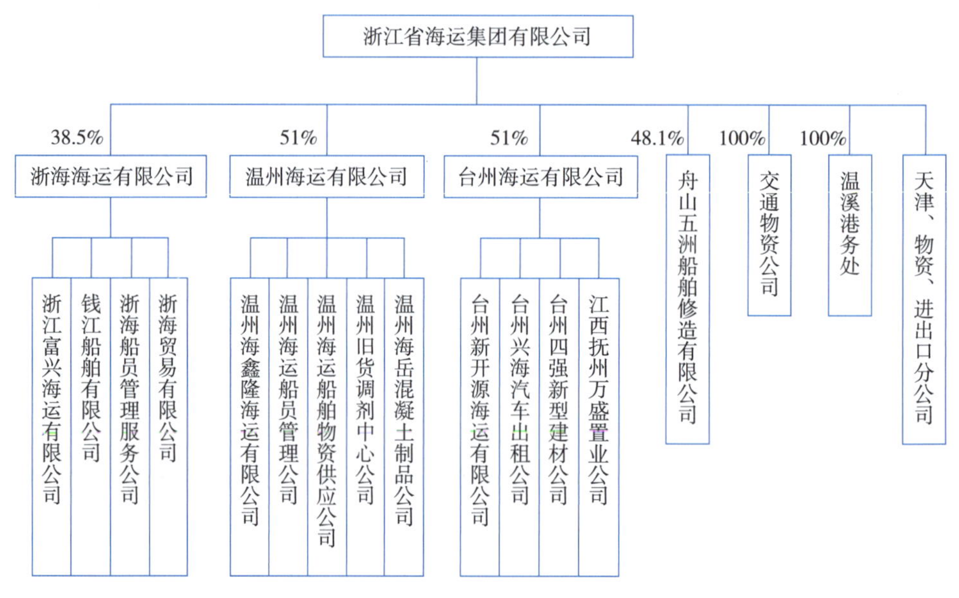

图5-1　浙江省海运集团有限公司企业架构

经省交通集团指定，省海运集团聘请了有法定资格的评估机构浙江万邦资产评估有限公司，依法对整体改革范围内的子公司进行了资产评估。评估后的资产、净资产情况如表5-1所示。

浙江省海运集团有限公司子公司资产评估情况表　　表5–1

单　位	资产总额（万元）	净资产（万元）	资产负债率
台州海运有限公司	143407	30898	78.45%
温州海运有限公司	273571	120679	55.89%
浙海海运有限公司	243704	173642	28.75%
舟山五洲船舶修造有限公司	137368	673	99.51%

该改革方案在2011年向省交通集团递交的《关于推进省海运集团整体改革的请示》基础上进行了扩充和完善，提出九大原则，即坚持依法依规、坚持实事求是、坚持公允自愿、坚持独立性、坚持完整性、坚持完善公司治理、坚持促进企业发展、坚持维护职工合法权益、坚持循序渐进，提出了改革思路和形式，以收购下属企业职工股权、外部企业参股股权的方式，成熟一个改革一个，并吸引战略投资者参股，最终将海运集团有限公司改造成为海运集团股份公司，完成整体改革。同时，做好职工安置工作，坚持“以人为本”，从维护职工合法权益出发，严格执行有关法律法规和政策，认真履行民主程序，规范操作；做好维稳工作，开展企业风险评估，维护企业劳动关系的和谐稳定，编制维稳工作预案，确保突发事件信息报告的畅通渠道和各项应急措施的有序实施，及时稳妥地处置可能发生的各类突发事件，保障整体改革期间各项工作的正常开展和生产经营的安全平稳运行。

2012年3月31日，经省交通集团董事会审议通过，省交通集团印发《关于海运集团整体改革总体方案的批复》（浙交投〔2012〕66号），同意省海运集团实施整体改革，同时要求做好以下几个方面的内容。一是根据整体改革总体思路，评估改革实施的难易程度，并按照“突破难点、先难后易”的原则，统筹考虑资金安排、职工股收购和职工安置等因素，研究确定改革实施步骤，进一步修改完善整体改革总体方案。二是根据国有企业改革改制相关政策法规，对整体改革费用提留涉及的具体项目、依据、标准、金额等进行准确测算和详细说明。三是以促进战略合作和业务发展为目的，多方比选战略投资者引入。四是严格遵照国企改革政策及企业上市规范推进整体改革，确保整个改革依法合规，尽量不留后遗症。五是充分考虑整体改革可能面临的困难和问题，切实做好员工思想工作，确保员工队伍稳定、企业生产经营稳定、国有资产不流失。

省海运集团按照省交通集团批复精神和要求，积极推进整体改革中筹划资金安排、交易环节、税收成本、业务规划以及职工安置考虑、改革宣传动员等各项工作，在加强与浙江省国资委、浙江省人社厅等主管部门沟通的同时，多次与战略投资意向单位进行了商议。母子公司多次以职代会、座谈会或个别交流等形式，沟通交流工作进展情况，统一思想，稳定情绪，取得了职工对整体改革的普遍支持，为整体改革创造良好的工作氛围。

第二节　提前研判市场　成功转让宾州水泥有限公司

2003年，省海运集团下属浙海海运在黑龙江省宾县投资建立黑龙江省宾州水泥有限公司，从事高强度等级水泥生产（包括石矿开采）与销售，把企业的生产经营从运输业拓展到建材行业。经过6年多的实际经营，取得了喜人的管理业绩和经营成效，部分产品更是受到了业内、客户、主管部门的一致好评。但在取得成绩的同时，公司也看到了市场由旺趋淡、产能过剩、管理难度加大等不利因素，加上公司通过处置宾州水泥厂，可以有效整合优势资源，积极响应省交通集团发展战略，集中财力和人力，做大做强航运主业。因此，浙海海运提出一次性转让宾州水泥厂的全部股权，以抓住有利时机，获取最大回报，避免因水泥市场变化造成经济效益下滑的风险。

2011年4月14日，省交通集团印发《关于转让宾州水泥股权的批复》（浙交投〔2011〕73号），同意以挂牌方式一次性转让宾州水泥厂100%的股权。4月15日，浙海海运召开股东会作出决议，同意经上级单位批准后，在浙江产权交易所挂牌，对外转让黑龙江省宾州水泥有限公司100%的股权。4月18日，两家中介机构先后出具了《清产核资专项审计报告》和《股权转让评估报告》。4月25日，省海运集团再次向省交通集团递交了《关于宾州水泥公司股权挂牌转让方案的请示》（浙海〔2011〕37号），拟定以人民币11.77亿元作为挂牌底价，并对意向受让方提出要求。5月5日，省交通集团批复同意不低于上述底价金额进行公开挂牌转让，并批准了相关实施方案。5月19日，浙海海运正式向浙江产权交易所提交所需材料。

2011年6月24日，浙江产权交易所举行了竞价会，两家意向人经过131轮的报价，最终以16.9亿元成交，并在现场签署了《股权交易合同》。经意向方履行支付义务完毕后，7月25日，宾州水泥厂正式完成工商变更登记手续，转让事宜全部实施完成。

黑龙江省宾州水泥有限公司的成功转让，为省海运集团整体改革重组提供了资金条件，增强了改革信心。

第三节　组建香港单船公司　稳步提升远洋运输能力

在推进整体改革的同时，省海运集团积极谋划拓展海外远洋运输业务，进一步推进在香港设立离岸公司事宜，成立浙江海运（香港）有限公司作为发展境外航运业务的平台。

在前期已获得浙江省国资委审批备案、省交通集团批复同意设立香港公司的基础上，2011年8月，省海运集团通过省交通集团向浙江省发改委递交了《关于在香港设立公司开展境外运输投资立项的请示》（浙海〔2011〕84号），以注册资金5万美元，实际总投资额900万美元成立香港公司，并通过香港公司成立两家单船公司，以境外融资租赁方式租入2艘3.5万吨散货（运木）船从事境外运输。2011年10月10日，浙江省发改委印发《关于省海运集团在香港投资开展境外航运项目核准的批复》（浙发改外资〔2011〕1339号），同意请示事项。2011年10月12日，省海运集团再次通过省交通集团向浙江省商务厅报批（浙海〔2011〕97号），并于2011年10月28日获得商务厅批复同意。11月7日，浙江海运（香港）有限公司正式注册成立，主要从事船舶租赁开展境外航运业务。

2012年，经上级批准同意，由浙江海运（香港）有限公司合计出资20万港元，分别成立两家单船公司，名称为香港浙海1海运有限公司、香港浙海2海运有限公司，新建造的3.5万吨运木散货船“ZHEHAI 1”轮（图5-2）、“ZHEHAI 2”轮（图5-3）陆续投入营运，以期租形式从事远洋运输业务。

图5-2　“ZHEHAI 1”轮

图5-3　“ZHEHAI 2”轮

香港公司和下属两家单船公司的设立及运行，意味着省海运集团利用自有离岸公司平台发展远洋运输业务跨出了实质性的一步。同时，这一步也正是省海运集团积极响应浙江省政府提出建设“海洋强省”战略的有效体现，不仅为省海运集团自身节约了企业运营成本，在一定程度上规避了行业竞争和行业风险，也壮大了企业发展规模，拓展了生存空间。

第四节　优化运力结构　积极拓展市场份额

根据“十二五”发展规划，省海运集团两级公司结合企业自身实际，制订了各自的运力发展计划，继续坚持购置和建造并举，抓住船价低位的有利时机，加快发展船队运力。2010年末至2015年末，自有运力从62万吨增加到120万吨，运力规模实现翻番（表5-2）。

浙江省海运集团有限公司2010—2015年运力规模统计表　表5-2

项　目	2010年	2011年	2012年	2013年	2014年	2015年
艘数（艘）	26	29	30	36	37	30
载重吨（万吨）	62.2	93.2	105.5	140.2	147	120
平均船龄（年）	13.3	8.5	6.5	4.6	4.3	4.5

2011年，全年净增运力29万吨（新增6艘、32万吨，淘汰或处置3艘、3万

吨）。到年底，省海运集团自有船舶29艘、93.2万吨，另有管理船舶16艘、56.2万吨，共计45艘、149.4万吨，逐步改变了运力规模偏小的局面，平均船龄由2010年末的13.3年降为8.5年，船龄结构得到明显改善，有效增强了抗击市场风险的能力。

2012年，全年净增运力12.3万吨（新增4艘、16万吨，淘汰或处置3艘、3.7万吨）。到年底，省海运集团自有船舶30艘、105.5万吨，另有管理船舶达17艘、62万吨，共计47艘、167.5万吨，平均船龄由2011年末的8.5年下降为6.5年。

2013年，继续优化船队运力结构，稳步落实运力发展计划。全年净增34.7万吨（新增8艘、39.2万吨，淘汰或处置2艘、4.5万吨）。到年底，省海运集团自有船舶36艘、140.2万吨，另有管理船舶16艘、57万吨，共计52艘、197.2万吨，平均船龄大幅降低至4.6年。

2014年，随着国家《老旧运输船舶和单壳油轮提前报废更新实施方案》的颁布，温州海运以910万元的价格处置29年船龄的2.6万吨船舶“浙海126”轮，并积极争取拆船财政补贴756万元。至2014年底，省海运集团自有船舶为37艘、147万吨，平均船龄为4.3年。

2015年，省海运集团自有和管理船舶达53艘、204万吨，其中自有船舶30艘、120万吨，平均船龄为4.5年。

2011—2015年，省海运集团在发展和优化运力的同时，进一步跟踪航运市场变化，适时调整经营策略，拓展航运经营，不仅继续巩固了省内电煤运输市场，还积极发展与南方水泥、物产集团、神华中海等大客户的合作，努力开拓国内市场，并随着境外运输业务的逐步扩大，积极探索“外中外”经营模式，以提升市场竞争力，扩大市场份额，争取更好的经营效益。

2013年，自香港公司2艘3.5万吨散货船陆续投入运行后，省海运集团共投入远洋运力35万吨，占自有船队总运力的三分之一，远洋业务发展基础进一步夯实，共完成远洋运输周转量133.48亿吨公里，同比增长187%。尤其是“浙海505”轮投入远洋市场营运后，无缺陷通过了世界上最为严格的三大港口国检查，标志着省海运集团远洋航行和管理能力的大提升。

2014年，省海运集团一方面积极抓住远洋运输好于近洋运输市场的机遇，继续拓展远洋运输航线。尤其是省海运集团本部根据4.9万吨新造船具有适航全球航区的特点，逐步将部分新船投入北澳、西澳、波湾等远洋运输航线。另一方面，在煤炭运输价格持续低迷、镍矿运输受限的情况下，积极抓住铁矿、钢材、水渣粉等多元货种运输机遇，如温州海运“浙海169”轮作为其拥有的大吨位船舶首次承载钢材等。同时，台州海运积极拓展货运代理业务，全年完成总量122万吨。同年，省海运集团上下进一步加强与大货主的合作，集团本部努力与东莞旺鑫、烟台通利、枣庄泰圣等沿海及东南亚航线方面的重要货主建立了长期合作；温州海运与浙江红狮水泥股份有限公司签订了180万吨煤炭年度运输合同，并进一步拓展了江苏沙钢的运输合作，年运输合同量由30万吨增加至200万吨；台州海运进一步加强了与江苏射阳港发电有限责任公司的合作，开通了公司成立以来的首条煤炭运输班轮航线。在确保船舶承运相对稳定货源的基础上，继续坚持国内外兼营策略，优化航线安排，促进船舶营运效益的提升。

第五节　立足市场　提高造船水平

五洲公司在承接省海运集团散货船建造订单的同时，逐步走向市场，开拓并逐年加大市场订单承接力度。五洲公司在2012年承接2艘海工船订单的基础上，在2013年陆续承接了2艘110米过驳船、2艘89米甲板运输驳船、6艘4万吨集装箱船、1艘4000P拖船，共计11艘市场船舶订单，合同金额达9.8亿元。2014年，五洲公司手持订单基本均为市场订单，已经能够满足近两年的生产需要。

为有效提升管理效率，针对散货船、海工船、甲板驳船等不同类型船舶的特点，五洲公司采取“一船一策”的生产管理模式。如在作业区域设立现场办公室，加强生产现场的监控与管理，有效掌握施工动态，及时调整劳动力与工序，快速解决生产中的问题；完善和落实外协单位竞争机制，实施综合管理绩效考核机制，签订责任书进行奖罚，生产效率明显提高；同时，优化质量检验流程，修订完善质量管理体系文件，改变传统的统一报验方式，积极实施按生产工序依次检验，将质检员下放至生产一线严把各工序质量关，督促生

产人员严格按照检验要求进行生产操作，提高了检验效率和造船质量，降低了检验成本。

第六节　致力减亏　启动实施航运集约经营

面对低位运行的市场，省海运集团及下属各航运公司充分认识到抱团取暖的重要性。为促进航运资源整合，有效发挥整个集团航运优势资源，进一步提升降本增效工作成效，自2012年二季度起，省海运集团从各下属航运公司5万吨级以上的船舶入手，探索在集团本部试行集约经营，努力发挥综合优势，提升市场竞争力，增强揽货能力，并积极比对国内外两个市场的行情选择航线，减少市场低位下的经营亏损。经过一年多的试运营，省海运集团上下通过虚实结合的举措，形成了实施集约经营的共识。在经营策略上，努力把握国内外两个市场的机遇，始终坚持内外贸兼营的举措，远洋运输船舶共承运了35航次、185万吨国内回程段货物。在货源组织上，通过发挥省海运集团的整体优势，积极接洽大宗货主，建立了稳固的长期合作。2014年，与华润水泥签订450万吨年度煤炭运输合作协议，与浙江物产环保燃料落实煤炭运输合作。在运力投入上，从2014年12月开始，确定了4艘、23万吨固定运力，以华润水泥的合作协议为基础，通过集约经营实现航运主业零亏损的成绩。

2015年起，省海运集团进一步深化航运集约经营，一系列工作紧锣密鼓地展开。省海运集团在3月11日召开了集约经营专题讨论会，各航运公司领导班子及本部各部门负责人统一了思想，树立了大局意识，集中探讨谋划集约化经营的重要举措。5月6日，经省海运集团党委会研究、董事会同意，正式制定印发了《航运集约经营实施方案》及相关配套方案，继续深入优化航运资源配置，提高航运经营绩效。同时，决定在集团本部设立航运经营部，并相应调整部门设置，除原有行政部门外，新设立海务监督部、船舶技术部、船员管理部、物资供应部和体系办公室。5月19日，为配合资源整合、集约经营工作，省海运集团强化了队伍建设，出台《人才队伍建设方案》，以公开、公平、公正方式择优在集团内外选聘航运经营人才。5月底，人才选聘工作完成，竞聘人员到岗开

展工作。至此，省海运集团本部、温州海运、台州海运3家的船舶经营权已全部集中至集团本部。

与此同时，省海运集团严格按照方案要求，逐步完成了管理权集中至省海运集团本部的工作，进一步加快推进了各项船舶管理措施的落地。其中，重点加快安全管理体系建设，编制完善SMS文件，开展安全体系有效性评价，最终经交通运输部海事局的严格审核，获得了国际散货船DOC（符合证明）证书，逐步收回自有船舶管理权，多艘船舶正式纳入省海运集团安全管理体系，2015年全年节约船舶管理费用约480万元。安全管理体系也进一步加强了船舶的安全生产管理，促进了管理制度和安全要求在船舶上的落实。

随着集约经营的深入实施，省海运集团根据运力集中的实际，加大市场形势研判力度，调整变革经营方式，取得了不错的经营成效。2015年，省海运集团航运收入有所增加，主要是利用船队的规模优势，积极拓展国内外市场，紧密跟踪市场形势，努力把握市场机遇，加强与货主的联系和合作，争取到了收益相对较好的货源。尤其是参与了国防运输项目，船舶租金收入明显高于市场平均水平40%左右，部分弥补了市场低迷形势下造成的亏损；在远洋运输业务方面加大发展力度，重点拓展了远洋运输业务直接货主，建立了合作关系；在内贸运输业务方面努力稳固合作，重点利用温州、台州两家海运公司原有的货主资源，与射阳港电厂、沙洲电厂、浙能富兴燃料等进一步建立深度合作。同时，省海运集团针对国内外两个市场的不同波动时点，充分运用内外贸兼营船的优势，及时调整船舶运力的布局，较好地把握住了国内外两个市场的机遇。并针对市场持续处于低谷的状况，努力积极接洽各类货源，在预判航运市场短期内难以复苏的形势下，灵活采用各种经营手段应对市场形势变化，尝试以合适的运价锁定部分船舶的短期期租，该部分运力经营效益明显好于其余即期经营运力。

第七节 完善管控机制 注重增收节支 防范经营风险

2014年起，随着省海运集团本部实体化经营的实施，管理体制机制的建设

成为重中之重。省海运集团围绕各年度重点工作任务，着重梳理完善各项管控制度，着力推进制度年度版本化建设，以制度汇编形式下发至各单位；进一步完善经营决策机制，修订《总经理办公会议议事规则》《党委会议事规则》《董事会议事规则》等议事制度，形成较为完备的会议体系。省海运集团制定并落实《招标投标（采购）管理办法》《合同管理办法》等管理制度，规范经营管理各环节，有效防范经营风险，努力实现程序到位、风险可控，并努力收回大件运输项目全部应收款项，反思存在的不足，进一步强化风险意识和程序意识。同时，根据集团本部船舶逐步投入营运实际，制定了本部船员管理、船员费用开支、船舶公务手机使用等一系列相关制度，规范船舶和船员管理工作。

有了制度的保障，就可以更加有效地落实风险管控举措。为规范合同管理、防范法律风险、尽早完成合同范本汇编工作，省海运集团在原有OA办公系统的基础上，增加了合同管理模块，并专门设置公司法律顾问审核节点，分别聘请民商事、海商法律师进行合同审核，统一范本模板，进一步规范合同管理。针对五洲公司造船业务的风险防范，省海运集团要求五洲公司主动排查造船合同法律风险，并根据律师意见，在合同总体风险可控的情况下，积极指导五洲公司加强与船东的沟通，及时调整有关船舶交船时间并加快生产进度，防范交船风险，最终成功在2014年底交付并收回2艘78米平台供应船船款。同时，根据五洲公司的生产经营实际及逐步退出造船业务的思路，省海运集团与五洲公司多次联合与船东及设备供应商沟通，努力控制违约风险，进一步压缩了取消合同的成本。

省海运集团始终坚持挖潜增效工作。首先是在规范招标采购管理工作上下功夫。在集约化经营前，省海运集团本部、五洲公司根据招投标管理办法，积极梳理物料设备供应商名单库，规范招投标工作，省海运集团本部通过各相关部门共同评标、议标，实现单船船员劳务费用平均下降2.4%、单船保险费用平均下降13%；五洲公司采购管理粗放局面也逐步改善，库存管理逐渐合理。集约化经营实施后，由省海运集团本部航运部门牵头，对省海运集团本部和温州海运、台州海运的船舶保险实施统一谈判和招标，进一步降低了船舶保险费率，尤其是国内运输船舶在一切险外增加油污险的情况下保险总费用持续下

降。在保险标的不变的情况下，国内运输船舶保险费用下降了130余万元，降幅达12%，且保险条款覆盖面更广，免赔额也实现大幅度下降。

其次是在船舶营运管理工作上下功夫。省海运集团通过各种节能减排手段降低船舶营运管理成本。通过减速航行、境外加油等举措降低燃油成本，2014年全年温州海运、台州海运船舶减速航行与正常航速相比节省燃油合计约3900吨，2015年节省燃油超过3200吨。进一步加强船舶设备维修保养，确保船舶设备正常运转，避免设备产生不必要的损耗，降低修理费用。此外，温州海运在2015年利用水下探摸完成“浙海158”轮中间检验，节省修理费150万元；积极争取“浙海126”轮、“浙海151”轮拆船补贴共计约1630万元。规范船舶配件、物料采购和领用，不定期核查船舶库存，认真把关审核。集团本部在逐步收回自有船舶管理权后，船舶技术部和物资供应部根据服务质量梳理供应商，改变采购思路，实现物料备件节省约65万元、油漆价格下降5%～10%、船舶单次厂修费用节省5万～10万元的良好效果。而温州海运、台州海运的物料费用节支合计约200万元，其中温州海运同比下降幅度达50%。

再次是在控制费用上下功夫。省海运集团着力压缩管理相关费用，本着勤俭办企业的原则，精简高效开展各项管理工作，重点规范商务接待、公务用车管理等。2014年全年，省海运集团合计发生的管理费用同比上一年度下降6.41%，其中省海运集团本部业务招待费同比下降达66%。2015年，利用OA系统新上线的车辆管理、采购维修模块，规范公务用车、办公用品采购审批的相关工作，省海运集团管理费用同口径与2014年相比下降了10.43%，其中行政经费同比下降152万元，下降幅度达12.18%。

第八节　温溪海运公司无偿划转青田县国有资产管理办公室

为适应剥离非主营业务、实现轻装上阵的需要，省海运集团积极推进与青田县国有资产管理办公室（以下简称“青田国资办”）就温溪海运公司划转事宜的沟通协作。2015年8月底，经省海运集团党委会研究讨论、董事会审议通

过，决定将温溪海运公司无偿划转至青田国资办。

2016年2月26日，温溪海运公司国有产权无偿划转交接仪式在丽水市青田县举行，省海运集团在省交通集团的指导和支持下，正式将温溪海运公司国有产权无偿划转给青田国资办，双方签署了无偿转让协议。

温溪海运公司的成功划转意味着省海运集团改革工作有了重大进展。省海运集团以强化主业经营、逐步退出不具有竞争优势辅业为思路，充分利用自身资源做强航运主业，并通过剥离非主营业务，实现了轻装上阵，也更有利于公司产业结构的优化，提升航运主业竞争实力。而温溪海运公司也通过此次划转，不断挖掘市场潜力，扩大港口吞吐量，促进企业自身发展。同时，青田县能够进一步发挥青田港的港口特点，优化产业布局，提升产业层次，促进区域经济发展，对自身乃至丽水市的经济实现转型发展。可以说是一举三得，三方互利共赢。

第九节　深化改革　推进股权改革摸底工作

2000年，经浙江省政府经济体制改革办公室批准，温州海运、台州海运职工持股会正式成立，分别占所属公司总股本的49%。但随着国家体制机制的发展，对职工持股会的政策有所改变。民政部下发文件，停止对企业内部职工持股会进行会团法人登记，造成了公司持股会无法人证书，法律地位缺失，在中工农建交五大行都不能开设银行账户。同时，由于2008年的全球金融危机导致市场持续低迷，船舶资产成本居高，企业出现了连年亏损的情况，省海运集团国有股单方面已经多次出借大量资金维持两家公司的经营发展，但依然无法阻挡温州海运、台州海运股份的实际价值变为负值。职工持股会内部复杂的股权结构更是导致公司无法吸引战略投资者对其进行投资或开展深层次合作，职工持股会本身也无能力或不愿意出资支援企业经营发展。在如此严峻的形势下，实施深化改革已势在必行。

2015年7月，省海运集团抱着对企业和员工负责的态度，作出了深化改革的重大决策。经省海运集团党委研究，形成了海运集团股权改革方案，编制了改革宣传提纲、后续经营发展方案、人员安置方案及维稳方案。同时，指导温州海运、台州海运结合自身实际，分别拟定了各自的股权改革实施方案，进一步推进股权改革摸底工作有序展开。省海运集团同步成立股权改革推进工作领导小组，并分设温州海运、台州海运工作组，前往两地指导、协助、配合温州海运、台州海运领导班子、职工持股会理事会开展股权改革宣贯。工作组结合高温慰问、看望困难员工、建党94周年等活动，有计划地通过下基层、开座谈会、上船、上门等方式，向广大持股会会员宣贯解释改革的必要性和可行性，回答部分员工的诉求，争取大家的支持。8月11日至14日，针对股权改革摸底过程中出现的问题和困难，省海运集团开展了为期一周的“深化改革接待周”活动，邀请省交通集团有关部门负责人一同前往温州海运、台州海运听取持股会会员们的诉求、意见和建议，稳定了员工的情绪，有效避免了事态的扩大。同时，积极与属地政府政法委、维稳办、属地派出所建立联系，主动做好人员接待和解释工作。

8月17日，省海运集团对这次近半个月的股权改革摸底工作进行了充分的论证和研究，认为此次股权改革方案不可行，随即停止了方案实施。

尽管此次股权改革摸底工作未能取得实质性的进展，但全面听取和收集了广大员工和持股会会员对深化改革的意见和建议，为省海运集团今后的整体转型发展打好基础。

第十节　高杠杆、高负债、高风险“三高”下的水运板块举步维艰

省交通集团水运板块由省海运集团和浙江远洋组成，是省交通集团成立时的核心成员企业。2008年前的水运板块，在市场化的浪潮中创造了优秀的经营业绩。但在2008年，金融风暴席卷全球，国际经济形势大幅波动并持续低迷，从而导致船货供求关系严重失衡。航运市场价格一落千丈，波罗的海指数从2008年5月最高11793点下跌至2016年2月的290点，达到自1985年1月波罗的海交易所开始编制该指数以来的最低点。图5-4和图5-5分别为2008—2016年波罗的

海指数（BDI）均值图和2008—2016年中国沿海散货综合运价指数（CBFI）均值图。

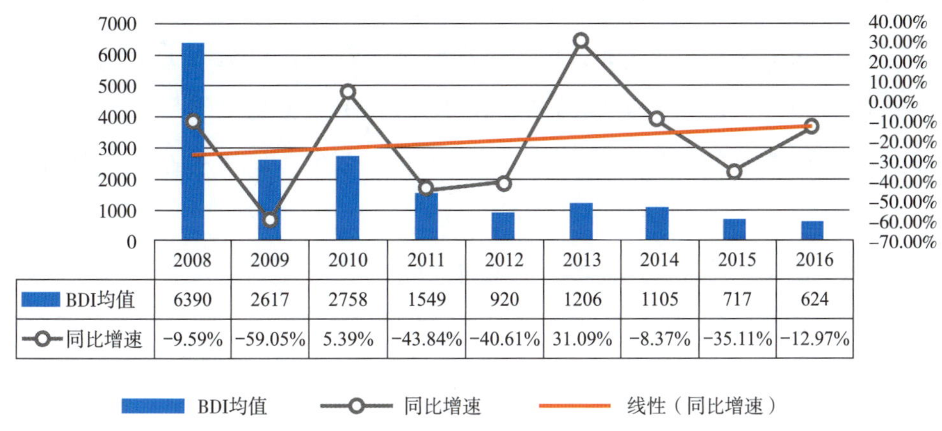

图5-4　2008—2016年波罗的海指数（BDI）均值

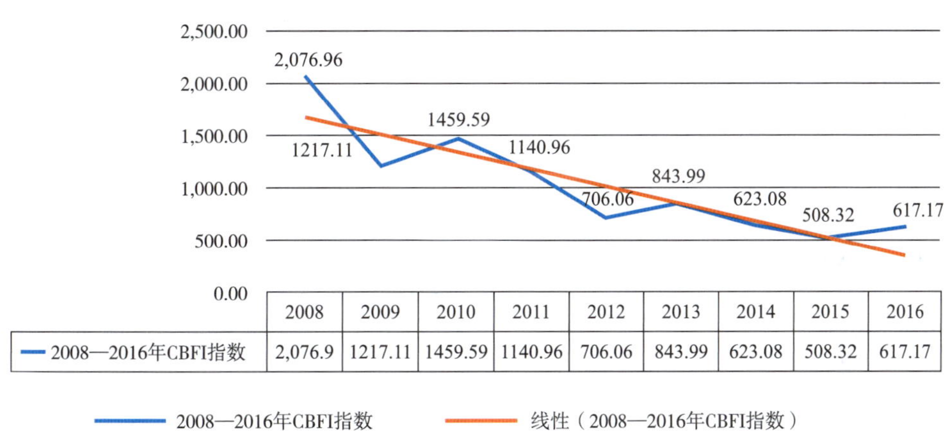

图5-5　2008—2016年中国沿海散货综合运价指数（CBFI）均值

以浙江远洋的18万吨船舶为例，2008年单船日租金最高时可达8万～9万美元，二手船单船价格涨至1.5亿美元。可观的利润促使各方争相投入建造新船，最终形成运力严重过剩。2016年，单船日租金降至4000～7000美元，二手船单船价格降至2000万美元。

航运市场面临了一波前所未有的“洗牌潮”。由于航运业属于重资产和完全竞争性行业，高盈利的同时也存在高风险，而令业界始料未及的断崖式下跌

和长期持续低迷，是造成水运板块严重亏损的主要原因。

另一方面，对航运市场及造船市场走势盲目乐观的判断，导致了公司扩张运力的速率远高于市场行情。过剩的船舶运力、高昂的船舶造价、博弈的杠杆效应，最终导致了企业负债随着运力增加而不断攀高，也造成了企业经营成本逐年提升。2015年，省海运集团的负债率突破100%，高负债带来了高风险，犹如高速行驶汽车的方向盘上插着一把锋利的匕首，时刻威胁着企业的经营发展。

自2011年以来，浙江远洋和省海运集团分别出现了持续严重的亏损且数额逐年扩大，账面经营亏损在4年的时间里累计达到35亿元。“十二五”末的航运市场进一步恶化，加上五洲公司前期造船的损失，经审计后的水运板块在2015年全年的亏损额就达到了惊人的20亿元，其中仅船舶折旧和财务费用就高达11亿元。与之对比的是微薄的航运收入，在扣除油料费等基本营运费用后，根本无法覆盖折旧和财务成本。除此之外，船舶资产也早已巨幅减值，按2015年的市价估值，船舶资产较2008年缩水了约70亿元，企业早已严重资不抵债。表5-3为浙江省海运集团有限公司2011—2015年资产负债及运力情况表。

浙江省海运集团有限公司2011—2015年资产负债及运力情况　表5-3

项　目	2011年	2012年	2013年	2014年	2015年
资产（亿元）	67.72	73.12	81.73	78.69	40.82
负债（亿元）	47.98	59.03	70.95	74.07	51.05
净资产（亿元）	19.74	14.08	10.77	4.61	−10.23
资产负债率	70.85%	80.73%	86.81%	94.13%	125.06%
艘数（艘）	29	30	36	37	30
载重吨（万吨）	93	105	140	147	120

企业粗放的管理模式，以及因历史沿革造成的各类遗留问题、人员盈余问题，也让水运板块的生产经营雪上加霜、举步维艰。

省交通集团和水运板块自身一直在努力寻找摆脱困境的方法，既有内部提

质增效、开展业务整合、盘活冗余资产、实施债转股等实质手段，也有谋划与其他省属国企整合资源组建航运集团的脱困思路，尽管上述举措收获了一定的成效，但鉴于国际国内航运市场行情始终在低谷徘徊，水运板块持续亏损的主因依然没有消除，因此无法从根本上扭转严重亏损的局势。

在此背景下，痛定思痛的省交通集团紧紧抓住2015年国家及浙江省委出台的加强供给侧结构性改革、推进清理“僵尸企业”、去产能等一系列政策导向的时机，痛下决心对水运板块进行彻底改革。而拉开改革序幕的第一步，便是退出造船业。

第十一节　稳步退出造船业　五洲公司实施破产清算

受到多年造船市场持续低迷的影响，五洲公司生产经营情况每况愈下。自2014年下半年起，在省交通集团的指导下，省海运集团确立了“逐步转型退出造船业”的工作思路，即已开工订单建造完毕，未开工订单不再建造，且不再承接新订单。

2015年3月13日，省海运集团根据这一思路，专门成立五洲工作小组，全面加强对五洲公司的管控，指导五洲公司围绕“最低费用、安全生产、如期交船、风险可控”四大目标开展相关工作，一方面积极与供应商、船东、股东进行沟通谈判，另一方面完善内部管理举措，防范经营风险，促进企业平稳发展和转型升级。

经过多次沟通协调，五洲公司与部分船东及供应商达成了一致意见，与船东解除了4艘未建船舶的合同订单，与部分供应商签订了新的还款协议，努力降低费用成本支出，并随着生产量的逐步减少，将机构和人员分别从2015年初原有的12个、321人精简到11月的5个、30人，并有针对性地开展员工思想工作，利用各种形式向员工传达企业改革的精神，稳定作业人员队伍。

尽管实现了暂时减亏的目的，但仍然无法控制持续亏损的局面。主要原因一是由于五洲公司以往粗放的管理模式未得到有效重视，导致了其在2008年金融危机造船市场下行后出现了一系列问题，经营亏损逐年增加，常年所欠供应商应付账款也逐渐增多，欠款提货的做法不再适用，从而恶性循环，进一步加剧了企业状况的恶化；二是由于省海运集团整体已连续4年亏损，逐年收紧借款金额，且已无能力继续给予五洲公司以资金支持；三是由于供应商数量众多且欠款较多，导致了部分供应商向法院申请了财产保全，致使五洲公司客观上已无法正常运转；四是省海运集团单方面过度履行股东义务后的权益无法得到保障。

鉴于此，2015年8月，省海运集团决定停止给予五洲公司资金支持，使其进入全面停产阶段。随后，两级班子共同参与评估，制定整体及维稳方案，与舟山当地政府、维稳办、街道等主要职能部门进行交流和沟通，同时选取在职职工、供应商、外协单位代表分别进行了有关五洲公司重整的座谈，收集公众意见和诉求。

2015年10月底，经省海运集团党委会研究、董事会同意，并提交省交通集团董事会批准，2015年11月2日，省海运集团正式以债权人的身份向舟山中级人民法院递交了舟山五洲船舶修造有限公司的破产申请书。同月，法院裁定受理该案件，并指定了京衡律师事务所作为破产管理人处理五洲公司破产事宜。五洲公司的破产案件是近十年来国内第一家国有船厂破产案件，被列入当年造船界十大新闻之一。

2019年7月，在省交通集团及地方党委、政府、法院的支持和帮助下，五洲公司完成破产清算全部工作，由地方工商机关批准予以注销。在整体推进破产清算过程中，从债权分配到资产处置，省海运集团党委紧紧围绕企业改革实际，努力为债权人争取利益最大化，多次就土地的相关税费问题与地方政府交涉协商，最终节约税收近2000万元，为五洲公司破产清算收官画上圆满句号。

第十二节　众志成城　水运板块改革重组实现圆满收官

2016年是省海运集团实现企业生存最关键的一年。根据党中央在2015年底提出的推进供给侧结构性改革，开展“三去一降一补”、清理“僵尸企业”的

政策方针，省交通集团主动谋划、统一部署，在经过浙江省委、省政府研究批准后，正式确定了开展水运板块改革重组的工作思路，具体对浙江远洋运输股份有限公司和省海运集团下属的温州海运有限公司、台州海运有限公司实施破产清算。这是落实党中央政策的实际行动，也是维护国有资产安全和促进省属企业健康发展的重要举措。

事实证明，浙江远洋、温州海运、台州海运已连续4年严重亏损，负债累累，尤其是温州海运、台州海运仅依靠省海运集团的大量资金“输血”，已然成为“僵尸企业”。现有船舶造船成本处于历史高位，造成企业每年折旧和财务成本高昂；而航运收入也只能支付燃油费、码头费和人员费用等日常经营费用，两家企业自身现金流根本无法维持企业生存。更重要的是，温州海运、台州海运采用单一的干散货船型，限制了企业转型升级。再者，受到一次改制遗留的职工持股会、历史负担人员等多重问题困扰，更加剧了两家公司经营和重组的困难。因此，如果企业继续维持经营现状或实施内部重组，结果只有一个，即持续严重亏损，并全部由省海运集团甚至是省交通集团来担此重负。因此，止损刻不容缓，而改革重组、破产清算正是形式要求和大势所趋。

根据浙江省政府专题会议纪要（〔2016〕12号）及省交通集团水运板块改革重组工作会议纪要（〔2016〕6号）精神和要求，省海运集团作为此次改革重组的整合平台，主动担负起主体责任，公司领导班子第一时间深入基层单位与各子公司领导探讨研究企业改革重组，调查梳理各单位人员结构和信息，与职工代表开展座谈，收集诉求，提出对策，并立即组织编写《省海运集团改革重组方案》，同步向省交通集团提出了改革重组意见建议。在改革重组方案制定过程中，省海运集团作为责任主体，重点梳理了改革工作组织架构，成立了由董事长担任组长的改革重组工作领导小组，并协同从7家兄弟单位借调的8名中层骨干成立了6个具体工作推进小组，全面负责指导温州海运、台州海运破产清算的具体工作，包括企业维稳、职工安置、安全生产、债务清理、资产处置和对外沟通协调等工作，并层层签订了《改革重组责任书》。领导小组多次走访温州、台州当地的公安系统、维稳办及各相关区县街道，报告公司改革重组事宜，希望能配合协同做好人员及社会稳定工作。2016年5月初，省海运集团正式向上级递交省海运集团改革重组方案以及温州海运、台州海运破产清算方案，并同步开展社会稳定、财务保障、法律风险等评估工作，配套完成了人员安置、改革维稳、资金调度等方案。5月20日，根据省交通集团水运板块改革重组有关会议精神，省交通集团董事会同意通过改革重组实施方案，并指示省海运集团作为债权人依法向两地法院提起破产申请。至此，省交通集团水运板块改革重组正式拉开序幕。

5月23日下午2时，省海运集团各工作组在杭州、温州、台州同步召开改革重组通报会，传达省交通集团水运板块改革重组工作思路及温州海运、台州海运破产清算思路，让职工充分了解企业经营现状和困难局势，了解国家和浙江省有关改革导向与政策，并向全体员工提出要深刻认识改革重组的必要性和紧迫性，积极投身到企业破产清算工作中的希望，确保按照浙江省委、省政府的部署要求，实现两地破产清算工作有序推进、顺利完成。

由于温州海运、台州海运有着60多年的企业发展史，以往改制过程中的不充分、不全面导致企业出现了包括退休、退养、待岗、双免等各种类型的人员2600余名，给企业造成了管理成本上的负担，也影响了企业的正常发展。因此，解决人员安置问题成为改革重组的首要大事。

省交通集团和省海运集团秉持以人为本理念，始终坚持将职工利益放在突出位置，充分考虑职工为企业所做的历史贡献、部分职工生活困难和再就业困难的实际情况，自2016年初起，积极向省委省政府、国资委及省有关部门多方争取了政策支持，包括争取提前退休等优惠政策和合法合理的补偿，也尽最大努力做好集团内部安置准备工作，鼓励省交通集团内部单位最大程度为破产企业职工腾出岗位。鉴于此，6月7日，温州海运、台州海运再次同步召开通报会，通报《水运板块破产企业员工安置指导方案》，同时也通过宣传公告栏、网站网页、“海运先锋”微信公众号（现改名为“浙江海运”）同步对外发布。该方案以依法合规与充分考虑员工利益相结合、公开公平公正与程序规范相结合、以人为本与稳妥推进相结合为原则，通过提前退休、提前离岗、终止劳动合同、水运板块内部竞聘、集团内部竞聘等措施进行人员分流安置。在方案公布后，省海运集团陆续收到了两家公司部分员工关于安置事宜的咨询。针对大家关心的焦点问题，省海运集团在咨询法律顾问专业意见的基础上，一方面在现场作出解答，另一方面每日通过微信公众号设置的改革专属板块发布

“职工安置释疑”，向广大职工答疑解惑。

经过近三周的宣贯和准备，6月27日，在充分听取浙江远洋、温州海运、台州海运员工意见建议的基础上，省海运集团正式启动员工安置工作，并将前期准备的各项资料进一步修改完善，汇编成《员工安置手册》，分别在两地选择固定场所作为安置咨询办理点，为广大员工服务，办理安置协议签署等事宜。同时，通过电话联系、上门慰问、上船慰问等方式，发放手册、开展宣贯、接受咨询、办理手续。

在签订过程中，两地工作组顶住来自少数不理解职工的无理指责和巨大压力，每天为安置职工解读政策、办理手续、签订协议，加班加点、夜以继日，确保安置工作的顺利开展。期间，省海运集团发布承诺书向广大职工作出相关款项支付的承诺，并出资设立了船员管理公司（现公司简称改为“船务管理公司”），旨在搭建集团内部船员安置和统一管理平台，接管水运板块三家破产企业2300余名历史负担人员，进一步打消员工心中顾虑，确保所有安置员工能在规定期限内完成安置工作。7月8日下午5时，随着最后一名符合安置条件的员工签订完成安置协议，水运板块改革重组员工安置事宜按期完成。除17人无法取得联系外，两家企业合计有1706名员工全部签署协议或选择内部安置。

在省交通集团的指导和支持下，在听取温州海运和台州海运职工持股会会员对股权处置意见的基础上，为在两家企业破产形势下努力确保持股会会员权益，避免破产清算股权权益归零造成职工生活困难，省海运集团积极研究职工持股会历史遗留问题处置方式。

在获得上级同意后，省海运集团于8月8日通过微信公众号发布《关于（职工）持股会会员股权问题处置的公告》，公示协议文本和持股会名册，并在两家公司办公楼进行张贴。同日，省海运集团领导班子带领改革重组工作组分组前往两家公司，落实相关准备工作。

从8月9日开始，温州海运和台州海运开始电话通知持股会会员处置公告及协议内容，并分别设置接待办理点，接受持股会会员咨询问题、签署协议和办理手续。在通过省海运集团微信公众号、电话通知等渠道获知公告内容后，两家公司持股会会员纷纷前往各自公司的接待办理点签署协议和办理手续

图5-6 省海运集团改革工作小组在台州海运为职工办理股权处置协议签署

（图5-6）。8月9日是该项工作的第一天，截至当天下午6时，两家公司已有341名会员签署协议和办理手续。

8月18日下午5时，2628名职工持股会会员的股权处置协议签署工作全面完成。这也标志着省交通集团水运板块改革重组第一阶段任务正式落幕。

与此同时，省海运集团本部也在紧锣密鼓地进行着融资租赁船舶债务重组工作。“十二五”期间，省海运集团及下属温州海运、台州海运在招银金融租赁公司、交银金融租赁公司、工银金融租赁公司的大力支持下，船舶运力得到了快速发展。但随着运力的增加，融资租赁金额也在不断扩大，2015年底，已合计签署融资租赁合同金额34.75亿元，其中省海运集团本部（含香港公司）9艘船舶租赁合同金额为14.57亿元，温州海运9艘船舶租赁合同金额为13.11亿元，台州海运5艘船舶租赁合同金额为7.08亿元。伴随着融资金额的上升，公司资产负债率也在逐年提高，在2015年底达到125.05%，融资租赁剩余本金占有息债务比例高达51.22%，每年需要支付租赁本息4.57亿元。

2016年水运板块改革重组正式实施，为满足公司未来健康持续发展需要，租赁船舶的债务重组工作志在必行。2016年4月起，公司在省交通集团有关领导和部门的帮助下，先后多次就重组船舶数量、本金支付时间、利率调整幅度、担保方式确定等具体内容与三家租赁公司开展沟通协商。经过多轮磋商，双方最终确定了债务重组思路，形成了具体方案，即将集团本部、温州海运、台州海运与3家融资租赁公司签有融资租赁协议的共23艘融资租赁船舶实施债务重组，调整本金支付方式，2024年底一次性支付剩余本金，租赁利率大幅下降。2016年10月，公司完成融资租赁债务重组全部协议签署及船舶管理交接工作，

并在当年12月份完成全部船舶的证书变更登记投入营运。

由于三家租赁公司的大力支持，为省海运集团每年节省了约7000万元的年利息。这不仅大大减轻了省海运集团新平台的船舶成本和资金压力，也为公司通过自身努力扭转亏损和提升盈利拓展了空间。

人员安置和股权处置这两项最艰巨且影响最广的任务在2016年G20峰会前如期圆满完成，为杭州的安全、综治及舆论引导减轻了不小的压力。

在充分做好社会综治、人员稳定的基础上，省交通集团作为债权人向杭州市中级人民法院递交了对浙江远洋股份有限公司的破产申请；省海运集团作为债权人正式向温州市中级人民法院、台州市中级人民法院递交了对温州海运有限公司、台州海运有限公司实施破产清算的申请。8月19日，两地法院正式受理破产申请，并分别指定京衡律师事务所、海昌律师事务所、国浩律师事务所作为破产管理人，全面接管3家破产企业。10月19日和10月31日，两地法院分别宣告温州海运有限公司、台州海运有限公司破产。至此，省交通集团水运板块改革重组取得了阶段性的胜利，在破产管理人的主持下，各企业破产清算工作依法平稳有序开展。

在整个改革重组过程中，省海运集团根据省交通集团部署要求，通过股权收购方式接收了原浙江远洋股份有限公司旗下的浙江远洋温州国际货运公司、浙江远洋宁波国际货运有限公司（现改名为“浙江海运宁波国际物流有限公司”）、浙江远洋宁波国际船代有限公司（现已被“浙江海运宁波国际物流有限公司”吸收合并），成为控股股东。并出资新设立温州船员培训有限公司，与前期新设立的船务管理公司一同为广大船员提供培训、服务。

针对船舶管理事宜，省海运集团利用前期集约经营的基础，全面承接了14艘由于改革重组原因导致暂时停运的原温州海运、台州海运船舶，并实施货主资源整合，按下停运船舶复工键，联合集团本部船舶继续高质量保障运输服务，取得了货主的理解和支持，甚至在一定程度上扩大了省海运集团的市场影响力。

针对长时间资产无法合理处置问题，省海运集团多次协调政府和法院解决历史遗留难题，创新向法院和管理人建议以“以资抵债”的方式，即将破产企业的资产抵给省海运集团偿还债务，加快资产处置进程。2019年11月，温州海运有限公司正式由温州市工商行政管理局批准注销；2020年1月，台州海运有限公司正式由台州市工商行政管理局批准注销。省交通集团水运板块改革重组正式画上了圆满的句号。

此次改革重组工作不仅成为浙江省国有企业实施破产清算的第一单，具有标杆意义，同时也被国内多家航运界媒体评为了当年十大热点事件之一，在行业内引起了广泛的关注和积极的影响。对省交通集团而言，通过改革重组，既为自身有效防范资金风险提供了保障，也进一步扫除了为履行省委、省政府赋予责任的障碍，有效维护和增强了其平台功能。而对省海运集团来说，改革重组及后续组建海运新平台成为公司历史性的转折，实现了作为省交通集团水运业务发展新平台的定位。

第十三节　组建海运新平台　创新经营管理新举措　一举实现业绩扭亏为盈、再创新高

自改革重组完成人员安置和股权收购等重难点工作后，2016年底，省海运集团以围绕集团本部深化集约经营，进一步实施船舶统一经营管理为主业，新设立船员公司、船员培训公司，以及与原浙江远洋旗下3家船舶、货运代理公司等轻资产服务型企业相配合，正式打造海运新平台，实现涅槃重生。

经过改革重组后的省海运集团，在运力结构方面得到明显优化，拥有24艘船舶、105万吨运力，其中11艘内贸船舶、11艘内外贸兼营船舶、2艘外贸船舶，船舶吨位分布在2.6万吨至5.75万吨之间，能够更好地适应国内国际两个市场的变化。在人员队伍方面得到精简优化，母子公司共有在岗员工454人，解决了以往的退养、待岗等不规范用工形式，尤其是集团本部选拔了一支由80余人组成的年龄结构优化、业务技能结构合理的航运经营管理团队。在船舶成本方面得到明显优化，船舶融资租赁租息率进一步降低，本金延期至2024年一次性支付，成本下降显著，从而在市场上拥有较强的竞争力。同时，省海运集团在业务发展、安全生产、文化认同等方面得到逐步完善。

新平台运行初期，省海运集团确立了“形象重树、经营重整、管理重铸、机制重建、流程重梳、文化重塑”六大工作举措，以全力建设好水运业务新平

台、努力打好水运业务发展基础、积极谋划水运业务未来发展为目标，树立了新平台新形象。

形象重树。在水运板块改革重组过程中，下属企业的破产给省海运集团造成了一定的负面影响，因此重塑社会新形象成了省海运集团的重点工作之一。省海运集团通过“点、线、面”结合的方式，即以对内部员工宣传为点，以对业务条线单位、机关走访宣传为线，以微信公众号、外部媒体宣传为面，介绍省海运集团改革重组成果，解释改革重组原因，宣传海运新平台建立及在省交通集团中的定位，形成正面的舆论引导。同时，通过时刻向外界传达企业经营管理动态和成效，有效提升省海运集团在业内的口碑和名气。

经营重整。针对24艘船舶、105万吨运力集中经营带来的压力，以及市场波动风险，省海运集团经研究，确立了经营重整的思路，将长协货主与即期市场两手并抓，并在第一年探讨两类货源各占50%，稳定一定的高效益货源保障经营效益；坚持每日航运经营调度会，创新建立每周航运市场分析会和每季季度经济分析会，执行商务合同小组预审制度，充分发挥集体智慧，加强短期市场研判，高效决策、把握机遇，尤其是利用内外贸兼营的优势，投入大量船舶运力抓住长江黄金水道市场机遇，合理规划航线，踩准市场波动节点，实际经营成效在市场2017年初回暖的形势下远超预期。省海运集团航运及海务部门通过与港口代理、码头公司、船舶等各方共同建立的微信群，实时传递船舶动态、天气变化、装卸货进度等重要信息，有效提高船舶在港作业效率，进而提升船舶周转率。

管理重铸。省海运集团在2017年开展了密集的走访调研，学习先进经验。省海运集团领导班子走访省内外多家同行业企业，拜访沿海各地海事、港航等主管机关，最终确定江苏远洋、宁波海运、中波航运等多家经营业绩优良、管理理念先进、服务意识突出的企业作为对标对象和赶超目标。重点学习采纳预算动态管理的优秀做法，特别是通过每月分析各船舶的效益和成本发生情况，及时发现货主合作和生产管理方面存在的问题，并以问题为导向，及时调整经营方式以增加效益。省海运集团探讨实施精细化管理严控成本，在油料管理方面，针对油料在成本中的高比例，加强燃油市场分析和研判，把握适当时机，通过招标采购、提前锁油等手段，使采购价格增长幅度低于市场价格增长幅

度，节省油费成本明显。在船舶修理方面，针对改革重组后承接的14艘船舶的落后面貌，省海运集团一方面完善了船员劳务自修制度，以“浙海102”轮为试点，鼓励船员用自修代替厂修，有效降低修理成本，另一方面创新实施船舶目视标准化管理工作，制定形成《船舶目视标准化管理指南》，按照指南标准和要求逐一对全部船舶进行全面修缮，实现了船队船风船貌的全面提升，为省海运集团推进安全生产标准化再提升及船舶安全管理体系有效运行提供了坚实的保障。同时，省海运集团突出信息化系统在船舶上的运用，2018年7月先后在“浙海515”轮等15艘船舶上安装了船舶监管系统，通过CCTV闭路系统远程实时对船舶进行管理，进一步强化了船员管船、值班意识，也在一定程度上弥补了船舶在出现险情事故时调查取证难的困难。

面对船员90%为外部派遣公司指派的实际，省海运集团创新开展“明星船长”评选活动，牢牢抓住船长这一“少数关键”，并以此为切入口深化船舶管理。活动得到了外聘船员的普遍拥护和积极响应，各船舶间形成了“比学赶超”的良好氛围，更是涌现出了“浙海516”轮等多艘样板船舶，不仅切实改善了船风船貌，提升了船舶管理，还促进了船舶经营绩效的显著提高，不少船员尤其是高级船员在公休结束后纷纷表达了要重返省海运集团旗下的船舶继续任职的意愿，对省海运集团的文化与氛围高度认可。而在岸基方面，省海运集团打出组合拳，推出“岸基管理标兵”评选活动，全面提升新平台下全体员工，尤其是涉及生产经营管理的一线员工的工作热情，提高岸基员工重视上船指导和开展检查的意识，切实提升岸基船舶服务能力，加大岸基对船舶尤其是船长的指导力度，实现船舶生产经营管理新局面。

“明星船长”和“岸基管理标兵”双载体的实施，有效地推进了省海运集团“美丽船舶”2.0版的建设，“美丽船舶，一个都不能少”的目标从一句口号成为现实，其中更是打造出了新样板船“浙海516”轮，形成了目视标准化管理。省海运集团各船舶安全生产形势持续稳定，整个船队的形象大幅提升，各地方海事、港航部门在上船检查过程中无一不赞不绝口，无缺陷通过检查的比例更是越来越高，“浙江海运”品牌的口碑在行业内节节攀升。2017年更是在行业权威媒体《中国水运报》发表《明星船长打造“美丽船舶”新样板》宣传文章（图5-7），推广“明星船长”团队经验，进一步增强活动影响力。

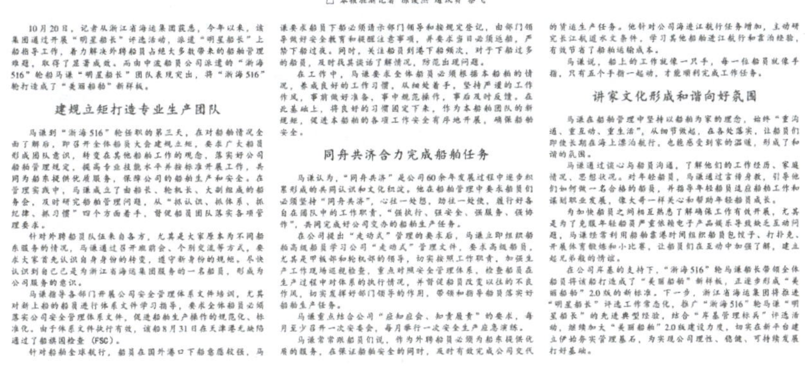

中国水運報
CHINA WATER TRANSPORT
2017年10月23日　星期一　责编　美编　[illegible]

综合新闻

明星船长打造“美丽船舶”新样板

□ 本报驻浙记者 陈俊杰 通讯员 蔡飞

10月20日，记者从浙江省海运集团获悉，今年以来，该集团通过开展“明星船长”评选活动，派遣“明星船长”上船指导工作，着力解决外聘船员占绝大多数带来的船舶管理难题，取得了显著成效。而由中波船员公司派遣的“浙海516”轮船马谦“明星船长”团队表现突出，将“浙海516”轮打造成了“美丽船舶”新样板。

建规立矩打造专业生产团队

马谦到“浙海516”轮任职的第三天，在对船舶情况全面了解后，即召开全体船员大会建规立矩，要求广大船员形成团队意识，转变在其他船舶工作的观念，落实好公司船舶管理规定，提高专业技能水平并按标准开展工作，共同为船东提供优质服务，保障公司的船舶生产和安全。在管理实践中，马谦成立了由船长、轮机长、大副组成的船务会，及时研究船舶管理问题，从“抓认识、抓体系、抓纪律、抓习惯”四个方面着手，督促船员团队落实各项管理要求。

针对外聘船员队伍来自各方，尤其是大家原本为不同船东服务的情况，马谦通过召开班前会、个别交流等方式，要求大家首先认识自身身份的转变，遵守新身份的规矩，尽快认识到自己已是为浙江省海运集团服务的一名船员，形成为公司服务的意识。

马谦指导各部门开展公司安全管理体系文件培训，尤其对新上船的船员进行体系文件学习指导，要求全体船员必须落实公司安全管理体系文件，促进船舶生产操作的规范化、标准化。由于体系文件执行有效，该船8月31日在天津港无缺陷通过了船旗国检查（FSC）。

针对船舶全球航行，船员在国外港口下船意愿较强，马谦要求船员下船必须请示部门领导和按规定登记，由部门领导做好安全教育和提醒注意事项，并要求当日必须返船，严禁下船过夜。同时，关注船员到港下船频次，对于下船过多的船员，及时找其谈话了解情况，防范出现问题。

在工作中，马谦要求全体船员必须根据本船舶的情况，养成良好的工作习惯，从细处着手，坚持严谨的工作作风，事前做好准备，事中规范操作，事后及时反馈。在此基础上，将良好的习惯固定下来，作为本船舶团队的新规矩，促进本船舶的各项工作安全有序地开展，确保船舶安全。

同舟共济合力完成船舶任务

马谦认为，“同舟共济”是公司60余年发展过程中逐步积累形成的共同认识和文化积淀。他在船舶管理中要求船员们必须坚持“同舟共济”，心往一处想，劲往一处使，履行好各自在团队中的工作职责，“强执行、强安全、强服务、强协作”，共同完成好公司交办的船舶生产任务。

在公司提出“走动式”管理的要求后，马谦立即组织船舶高级船员学习公司“走动式”管理文件，要求高级船员，尤其是甲板部和轮机部的领导，切实按照工作职责，加强生产工作现场巡视检查，重点对照安全管理体系，检查船员在生产过程中对体系的执行情况，并督促船员改变以往的不良作风，切实发挥好部门领导的作用，带领和指导船员落实好船舶生产任务。

马谦重点结合公司“应知应会、知责履责”的要求，每月至少召开一次安委会，每月举行一次安全生产应急演练。

马谦常常跟船员们说，作为外聘船员必须为船东提供优质的服务，在保证船舶安全的同时，及时有效完成公司交代的货运生产任务。他针对公司海进江航行任务增加，主动研究长江航道水文条件，学习其他船舶进江航行和靠泊经验，有效节省了船舶运输成本。

马谦说，船上的工作就像一只手，每一位船员就像手指，只有五个手指一起动，才能顺利完成工作任务。

讲家文化形成和谐向好氛围

马谦在船舶管理中坚持以船舶为家的理念，始终“重沟通、重互动、重生活”，从细节做起，在各处落实，让船员们即使长期在海上漂泊航行，也能感受到家的温暖，形成了和谐的氛围。

马谦通过谈心与船员沟通，了解他们的工作经历、家庭情况、思想状况。对年轻船员，马谦通过言传身教，引导他们如何做一名合格的船员，并指导年轻船员适应船舶工作和谋划职业发展，像大哥一样关心和帮助年轻船员成长。

为加快船员之间相互熟悉了解确保工作有效开展，尤其是为了克服年轻船员严重依赖电子产品娱乐导致缺乏互动问题，马谦经常利用船舶靠港时间组织船员包饺子、打扑克、开展体育锻炼和小比赛，让船员们在互动中加强了解，建立起兄弟般的情谊。

在公司[illegible]的支持下，“浙海516”轮马谦船长带领全体船员将该船打造成了“美丽船舶”新样板，正逐步形成“美丽船舶”2.0版的新标准。下一步，浙江省海运集团将推进“明星船长”评选工作常态化，推广“浙海516”轮马谦“明星船长”的先进典型经验，结合“[illegible]”评选活动，继续加大“美丽船舶”2.0版建设力度，切实在新平台建立伊始夯实管理基石，为实现公司理性、稳健、可持续发展打好基础。

图5-7　《中国水运报》宣传文章

机制重建。省海运集团充分吸取破产企业的经验和教训，并对照海运新平台的各项要求，对企业治理的体制机制进行了优化升级，仅在2017年上半年就修订完善了涉及公司治理、安全生产、资金管控、内部管理等各方面的制度20余个，并实现制度年度版本化。尤其在集团本部，重点突出对母子公司治理机制、决策机制、激励机制、人才选拔和培养机制的重建。省海运集团结合党建入章程的工作要求，同步修订董事会、党委会、总经理办公会议事规则，完善企业法人治理结构。对下属非全资企业，按照同股同权同责的原则实施资源支持，根据独立法人主体自负盈亏的原则开展业务指导，切实防范治理风险。而针对员工最关心的薪酬绩效，省海运集团在2017年实施了三项制度改革，在集团本部探索优化薪酬激励机制，统一薪酬体系，将员工奖金绩效与企业利润相挂钩，彻底打破“大锅饭”的局面，激发了员工积极投身航运经营管理的热情，取得了显著成效；也进一步优化了对子公司班子的考核办法，根据经营效益情况，综合评价党建、安全工作和重点任务情况实施激励。在人才选拔和培训方面，采取“轮岗、培训、挂职”三位一体的方式，强化队伍建设，主要通过公开竞聘、民主推荐等方式每年选拔中层骨干，注重选拔年轻干部建设人才梯队，多名90后年轻同志经公开竞聘被提拔为中层干部，也进一步激发了其他年轻人要求进步的热情，同时对表现不称职的员工进行了劝退及不再续签合同的处理；开展经营管理与党群纪检岗位人员交叉任职、交流任职，完善员工继续教育、内训师等人才培养制度。

流程重梳。为有效防范决策风险、业务风险、资金风险，尤其是针对集团本部业务在改革重组后大幅增加、船舶生产对业务流程需高效运作的特殊性等实际，省海运集团对各类流程进行了全面梳理。对投融资、重大资产处置、深化改革等“三重一大”事项，两级公司按相关规定履行董事会、股东会程序，充分做好会议议题预审流程，严格遵守国有资产监管相关规定，保障了国有资产安全，且主动执行法律风险前置工作，有效发挥企业法务和法律顾问的作用。省海运集团对船舶修理、物料、燃油、船员劳务等采购业务流程进行了进一步规范，既确保人员物资能及时到位避免造成船舶滞港，又通过招标议标、竞争性谈判等方式降低成本，实现效率与效益双赢。同时，树立资金安全意识，严格落实资金管理、应收账款管理制度，各部门各司其职，主动跟踪落实资金流向，积极做好催讨工作。

文化重塑。文化是企业的重要核心竞争力之一。2017年，省海运集团建立了“十三五”企业文化建设规划，并将每年的9月12日设立为“公司日”开展系列活动（一是由于1950年9月，省海运集团的前身浙江省航运公司获浙江省政府批复同意设立；二是在2016年完成改革重组主要工作后，于当年9月12日实现安置人员到新平台报到，标志着新平台基本搭建），开展全员文化大讨论，从企业历史发展进程中汲取养分，立足新平台经营发展的实际情况，在省交通集团“同责、同心、同创”和“家”文化指引下，按照水运业务发展平台的定位展望企业未来，形成共同的价值认同，确立具有海运特色的“同舟共济”企业文化，同时也确定了企业愿景、使命、目标、核心价值观，以及企业精神和系列理念，制定印发了《企业文化手册》（图5-8）。广大船岸员工进一步加深了对新平台的了解和认识，增强了对企业文化的自

图5-8　《企业文化手册》

信，对企业经营发展的自信，尤其是大力弘扬“同舟共济”的企业精神，提振了精气神，凝聚团结船岸员工，共同促进企业高质量发展。

2017年，由于改革红利、市场给力、自身努力三大因素的共同作用，并伴随着“六大工作举措”的稳步实施，省海运集团实现了企业新生，新平台第一季度便取得了1449万元的利润，全年更是收获了营收14.98亿元、净利润2亿元的喜人业绩，一举扭转了连续5年持续亏损的局面，提前2年实现扭亏为盈的规划目标，为后续稳步发展奠定了基础。2018年，各项数据更是再次提高，实现3.68亿元净利润的历史最高业绩。具体表现在：

经营业绩方面，改革重组前后利润总额从2016年的–25.72亿元，增长到2017年2.02亿元，增长率为107.85%；净利润从2016年的–25.73亿元，增长到2017年2.01亿元，增长率为107.81%；总收入从2016年的6.01亿元，增长到2017年的14.98亿元，增长率为149.25%。表5–4为浙江省海运集团有限公司2016—2018年经营业绩统计表。

浙江省海运集团有限公司2016—2018年经营业绩统计　　表5–4

项　　目	2016年	2017年	2018年
资产（亿元）	22.11	24.74	22.84
净资产（亿元）	–11.1	–5.54	–1.91
总收入（亿元）	6.01	14.98	16.39
利润总额（亿元）	–25.72	2.02	3.69
净利润（亿元）	–25.73	2.01	3.68
资产负债率	150.20%	122.41%	108.36%

2019年，省海运集团下属所有企业采取多项举措优化经营管理，实现全面盈利，“一个也不能少”的目标再次达成，实现子公司全面盈利。船务管理公司新增册子岛矿产物流业务，并拓展租船和港口代理业务，实现营业收入1350万元、净利润54万元；宁波物流公司赢得对韩国天敬海运（CK）新开宁波至日本韩国航线的船舶代理业务，实现营业收入44504万元、净利润169万元；温州货运加强与温州其他货运代理企业及货运平台相关企业的互动，提高企业核心竞争力，保持内支线业务增长，实现营业收入10634万元、净利润246万元；温州船员培训公司模拟器投用后，海进江培训加收了实训费，实现营业收入235万

元、净利润25万元；天津分公司在发挥集团公司与北方港口、货主和海事部门联系的桥梁作用的同时，开展对外服务以增加收入，年营收创新高，实现营业收入1160万元、净利润34万元。

在航运业务方面，改革重组前后，省海运集团货运量、货物周转量均呈现上升趋势，货运量从2016年的1404.91万吨增长到2017年的2128.54万吨，货物周转量从2016年的114.57亿吨公里增长到2017年的350.99亿吨公里。表5-5为浙江省海运集团有限公司2016—2018年货运量与货物周转量统计表。

浙江省海运集团有限公司2016—2018年货运量与货物周转量统计　表5-5

项　目	2016 年	2017 年	2018 年
货运量（万吨）	1404.91	2128.54	2290.72
货物周转量（亿吨公里）	114.57	350.99	389.32

第十四节　编制行动纲要　建立指标体系　省海运集团向一流企业进发

2017年10月底，省海运集团召开2017年度务虚会议，首次提出要在“十三五”末打造全国一流航运企业的目标。随后在2018年年度工作会议及半年度工作会议上，先后提出了“必须要有具体的指标”的思路，以及实现“管理一流、业绩一流、队伍一流、文化一流、党建一流”五个一流的具体目标。

2018年5月11日，浙江省委书记车俊到省交通集团调研，对省交通集团发出了“当好全省交通建设主力军，勇当国企改革发展排头兵，争做世界一流企业”的动员令，为贯彻落实车俊书记重要讲话精神，进一步推动集团更高质量、更快速度发展，省交通集团制定了《当好交通建设主力军 勇当改革发展排头兵 争做世界一流企业行动纲要》。鉴于此，省海运集团在前期完成走访调研、对标优秀企业的基础上，结合自身航运经营实际，制定了《当好海洋强省主力军 勇当改革发展排头兵 打造一流航运企业行动纲要》（以下简称“《行动纲要》”）。《行动纲要》以习近平新时代中国特色社会主义思想和十九大精神为指引，以车俊书记对省交通集团“争做世界一流企业”的指示为要求，

既具体细化了近期以实现“管理一流、业绩一流、队伍一流、文化一流、党建一流”五个一流为目标的相关工作，又着眼长远，明确“十三五”“十四五”发展目标，确立到2020年底实现国内一流航运企业和到2025年底实现国际一流航运企业的两步走实施战略。

为使《行动纲要》按期实施，且更具可操作性，省海运集团专门成立了指标体系编制小组，充分听取各部门、各单位的意见建议，最终经过多次反复讨论，在2019年3月，研究建立并出台了《浙江省海运集团有限公司创建一流航运企业指标体系》（以下简称“《指标体系》”），将争创一流企业从一句口号变成客观的标准。《指标体系》共设置了129项具体指标，其中36项公司级指标，93项部门级指标，涉及公司管控、财务、安全、经营发展、人才队伍、企业文化、从严治党等多个方面。省海运集团也成为在省交通集团内第一家率先出台具体指标体系，有效落实省交通集团“争创世界一流”目标的企业。

2019年全年，省海运集团上下围绕《指标体系》的量化指标，通过定期对标对表、查找差距、补齐短板、落实整改，做到执行一流指标体系不偏离，有效将纸上数据转化为企业经营发展实际，成效显著：建立健全适应市场化经营的母子公司治理结构，拥有完善的部门建制、合适的人员配置，建立并实施了完整的风控体系，落实了决策100%法律前置和风险评估，实施了成本领先战略，获得并保持了“国一级”安全标准化资质，进一步巩固散货主业，开展了租船业务，与交通资源公司在舟山册子岛协同经营发展，企业商标注册完成，子分公司全面盈利等。

第十五节　以安全之名　筑牢企业生命之基

安全工作永远是企业经营发展的生命线。省海运集团始终坚决贯彻落实党中央国务院、浙江省委省政府关于安全生产工作的重要部署决策，牢固树立“生命至上，安全发展”的理念，积极推动企业全员安全生产责任制，强化问题导向、现场检查和隐患整治，持续提升安全生产管控能力，全力保障公司安全有序发展。

2016年，G20峰会在杭州召开。会议前夕，如何平稳推进水运板块改革重组、确保峰会顺利召开成了省海运集团的核心课题。公司上下高度重视安全、综治维稳工作，在改革重组期间，强化安全保障工作、落实停航船舶安全保障措施，制定出台《改革重组期间安全保障方案》《停航船舶安全防污染管理制度和应急预案》和《船舶停航实施计划》，有序实现了破产清算企业船舶的全面停航，并在省交通集团的支持下及时为停航船舶提供资源支持。在两家企业宣布破产时，立即组建船员队伍并完成原有全部船员的更换，避免破产期间发生船员思想动荡，为省海运集团改革重组工作提供安全稳定的基础。峰会召开前夕，省海运集团开展了“平安护航G20”的主题活动，结合公司安全生产实际，对公司船舶和基层单位的薄弱环节进行了进一步梳理排查，及时消除设备缺陷和安全隐患，并主动配合海事局实施对入浙船舶开展专项安全监管工作，严格按要求办理船舶签证、履行船上人员信息专项报告手续，确保峰会期间进入浙江的船舶及船员信息准确无误。在强有力的安全措施保障下，省海运集团改革重组工作平稳有序推进，在G20峰会召开期间没有发生一起涉及安全生产、综治维稳事件。

安全制度建设是省海运集团历年的工作重点。在公司安委会的指导下，省海运集团建章立制，进一步提高安全生产标准，陆续编制形成关于安全生产的制度20余个，修订、完善各类安全制度50余次，从落实各部门、各子（分）公司安全生产责任、消除安全管理盲区的角度出发，开展各类安全生产工作，形成了各司其职、密切合作、齐抓共管的管理局面。尤其是在2018年，省海运集团针对长江航道复杂多变、通航密度大、汛期水流急、航行安全风险高、易发生事故险情的特点，成立编制小组，在充分开展实地调研和仔细论证的基础上，结合船舶操作实际，组织研究编制《长江航道船舶航行安全操作指南》，并落实相应安全防范措施，控制和避免事故的发生。2019年，公司安委会决定在坚持安全月度会的基础上，建立半月度安全协调会制度，着重研究解决船岸关于生产、资金、从业、网络“四个安全”方面的工作，协调各部门通力合作提高效率。

省海运集团每年强化安全主体责任，年初由安委会负责指导对当年安全生产管理目标进行修订完善，提出具体的安全管理目标和工作要求，并逐级与各子（分）公司签订《安全生产管理目标责任书》。在2018年初更是出台《落

实全员安全生产责任制实施方案》，通过公司与部门、部门与员工、公司与船舶、船舶与船员层层签订《安全生产责任书》及全员缴纳安全风险抵押金等方式，切实推进全员安全生产责任制的落实，形成“层层负责、人人有责、各负其责、各尽己责”的责任体系。

由于海运行业的高风险性和特殊性，省海运集团高度重视对危险源辨识和风险控制工作，针对海盗、大风浪等特殊航线和红土镍矿等易流态货物，严格执行单航次风险评估，针对薄弱环节制定相应的防范措施，提高安全等级，充分保障船舶的安全营运。在海运新平台建立后，省海运集团每年组织船舶开展船舶失控、人员落水、海上救助等项目的船岸联合应急演习，并评估演习情况，提出改进建议，发布演习通报，以进一步提高公司船岸的应急反应能力，也为承担社会责任做好准备。日常的训练不仅能收获自身的平安，也可以挽救他人的生命。2019年5月，“浙海169”轮在菲律宾附近的洋面上遭遇海盗追击，在全体船岸人员的共同努力下，成功阻止海盗登船，保护了船员的人身和财产安全，也充分证明了应急演练的重要性。此次事件被人民网等国家级媒体平台广泛报道，为省海运集团树立了良好的企业形象。2018年，省海运集团船舶“浙海517”轮和“浙海520”轮积极参与海上救助，在江苏盐城外海水域参与遇难船舶的搜救工作，并协助成功营救10名落水人员，充分展示了公司船岸的应急处置能力，也赢得了当地海事部门、获救船员和家属的高度赞赏。

这些表扬和点赞的获得，离不开省海运集团不断完善的安全管理体系，也离不开省海运集团创新推行的安全生产标准化建设。在2014年开展实体化管理，并探索实施集约化经营阶段，省海运集团就着手编制了安全管理体系文件，并每年进行1～2次的修订工作，逐步完善和提高了公司船舶的安全管理工作。针对船舶的内外审情况、事故及险情情况、不符合规定情况、安全检查情况、船舶及设备维护情况等要素，每年组织实施SMS有效性评价，对船舶的安全管理目标实现情况进行客观评价，并根据最新生效的国际国内法规、标准和建议性指南等，及时规范安全管理体系文件，使之具有更强的符合性和操作性，成为船舶安全管理的可靠依据，促进企业安全管理水平的进一步提高。2016年，为进一步夯实基层安全基础，全面推进公司安全生产标准化建设，省海运集团安委会制定了《安全生产标准化深化建设年指导意见》，并组织全员

开展了“深化建设年”活动。经过全年的努力，提升了公司岸基和船舶安全工作的基本功，实现了安全生产标准化、规范化、程序化和精细化管理，确保了安全生产与生产经营同步协调发展。2017年，省海运集团又按照“标准要求再提升，全员参与再提升，过程管控再提升，全面覆盖再提升”的“四个提升”工作要求，开展了“安全生产标准化提升”活动和“应知应会、知责履责”活动。通过专项活动的扎实开展，进一步打实了安全生产基层、基础、基本功“三基”工作，进一步强化了安全生产标准化建设常态化工作举措。2017年10月，省海运集团顺利承办了省交通集团安全生产标准化建设现场会（图5-9），以“浙海516”轮为样板船，重点巩固和提升其余各船舶目视标准化工作成效，与会集团领导和各兄弟单位同仁对省海运集团安全生产标准化工作予以高度评价。

图5-9　省交通集团安全生产标准化建设现场会

2018年，省海运集团进一步提高目标，将实现安全生产标准化“国一级”资质作为重点工作。公司制定了《安全生产标准化“国一级”达标评价实施方案》，广泛动员，充分准备，最终在5月顺利通过中国船级社组织的达标评价，取得935分（满分1000分）的较好成绩，获得交通运输企业一级水路运输达标证书，为公司进一步规范安全管理、打造一流航运企业打下坚实基础。2019年也顺利通过了资质年审。

与此同时，省海运集团针对岁末年初、“两会”“进博会”“世界互联网大会”等常年重要时间段，做好隐患排查治理，以“四不两直”的工作方式，

开展安全检查；针对雾季、“三防”、冬季等季节性的安全工作，突出“早、实、细、准”四字方针，强化船岸员工安全防范意识和操作技能，保障船舶营运安全。

第十六节　党建标准化、监督常态化、文化特色化“三驾马车”助力企业持续发展

在开展党的群众路线教育，落实“三严三实”“两学一做”“不忘初心、牢记使命”主题教育要求中，省海运集团党委始终带头学习十八大、十八届三中全会、十九大、习近平新时代中国特色社会主义思想、新党章等先进思想和政策方针，始终坚持以从严从实的标准来指引各项工作开展，切实树牢“四个意识”，坚定“四个自信”，坚决做到“两个维护”（图5-10）。

图5-10　省海运集团本部全体党员在南湖纪念馆前开展党员活动

水运板块改革重组时期，省海运集团党委紧紧围绕改革重组这一中心任务，全面部署推进“两学一做”学习教育和“不忘初心、牢记使命”主题教育，通过主抓党建工作来“把方向、促改革、带队伍、保稳定”，进一步加快清理“僵尸企业”，持续高质量推进五洲公司、温州海运、台州海运3家公司的破产清算工作。在此过程中，省海运集团党委始终坚持深化“两项机制、五项工作”的具体举措，即深化接访机制、深化例会及报告机制，落实职工接待工作、落实上门（船）宣讲工作、落实舆情处置工作、落实综治维稳和安全生产工作、落实反馈职工诉求工作。全体党员干部更是带头啃“硬骨头”，以“主动下访、主动梳理、主动介入”（即：主要领导主动带头下访，把问题矛盾解决在基层；主动梳理历史遗

留问题，反复论证确保政策方案切实可行；纪委主动介入，对改革重组和员工安置过程全程监督）为总方针，全力攻坚克难，引导员工依法行使权力、表达诉求、解决纠纷。经统计，两地接访在岗职工、离退休职工、退养职工等各类人员超过4500人次，上船、上门走访宣讲超过40艘次，共通过微信公众号发布改革动态54篇。且省海运集团因结合“两学一做”积极宣传引导外部舆论，被中国共产党新闻网评为2016年度全国100家“优秀党建云平台暨基层党建宣传示范单位”。

海运新平台成立后，省海运集团党委从体制机制抓起，明确党建工作责任、规范和要求，主动落实党的十九大、浙江省第十四次党代会的精神，围绕企业扭亏为盈中心任务取得了实效。首先是健全完善基层组织。省海运集团坚持“一切工作到支部”的原则，针对改革重组后新建成及新加入的公司，结合实际设立了1个党总支、3个直属党支部，并且针对船舶党建难题，研究设立了流动船员党支部，在各船舶设立党小组，并由支部书记担任船队政委，加强船员思想政治工作。通过全面落实“三会一课”制度和开展与经营管理相契合的主题党日活动，实现了基层党建从零到组织生活基本正常化的进步。在这之中，广大党员同志充分发挥了先锋模范作用，在企业急、难、险工作中表现突出，如在“浙海511”轮海上抢修工作中，党员业务骨干冲锋在前，前往一线进行修理作业，切实发挥了重要作用，有效将船舶损失降到最低。其次是创新党建工作载体。省海运集团党委针对海运新平台在经营管理方面面临的难题，按照“抓品牌、重创新、出成效”的思路，在2017年打造了“党建+减亏增效”品牌，把党建的重点指向扭亏为盈目标，教育引导党员干部带头投身新平台建设，涌现出一批拥护党委决策部署、积极投身船舶管理、加班加点完成任务的优秀员工。针对企业需要高质量发展，2018年打造“党建+效益再提高”品牌，充分发挥党组织和党员作用提质增效，进一步以党建促进企业经营管理，实现了业绩历史新高。针对省海运集团争创全国一流企业的目标，2019年又提出打造“党建+一流企业创建”的品牌，以一流指标体系查找不足、补齐短板，实现了一系列量化指标的落地。再次是打造基层党支部标准化建设。基层党支部是省海运集团党委发挥“把方向、管大局、保落实”作用的基础，各支部按照“党建一流”基层党建标准化达标率100%的要求，提升自身基层组织、

基础工作和基本能力，尤其是集团本部各支部，以支部品牌建设为抓手，切实夯实了支部工作基础，为党建进一步融入中心奠定了基础。

执纪监督方面，省海运集团始终围绕坚持党要管党、全面从严治党这条主线，抓住权力监督、风险防控这一关键，积极探索现代公司治理结构下国有企业反腐倡廉新路子，大力营造干部清正、企业清廉、文化清新、政治清明的海运好生态，为建设和发展好海运新平台提供坚强的政治和纪律保障。省海运集团纪委每年认真履行党风廉政建设监督责任，围绕年度中心任务，将廉政监督深入到生产经营管理的重点环节和关键领域，并确保常态化和长效性，努力营造廉洁企业氛围。

省海运集团纪委在这十年间，聚焦重点问题强化监督，及时处置不合格党员1人、及时催收党员补缴党费26人次；聚焦权力运行强化监督，围绕“三重一大”事项决策、选人用人、航运管理、财务管理、油料供应、船舶修理等方面，每年开展廉洁风险排查，尤其是在海运新平台建立的第一年，针对新员工新岗位的实际，覆盖排查116个岗位、438名员工，列出廉洁风险点158个，提出防控措施300余项，做到部门和员工岗位全覆盖、无盲区；聚焦监督执纪“四种形态”，重点在抓“常”、抓“早”、抓“小”、抓“严”上下功夫，加大执纪力度，做到船上、岸上执行党的纪律无禁区、全覆盖、零容忍，对违反纪律的行为发现一起、查处一起，查处涉及聚众赌博、公车私用、利益输送等各类违纪事件。

为加强纪检监督和效能监察力度，2017年，省海运集团党委制定《巡察工作办法（试行）》（浙海党〔2017〕25号），指导纪委依托纪检监察审计部，创新设立巡察室，以问题为导向对生产管理各环节进行巡察。2017年全年，共实施开展了8个巡察项目，主要涉及船舶油料使用和采购、船舶进厂修理、航运商务合同、基层党建、船舶备用金使用与管理等问题。根据巡察情况，对相关单位、部门和船舶提出了整改要求和效能提升建议，不仅有效地促进了燃油、滑油、厂修采购成本的降低，而且提升了全体员工的廉洁从业意识，营造廉洁从业的良好文化氛围，也促进了公司管理的加强、制度的完善、效能的提升。同年，省海运集团还分别在办公场所各楼层及“浙江海运”微信公众号上设立了董事长信箱，通过线上、线下两种方式听取广大员工对公司经营发展的意见和建议，拓宽了诉求反映渠道。

2018年4月，为全面贯彻落实上级“清廉”建设，省海运集团党委结合自身实际，研究制定《“清廉海运”建设实施办法》（浙海党〔2018〕14号），提出了实现“队伍廉、生产稳、行风正、监管严”的目标。在落实过程中，省海运集团各支部依托“三会一课”、主题党日等组织形式教育引导党员、干部加强学习；利用“浙江海运”微信公众号等媒体阵地加强“清廉海运”宣传；通过抓廉洁警示教育、干部廉洁谈话、“微廉课”等活动，使全体干部群众的廉洁意识入脑入心。同时，省海运集团将廉洁文化建设带进办公区、带进船舶、带进基层单位，尤其是各船舶一线统一制作了“清廉海运”船舶公示栏，成功打造廉洁文化阵地，“浙海105”轮更是在2019年荣获省交通集团船舶廉洁文化示范点。

文化建设方面，省海运集团将航运行业的特色融入自身企业文化之中，在省交通集团“同责、同心、同创”和“家”文化总体框架下，创立了“同舟共济”海运文化，这也成为浙江海运人的共同追求。

为大力弘扬和践行“同舟共济”海运文化，省海运集团自2017年起将每年的9月12日设为“公司日”（图5-11），并分别在船岸举办了包括爱国爱司教育、回顾企业发展历程、弘扬同舟共济文化等10个主题活动来庆祝海运人自己的节日。无论是外聘船员还是企业员工，都积极参与，乐在其中。集团本部还成立了12个兴趣小组（图5-12、图5-13），并鼓励船舶适当开展业余活动，以文化凝聚人心，以文化助推生产。

图5-11　2017年第一届“公司日”活动暨第一期“明星船长”表彰

图5-12　集团本部兴趣小组活动1

图5-13　集团本部兴趣小组活动2

除此之外，省海运集团重点推进了《企业文化手册》的编制工作。2017年11月，经各支部开展企业文化大讨论，组织全体员工充分研究后，最终形成并制定了《企业文化手册》（浙海党〔2017〕52号），进一步描绘了公司的企业愿景、使命和目标，进一步明确了企业的核心价值观，并以“同舟共济”企业精神为内在基因，确定了包括经营、管理、发展、安全、人才、廉洁等六大理念。《企业文化手册》的制定不仅将省海运集团长期模糊化的文化理念进行了精准定位，也为省海运集团自己的文化建设提出了具体的考量标准，归纳为“六个有”，即工作业绩要有声有色，同事关系要有情有义，公司生活要有滋有味。

为争创全国一流航运企业实现“文化一流”目标，省海运集团利用“公司日”和建设“美丽船舶”双载体，深入推进公司企业文化、党群文化、廉洁文化示范点建设，并以此为抓手，促进企业文化、党群文化、廉洁文化在员工中落实生根，助力实现“文化一流”目标，为省海运集团深化改革、创新发展，争做“全国一流航运企业”提供思想保证和文化支撑。

第十七节　稳扎根基、循序渐进　开启资产证券化之路

2016年，省交通集团在“十三五”规划中将省海运集团定位为“交通投资集团水运板块业务的发展平台”。经过2017年的海运新平台成立并扭亏为盈、

2018年的提质增效再创新高和2019年的争创一流持续盈利，省海运集团的企业面貌焕然一新，如何谋划未来持续高质量发展，打造“百年浙江海运”成为全体海运人的共同课题。

省海运集团在“十三五”规划以及争创一流企业行动纲要中，都提出了要加快推进资产证券化、争取上市的思路。2019年初，省交通集团和省海运集团两级领导班子共同研究谋划省海运集团未来发展思路和方案，分别前往江苏远洋、宁波海运等企业了解整个行业和市场情况，提出了3套发展方案，并最终确定采用集团内部整合的方式，通过在省交通集团内部找一家上市公司作为平台进行资产证券化，从而让省海运集团进入资本市场。至此，省海运集团正式开启了资产证券化之路。

6月初，经省海运集团董事会研究同意，将省海运集团下属的浙江大酒店公司100%股权转让给浙江沪杭甬高速公路股份有限公司。转让完成后的省海运集团，资产负债率得到了大幅降低，从原有的108.32%降至76.17%，资产结构明显改善，为后续资产证券化及资本运作提供了有利条件。

10月12日，省交通集团召开五届十次董事会，专题研究并审议通过了省海运集团资产证券化实施方案。省海运集团根据决议部署，主动做好减少注册资本、处置不良资产、开具合规证明、配合尽职调查等一系列资产证券化配套工作。省海运集团以此为契机，进一步完善现代企业制度和治理体系，强化市场化意识和风险防范能力，实现企业经营效率和管理效益“双提升”。

第十八节　坚持以高质量为核心　科学谋划企业未来发展　努力打造“百年浙江海运”

省海运集团十年的改革历程，不仅换来了如今优良的经营业绩、完善的管理体系、专业的人才队伍、平稳的安全环境和独特的企业文化，还为未来高质量科学发展提供了基础保障（图5-14～图5-17，表5-6～表5-9）。

2019年，省海运集团在积极配合做好资产证券化的同时，主动作为，积极谋划企业未来发展。省海运集团以散货运输主业为中心，按照轻资产发展思

路，成立租船部，正式启动租船业务，以“两头在外”的模式在第一年就实现盈利，进一步拓展了经营渠道，提高了企业市场竞争力和抗风险能力。

针对省海运集团部分船型老旧、高能耗的弊端，成立船舶资产管理部，主动调研造船市场行情，确定选择经济、节能型船舶置换老旧船舶，且努力确保每年更新一条的目标，进一步调整运力结构，顺应交通强国绿色航运的发展理念。2020年3月，经省交通集团董事会审议，同意省海运集团建造2艘51000吨内贸散货船置换现有存量的2艘27000吨内贸散货船。7月6日，省海运集团通过公开招投标方式确定了造船合作方，正式开启运力更新计划。同时，省海运集团考察了欧洲的化学品船市场，将在未来十年内逐步发展第二主业船队，以投资专业企业股权的方式进入化学品船市场，并通过建造或购买的方式开展经营合作。

人生七十古来稀，海运七十正峥嵘。

回望历史，七十年的筚路蓝缕、七十年的砥砺前行、七十年的风雨兼程。在这七十年的岁月里，省海运集团与祖国同命运、共成长，一代代浙江海运人用自己的汗水和生命铸就了一个个辉煌时刻，也让省海运集团与祖国大地一样，发生了沧桑巨变。今天的浙江海运，积累了丰富的航运经营经验，培养了大量的船舶营运人才，保障了浙江省社会经济的发展，壮大了浙江省水上运输的整体实力。今天的浙江海运在祖国母亲的孕育下，已从一艘“小木船”成长为“万吨巨轮”！

展望未来，省海运集团将全面实现全国一流航运企业目标，并在此基础上，向世界一流企业迈进，成为一家治理与管控能力强、产业经营与资本运营能力突出、企业形象和品牌在国际上具有较高知名度、综合实力达到同行业国际一流水平的大型航运企业！

全体浙江海运人将以习近平新时代中国特色主义思想为指引，不忘初心、牢记使命，将秉承“同舟共济”的精神，以时不我待的工作热情投入到建设“百年浙江海运”的事业中去，共同谱写省海运集团绚烂华章！

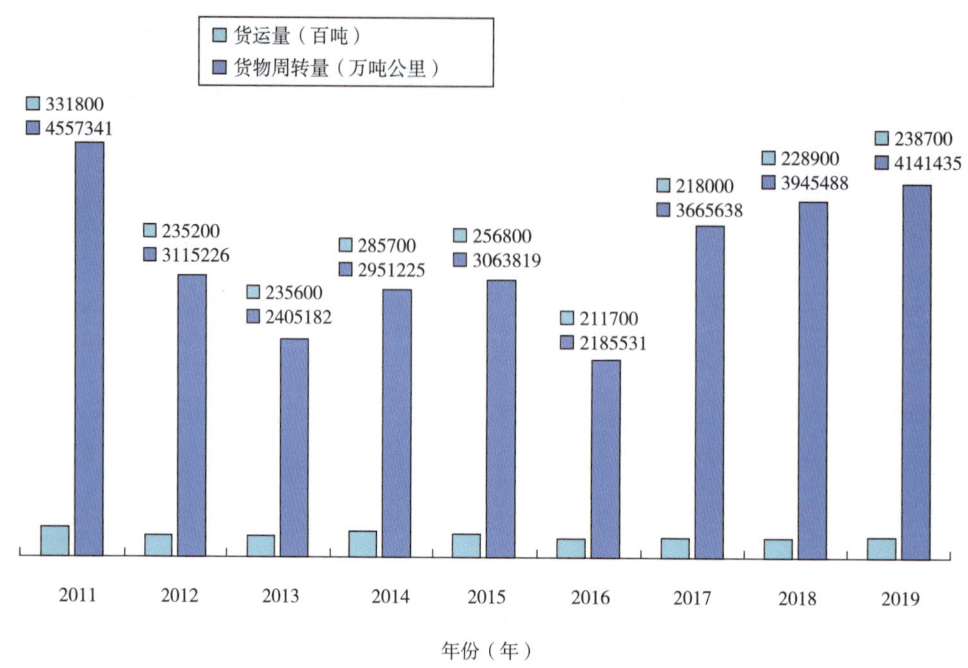

图5-14　浙江省海运集团有限公司期间（2011—2019年）货运量和货物周转量图

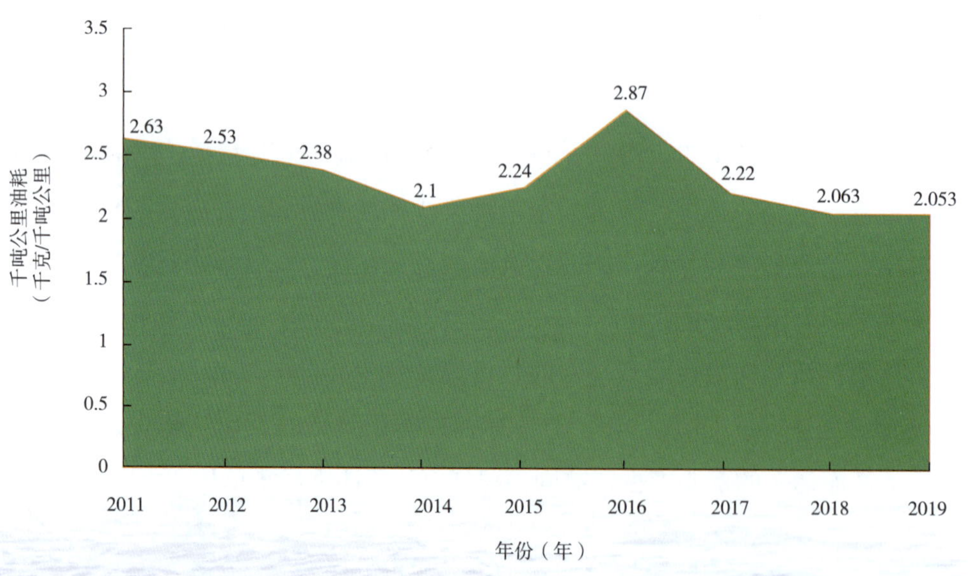

图5-15　浙江省海运集团有限公司期间（2011—2019年）船舶千吨公里油耗图

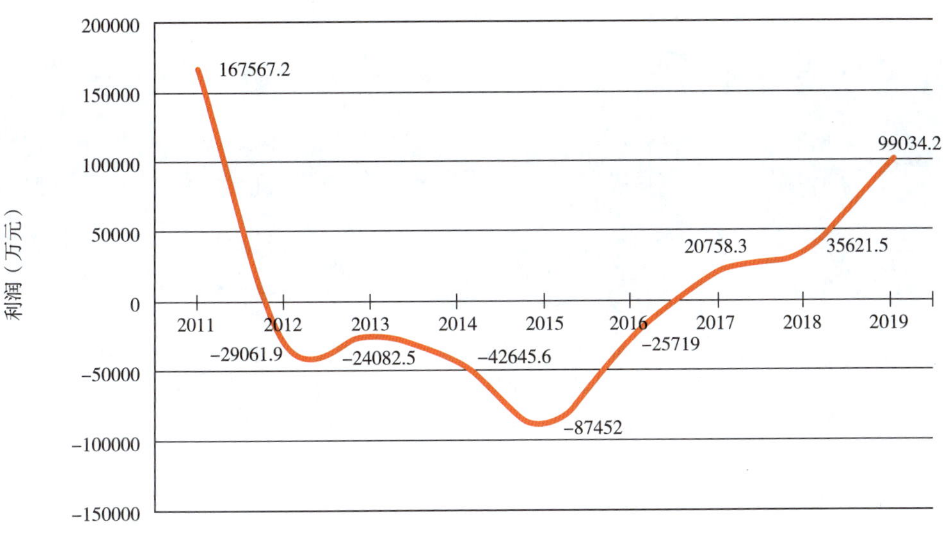

图5-16　浙江省海运集团有限公司期间（2011—2019年）利润表

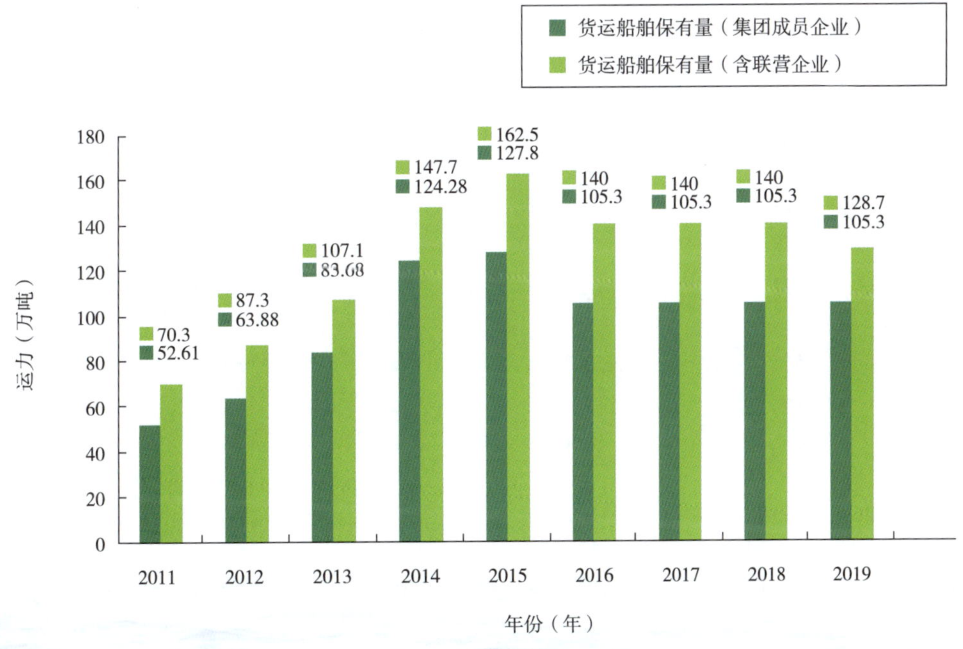

图5-17　浙江省海运集团有限公司期间（2011—2019年）货运船舶保有量图

企业历年完成客货量情况一览表　　表5–6

年度（年）	客运		货运		年度（年）	客运		货运		年度（年）	货运	
	客运量	旅客周转量	货运量	货物周转量		客运量	旅客周转量	货运量	货物周转量		货运量	货物周转量
	万人	万人公里	万吨	万吨公里		万人	万人公里	万吨	万吨公里		万吨	万吨公里
1979	2730	61289	983	227444	1995	179	22568	663	753021	2011	3318	4557341
1980	2987	70714	972	226367	1996	152	18649	739	939721	2012	2352	3115226
1981	3156	75339	982	225500	1997	114	15797	774	941291	2013	2356	2405182
1982	3140	77643	1078	248849	1998	101	13461	793	956978	2014	2857	2951225
1983	2991	79939	1132	284285	1999	101	12013	832	1045096	2015	2568	3063819
1984	3286	92813	1247	331008	2000	86	10671	1050	1315131	2016	2117	2185531
1985	3015	78400	1180	319200	2001	82	9946	1219	1511934	2017	2180	3665638
1986	2781	89281	1390	405356	2002	79	8624	1403	1793294	2018	2289	3945488
1987	2241	83206	1444	483587	2003	55	5751	1658	2330443	2019	2387	4141435
1988	1936	74511	1359	437428	2004	8.9	1844	2060	2865687			
1989	1483	63222	1313	477490	2005	1.5	33	1208	1503684			
1990	289	25657	393	278663	2006	0	0	1978	2799095			
1991	307	28352	425	371270	2007	0	0	2321	3330000			
1992	326	29958	464	435504	2008	0	0	2422	3259107			
1993	314	28584	508	520432	2009	0	0	2290	3551613			
1994	235	25099	587	633025	2010	0	0	2828	4394157			

企业历年船舶（运输机动船）保有量一览表　　表5-7

年度（年）	年末船舶实有数（含联营公司）				其中：集团成员企业船舶实有数			
	艘数	净载重吨	客位（座/卧）	主机功率（千瓦）	艘数	净载重吨	客位（座/卧）	主机功率（千瓦）
1978	308	48240	19200	47585	308	48240	19200	47585
1979	409	52390	28829	59128	409	52390	28829	59128
1980	395	46994	29412	57474	395	46994	29412	57474
1981	406	48978	29167	61124	406	48978	29167	61124
1982	446	59725	31350	69284	446	59725	31350	69254
1983	451	67225	32787	72755	451	67225	32787	72755
1984	452	67416	31637	69554	452	67416	31637	69554
1985	457	97697	32838	79114	457	97697	32838	79114
1986	441	111264	32514	83870	441	111264	32514	83870
1987	426	136989	32626	95760	426	136989	32626	95760
1988	411	141080	28358	92411	411	141080	28358	92411
1989	381	115717	26136	81187	381	115717	26136	81187
1990	83	114920	10513	60351	83	114920	10513	60351
1991	83	119408	10363	62227	83	119408	10363	62227
1992	84	128609	10211	66929	84	128609	10211	66929
1993	80	148834	9382	75264	80	148834	9382	75264
1994	69	175866	7651	85798	67	155470	7651	78593
1995	65	200353	7159	94531	63	175235	7159	86667
1996	56	202231	5720	94062	54	169281	5720	84307
1997	53	197294	5117	90618	51	164344	5117	80863
1998	51	223475	4875	98923	49	159975	4875	80965

续上表

年度（年）	年末船舶实有数（含联营公司）				其中：集团成员企业船舶实有数			
	艘数	净载重吨	客位（座/卧）	主机功率（千瓦）	艘数	净载重吨	客位（座/卧）	主机功率（千瓦）
1999	48	265337	3707	107406	45	158837	3707	80696
2000	52	329542	3851	132570	48	194342	3851	98799
2001	54	412222	2994	150997	50	247847	2994	114655
2002	54	513444	2264	160313	49	302825	2264	116851
2003	50	592904	1410	174184	44	356477	1410	126406
2004	56	754021	992	208604	48	477719	812	151281
2005	53	741341	812	201128	45	465039	632	143805
2006	39	632776	418	158838	28	263174	418	82858
2007	40	759662	0	174728	26	333007	0	87108
2008	40	737914	0	166897	25	331593	0	85757
2009	38	926956	0	182622	25	486218	0	102216
2010	40	1085780	0	202338	26	618379	0	117532
2011	26	703453	0	149839	22	526185	0	123383
2012	29	874254	0	160894	24	638878	0	135624
2013	32	1071217	0	189859	28	872171	0	155109
2014	40	1477082	0	250601	35	1242835	0	209371
2015	43	1624956	0	274081	36	1278590	0	215851
2016	29	1399384	0	226105	24	1053019	0	167875
2017	29	1399384	0	226105	24	1053019	0	167875
2018	29	1399384	0	226105	24	1053019	0	167875
2019	29	1399384	0	226105	24	1053019	0	167875

企业历年船舶（柴油轮）千吨公里油耗一览表　　表5-8

年度（年）	船舶单耗（柴油轮）（千克）			年度（年）	船舶单耗（柴油轮）（千克）			年度（年）	船舶单耗（柴油轮）（千克）		
	沿海、内河合计	沿海	内河		沿海、内河合计	沿海	内河		沿海、内河合计	沿海	内河
1979	11.81	13.00	11.00	1993	6.26	6.22	43.45	2007	2.98	2.98	—
1980	11.52	13.56	11.20	1994	6.20	6.20	—	2008	2.89	2.89	—
1981	11.11	12.80	10.13	1995	5.71	5.71	—	2009	2.39	2.39	—
1982	10.85	12.83	9.70	1996	5.88	5.88	—	2010	2.14	2.14	—
1983	10.17	11.04	9.41	1997	5.84	5.84	—	2011	2.63	2.63	—
1984	8.94	8.90	8.98	1998	5.73	5.73	—	2012	2.53	2.53	—
1985	8.46	8.31	8.65	1999	5.60	5.60	—	2013	2.38	2.38	—
1986	8.32	8.20	8.47	2000	5.28	5.28	—	2014	2.1	2.1	—
1987	7,54	7.15	8.25	2001	5.04	5.04	—	2015	2.24	2.24	—
1988	7.22	6.88	7.91	2002	4.64	4.64	—	2016	2.87	2.87	
1989	7.36	7.08	7.88	2003	4.33	4.33	—	2017	2.22	2.22	—
1990	7.78	7.71	56.56	2004	3.84	3.84	—	2018	2.063	2.063	—
1991	7.12	7.06	67.41	2005	3.56	3.56	—	2019	2.053	2.053	—
1992	6.63	6.58	56.57	2006	3.30	3.30	—				

企业历年利润一览表 表5-9

年度（年）	利润（万元）	其中		年度（年）	利润（万元）	其中		年度（年）	利润（万元）	其中	
		沿海	内河			沿海	内河			沿海	内河
1979	1475.64	574	935	1993	1604.6	1604.6	—	2007	24825	24825	—
1980	1255.33	347.7	986	1994	1151.65	1151.65	—	2008	30941.6	30941.6	—
1981	1008.56	868.9	110.6	1995	0	0	—	2009	7878.78	7878.78	—
1982	1503.76	361.24	1149.76	1996	-1173	-1173	—	2010	38700	38700	—
1983	1380.44	343.39	1037	1997	12	12	—	2011	167567.2	167567.2	—
1984	1754.12	695.34	1058.78	1998	134.28	134.28	—	2012	-29061.9	-29061.9	—
1985	2363.38	1090.93	1272.45	1999	205.04	205.04	—	2013	-24082.5	-24082.5	—
1986	2409.52	1202.86	1206.66	2000	1432	1432	—	2014	-42645.6	-42645.6	—
1987	3023.94	1288.92	1735.02	2001	2724	2724	—	2015	-87452	-87452	—
1988	3082.82	1678.37	1404.45	2002	5736	5736	—	2016	-25719	-25719	—
1989	3397.12	2090	—	2003	6597.42	6597.42	—	2017	20758.3	20758.3	—
1990	1578.18	1578.18	—	2004	19959.9	19959.9	—	2018	35621.5	35621.5	—
1991	2088.48	2088.48	—	2005	6229	6229	—	2019	99034.2	99034.2	—
1992	1921.15	1921.15	—	2006	7440.1	7440.1	—				

附录1

公司成立以来的历任领导名录

附录1　公司成立以来的历任领导名录

一、浙江省海运集团有限公司

浙江省航务局/浙江省航运公司（1950.10—1951.01）

局　长、经　理：张志飞（1950.10—1951.01）

浙江省航务局/国营华东内河轮船公司浙江省公司（1951.01—1953.03）

局　长、经　理：张志飞（1951.01—1953.03）

浙江省航务局/国营浙江省内河轮船公司（1953.03—1953.06）

经　　　　理：岳启玉（1953.03—1953.06）

副　　经　　理：罗成义（1953.03—1953.06）

浙江省交通厅航运管理局/国营浙江省轮船公司（1953.06—1954.08）

局　长、经　理：姜　曦（1953.06—1954.08）

副　　经　　理：岳启玉（1953.06—1954.08）

胡　骏（1954.01—1954.08）

（1954.08—1964.06浙江省轮船公司撤销，业务并入浙江省交通厅航运管理局）

浙江省交通厅航运管理局/浙江省轮船运输公司（1964.06—1965.11）

局　长、经　理：黄志裕（1964.06—1965.11）

副局长、副经理：胡　骏（1964.06—1965.11）

副局长、副书记：张明堂（1964.06—1964.10）

副　　书　　记：张立忠（1964.07—1965.11）

浙江省交通厅航运管理局/浙江省航运公司（1965.11—1968.06）

局　长、经　理：黄志裕（1965.11—1966.08）

副局长、副经理：胡　骏（1965.11—1971.01）

副局长、副书记：张明堂（1965.11—1971.01）

浙江省交通厅航运管理局/浙江省航运公司“革命委员会”（1968.07—1970）

主　　　　任：贾汝海（1968.07—1970）

副　主　任：陈剑明（1968.07—1969）

韩一中（1968.07—1969）

（1971.01—1978.10企业下放，属地管理）

浙江省交通厅航运管理局/浙江省航运公司（1978.11—1983.12）

副局长、副经理：胡　骏（1978.11—1983.01）

徐甲乙（1978.11—1980.11）

副　经　理：周志卿（1980.07—1983.12）

邹连坡（1980.01—1983.12）

金孝毅（1983.10—1983.12）

浙江省航运公司（1984.01—1990.06）

经　　　　理：庄　钠（1984.01—1990.06）

书　　　　记：谢道生（1987.11—1990.06；1986.05副书记）

副　经　理：胡　骏（1984.01—1984.10）

金孝毅（1984.01—1990.06）

温超祥（1984.01—1984.09）

马　光（1984.10—1990.06）

傅世瑶（1986.04—1990.06）

副　书　记：钱治华（1978.11—1984.10）

邵恕棠（1984.10—1990.06）

总　船　长：李一民（1983.12—1985.10）

张德懋（1986.01—1990.06）

总 工 程 师：王世荣（1986.01—1990.06）

浙江省海运总公司（1990.06—1999.12）

总　经　理：姚兴汉（1990.06—1998.04）

杨建雄（1998.04—1999.12）

党 委 书 记：邵恕棠（1990.12—1994.02；1990.06副书记）

姚兴汉（1994.02—1999.12）

副 书 记：蒋　琪（1991.01—1995.04）
杨江宁（1995.04—1998.07）
副总经理：金孝毅（1990.06—1993.02）
吴成义（1989.10—1999.12）
颜献勇（1992.11—1999.12）
任培坤（1990.10—1996.11）
周立民（1993.09—1999.10）
总 船 长：张德懋（1990.12—1991.11）
姚寿根（1996.01—1999.12）
总经济师：温超祥（1990.12—1994.02）
总工程师：程良珏（1992.05—1994.02）
工会主席：马　光（1991.04—1995.07）

浙江省海运集团有限公司（1999.12—2020.6）

董 事 长：杨建雄（1999.12—2007.12）
单树林（2007.12—2012.04）
郑晓岗（2012.04—2014.09）
潘朝刚（2014.10—在职）
副董事长：潘朝刚（2014.04—2014.10）
总 经 理：杨建雄（2001.02—2007.12）
郑晓岗（2007.12—2014.04）
潘朝刚（2014.04—2014.10）
陈　金（2015.06—在职）
党委书记：姚兴汉（1999.12—2000.11）
杨建雄（2001.02—2007.12）
单树林（2007.12—2013.01）
郑晓岗（2013.01—2014.09）
潘朝刚（2014.10—在职）
副总经理：吴成义（2000.02—2001.05）
徐光晓（2001.05—2012.12）

骆永法（2009.03—2014.09）
陈　金（2012.03—2015.06）
杨　剑（2010.12—2017.03）
缪克俭（2014.10—2018.12）
杨再刚（2016.04—在职）
郑和通（2019.01—在职）

副　书　记：杨江宁（2001.05—2009.04）
缪克俭（2009.04—2014.10；同时任纪委书记）
周晓阳（2014.10—2017.07；同时任纪委书记）
陈　金（2017.11—在职）
缪克俭（2018.12—在职；同时任纪委书记）

总　船　长：姚寿根（2000.07—2005.07）

二、浙江省海运集团温州海运有限公司

温州市航政办事处/浙江省航运公司温州分公司（1950.11—1952.06）

副　经　理：高　峰（1950.11—1952.06）

温州航管处/国营华东内河轮船公司温州分公司（1952.07—1953.11）

经　　　理：田　英（1952.07—1953.02）
副　经　理：谢盛美（1952.07—1953.11）

温州航管处/浙江省轮船公司温州分公司（1953.11—1957.12）

主　　　任：赵玉堂（1955.03—1957.12）
第一副主任：张桂生（1956.08—1957.04）
副　主　任：郑志偶（1953.07—1957.12）
副　主　任：尹亚洲（1953.07—1957.12）
副　经　理：谢盛美（1953.11—1954.08）

温州市航管处/温州轮船公司（1958.01—1958.04）

经　　　理：叶庆桂（1958.01—1958.04）

温州市交通运输管理局（1958.05—1962.10）

局　　　长：杨保田（1958.05—1962.10）

副　局　长：周仁居（1958.05—1962.10）

陈长学（1958.05—1958.12）

柳定甫（1958.05—1962.10）

吕　锐（1958.07—1962.10）

温州区航运局（1962.10—1964.12）

局　　　长：丁子寿（1963.11—1964.12）

书　　　记：杨保田（1963.03—1964.12）

副　局　长：周仁居（1962.10—1963.03）

吕　锐（1962.10—1964.12）

柳定甫（1962.10—1964.12）

纪　明（1963.10—1964.12）

温州区航运局/浙江省轮船运输公司温州分公司（1965.01—1966.01）

局　　　长：丁子寿（1965.01—1966.01）

书　　　记：杨保田（1965.01—1966.01）

副　局　长：吕　锐（1965.01—1966.01）

柳定甫（1965.01—1966.01）

纪　明（1965.01—1966.01）

温州区航运局/浙江省航运公司温州分公司（“革委会”、军管会）（1966.01—1971.03）

主　　　任：王宪荣（1968.11—1971.03）

第一副主任：杨保田（1970.03—1971.03）

副　主　任：纪　明（1968.11—1971.03）

刘福祥（1968.11—1969.12）

戴龙松（1968.11—1971.03）

夏振刚（1968.11—1969.08）

鞠德爵（1968.12—1970.01）

温州港务管理局/浙江省温州地区航运公司（“革委会”）（1971.03—1978.12）

主　　　任：杨保田（1971.10—1975.11）

第一副主任：李银喜（1971.10—1973.07）

副　　主　　任：于奉图（1971.10—1975.11）

姜逢春（1972.01—1975.11）

王茂华（1972.01—1975.11）

丁子寿（1972.11—1978.12）

吕　锐（1972.11—1975.11）

柳定甫（1972.11—1975.11）

温州港务管理局/浙江省航运公司温州分公司（1979.01—1985.07）

局　长、经　理：丁子寿（1979.07—1981.06）

游三豹（1983.01—1985.07）

副局长、副经理：陈鑫山（1983.01—1985.07）

姚兴汉（1983.01—1985.07）

蒋大迪（1981.06—1983.01）

李银标（1981.06—1985.07）

副　　经　　理：种敬义（1981.06—1985.07）

陈　阵（1981.06—1985.07）

梅仁生（1979.01—1981.06）

李润海（1981.06—1983.01）

王碎青（1979.01—1981.06）

浙江省航运公司温州分公司（1985.07—1989.05）

经　　　　　理：种敬义（1985.07—1989.05）

书　　　　　记：蔡甫枢（1985.07—1989.05）

副　　经　　理：陈鑫山（1985.07—1989.05）

郭　明（1985.07—1989.05）

周立民（1985.07—1989.05）

副书记、纪委书记：赵秀玉（1985.07—1993.03）

总　　船　　长：纪文礼（1985.07—1987.12）

总　工　程　师：秦景海（1985.07—1988.12）

浙江省温州海运公司（1989.05—1999.12）

经　理、书　记：蔡甫枢（1989.05—1993.06）

经　　理：叶克连（1993.07—1996.06）

杨建雄（1996.07—1998.04；1993.07副经理）

书　　记：朱少华（1996.03—2000.06；1993.03纪委书记）

副 经 理：周立民（1989.05—1993.06）

周　翔（1989.05—1993.06）

郭　明（1989.05—1993.06）

方明主（1993.07—1997.04）

李国华（1993.07—2000.06）

邵　涛（1996.07—2000.06）

副 书 记：柯立武（1989.05—1993.06）

纪委书记：凌周芳（1996.03—2000.06）

浙江省海运集团温州海运有限公司（2000.01—2016.12）

董 事 长：陈　金（2000.06—2015.06）

蒋昭进（2015.06—2016.03）

郑和通（2016.03—2016.10）

总 经 理：骆永法（2000.06—2009.03）

蒋昭进（2009.05—2015.06）

郑和通（2015.06—2016.03）

副总经理：陈　金（1998.04—2000.08）

邵　涛（2000.07—2013.03）

戴本孟（2000.07—2004.09）

蒋昭进（2000.07—2009.05）

潘瑞信（2009.09—2012.04）

黄修寅（2010.05—2016.10）

吴洪潮（2013.03—2016.10）

杨新清（2013.03—2014.11）

何金森（2013.03—2015.06）

郑敬德（2013.03—2015.06）

诸建云（2015.06—2016.10）

党 委 书 记：陈　金（2000.06—2013.03）

何金森（2013.03—2015.06）

蒋昭进（2015.06—2016.03）

郑和通（2016.03—2016.10）

副　书　记：徐庆桃（2020.06—2008.05）

纪 委 书 记：潘瑞信（2008.06—2014.04）

林候迪（2015.09—2016.10）

三、浙江省海运集团台州海运有限公司

浙江省台州专员公署航运管理局/浙江省台州地区航运局（1958.06—1959.02）

局　　　长：卢育生（1958.10—1959.02）

党支部负责人：李芝芬（1958.06—1958.08）

书　　　记：王家振（1958.08—1959.02）

浙江省温州航运管理局海门分局（1959.02—1959.12）

局 长、书 记：卢育生（1959.02—1959.12）

副　局　长：王家振（1959.02—1959.12）

副　书　记：李荣祥（1959.03—1959.12）

温州专员公署交通运输管理局海门分局（1959.12—1961.07）

局 长、书 记：卢育生（1959.12—1960.07）

副　局　长：王家振（1959.12—1961.07）

副　书　记：李荣祥（1959.12—1961.07）

浙江省海门航运管理局（1961.07—1963.01）

副　局　长：李芝芬（1961.09—1963.01）

副　局　长：王家振（1961.07—1963.01）

副　局　长：刘云奇（1962.02—1963.01；1963.02兼主任）

副　书　记：李荣祥（1961.07—1963.01）

浙江省海门航运管理局/浙江省轮船运输公司海门分公司/浙江省航运公司海门分公司/浙江省海门港务管理所（1963.01—1969.04）

书　　　记：傅宝修（1963.11—1969.04）

副　书　记：李荣祥（1963.01—1969.04）

副　局　长：李芝芬（1963.01—1969.04）

副　局　长：王家振（1963.01—1969.04）

副　局　长：刘云奇（1963.01—1969.04）

浙江省海门港务管理所/浙江省航运公司海门分公司“革委会”（1969.04—1971.01）

主　　　任：顾建基（1969.12—1973.05）

第一副主任：孙炳山（1969.04—1973.08）

副　主　任：邵纪兴（1969.04—1975.01）

浙江省海门港务管理局“革委会”（核心小组）/浙江省航运公司海门分公司/浙江省台州地区航运公司（1971.01—1979.01）

组　　　长：傅宝修（1973.01—1978.03）

副　组　长：顾建基（1971.02—1973.05）

孙炳山（1971.02—1973.08）

李荣祥（1973.03—1977.02）

李济民（1977.04—1978.03）

主　　　任：傅宝修（1973.09—1979.11；1978.03兼书记）

副　主　任：李荣祥（1973.09—1977.02）

副　书　记：李济民（1978.03—1979.01）

浙江省海门港务管理局/浙江省航运公司海门分公司（1979.01—1985.07）

书　　　记：傅宝修（1979.01—1983.03；1979.11兼局长）

杨保田（1983.03—1985.07）

局　　　长：方森炳（1983.06—1985.07）

副　书　记：李传宝（1980.11—1983.06）

路维新（1983.06—1985.07）

副　局　长：方森炳（1979.11—1983.06）

钱寿南（1979.11—1985.07）

苏人杰（1982.04—1985.07）

杨圣满（1983.06—1985.07）

贾德维（1983.06—1985.07）

工　会　主　席：陈福云（1980.08—1989.12）

浙江省航运公司海门分公司（1985.07—1989.05）

经　　　　　理：苏人杰（1985.07—1988.11）

贾德维（1988.11—1989.05；1985.07副经理）

书　　　　　记：路维新（1985.07—1989.05）

副　　经　　理：江　峰（1985.07—1989.05）

浙江省海门海运公司（1989.05—2000.07）

经　　　　　理：贾德维（1989.05—1996.03）

唐信江（1996.03—2000.08）

书　　　　　记：路维新（1989.05—1996.03）

副　　经　　理：江　峰（1989.05—1996.03）

唐信江（1990.11—1996.03）

陈　江（1993.03—2000.08）

金丕信（1996.03—2000.08）

单树林（1998.07—2000.08）

纪　委　书　记：杨普德（1991.11—2000.07）

工　会　主　席：陈方建（1989.12—1996.02）

吕金仁（1996.02—2000.10）

浙江省海运集团台州海运有限公司（2000.07—2016.10）

董事长、党委书记：唐信江（2000.08—2010.03）

陈　江（2010.03—2012.10）

杨　剑（2012.10—2015.06）

梁伟平（2015.06—2016.10）

总　　经　　理：陈　江（2000.08—2010.03）

梁伟平（2010.03—2015.06）

何金森（2015.06—2016.10）

副　总　经　理：单树林（2000.08—2003.03）

金丕信（2000.08—2004.08）

何金森（2004.08—2013.03）

金惕民（2004.08—2016.10）

郑华钢（2013.03—2016.10）

郑和通（2013.03—2015.06）

郑敬德（2015.06—2016.10）

周加平（2015.06—2016.10）

安　全　总　监：郑敬德（2004.08—2013.03）

工　会　主　席：杨普德（2000.10—2005.12）

纪　委　书　记：何金森（2000.07—2013.03；兼工会主席）

郑华钢（2013.03—2016.10；兼工会主席）

四、温溪港务管理处/浙江省温溪海运公司

温溪港施工组（1973.12—1976.07）

组　　　　长：林上楼（1973.12—1976.07）

副　　组　　长：郭廷群（1973.12—1976.07）

孙立文（1973.12—1976.07）

温溪港务管理处/温溪航运公司“革命委员会”（1976.08—1981.05）

主　　　　任：庄业兴（1976.08—1981.04）

副　　主　　任：孙立文（1976.08—1980.05）

李欣望（1976.08—1981.05）

郭廷群（1976.08—1981.05）

浙江省航运公司温溪分公司（1981.10—1983.06）

副　　经　　理：温成杰（1981.10—1983.06）

温溪港务管理处/浙江省航运公司温溪分公司（1983.06—1989.05）

主　任、经　理：郭　明（1983.06—1985.12）

林作川（1985.12—1989.05）

副主任、副经理：白春元（1983.06—1989.05）

程岩汉（1985.12—1989.05）

陈光富（1985.12—1989.05）

温溪港务管理处/浙江省温溪海运公司（1989.05—2016.02）

主　任、经　理：林作川（1989.05—1991.05）

朱少华（1991.10—1993.03）

韦祥林（1993.03—1994.10）

白春元（1995.12—1999.05）

郑桂焕（1999.05—2001.08）

单建华（2001.08—2016.02）

副　　经　　理：张有鸿（1991.10—1993.03）

书　　　　　记：赵典跃（1991.10—1993.03）

柯立武（1993.03—1994.10）

吕南春（1994.12—2001.09）

单秀林（2001.10—2016.02）

副　　主　　任：魏安明（1996.01—1999.05）

陈特雄（1999.05—1999.12）

蒋林军（2002.01—2016.02）

五、浙江省海运集团浙海海运有限公司（2000.04—2017.11）

董事长、总经理：杨建雄（2000.05—2000.08）

董　　事　　长：郑晓岗（2008.08—2014.08）

姜　磊（2014.08—2015.08）

杨再刚（2015.08—2017.07）

总　　经　　理：徐光晓（2008.08—2014.08；2000.05副总经理）

徐信宏（2014.08—2017.07）

副　总　经　理：杨再刚（2010.03—2014.01）

党　委　书　记：杨江宁（2008.06—2010.12；2000.04工会主席）

郑晓岗（2008.08—2014.08）

姜　磊（2014.08—2015.08）

杨再刚（2015.08—2017.11）

六、浙江省航运公司宁波分公司

浙江省航务管理局宁波办事处/浙江省航运公司宁波分公司（1950.09—1950.12）

主　任、经　理：孙雪桥（1950.09—1950.12）

副主任、副经理：许祖衡（1950.09—1950.12）

浙江省宁波航务管理处/国营华东内河轮船公司浙江省公司宁波分公司（浙江省航运公司宁波分公司名称保留）（1951.01—1951.12）

主　任、经　理：孙雪桥（1951.01—1951.12）

副主任、副经理：许祖衡（1951.01—1951.12）

浙江省宁波航务管理处/国营华东内河轮船公司浙江省公司宁波营业处（后改名为浙江省轮船公司宁波营业处、浙江省轮船公司宁波分公司）（1952.01—1953.06）

主　任、经　理：罗成义（1952.01—1953.06）

副主任、副经理：陈惠源（1952.01—1953.06）

浙江省宁波航务管理处/浙江省轮船公司宁波分公司（1953.07—1957.12）

主　任、经　理：罗成义（1953.07—1957.12）

副主任、副经理：陈惠源（1953.07—1957.12）

宁波民船管理处/宁波市轮船公司（1957.12—1962.07）

主　任、经　理：罗成义（1957.12—1958.07）

经　　　　　理：陈惠源（1958.07—1961.10）

副主任、副经理：陈惠源（1957.12—1958.07）

曹梓根（1958.07—1962.07）

党总支书记（副书记）：王绪善（1958.07—1962.07）

浙江省交通厅航运管理局宁波管理处/宁波区航运公司（1962.07—1965.01）

主　任、经　理：陈惠源（1962.07—1965.01）

党 总 支 书 记：王绪善（1962.07—1965.01）

副主任、副经理：曹梓根（1962.07—1965.01）

宁波港务管理局/浙江省轮船运输公司宁波分公司（同年11月改称浙江省航运公司宁波分公司）（1965.01—1970.12）

局　长、书　记：杨青山（1965.01—1969.05）

副　　局　　长：陈惠源（1965.01—1969.05）

余洪生（1965.01—1969.05）

宋梅芳（1965.01—1969.05）

罗成义（1965.01—1969.05）

副　　书　　记：王绪善（1965.01—1969.05）

曹梓根（1965.01—1969.05）

革委会主任、核心小组组长：韩庭训（1969.05—1970.12）

副　　主　　任：毛维佳（1969.05—1970.12）

张高辉（1969.06—1970.12）

副　　组　　长：张学亮（1969.06—1970.12）

宁波港务管理局/浙江省宁波地区航运公司（1971.01—1978.12）

革委会主任、核心小组组长：韩庭训（1971.01—1978.12）

副　　主　　任：毛维佳（1971.01—1978.12）

张高辉（1971.01—1978.12）

范宝泉（1971.03—1978.12）

副　　组　　长：张学亮（1971.01—1978.12）

浙江省航运公司宁波分公司（1979.01—1988.10）

经　理、书　记：宋梅芳（1979.01—1983.10）

桂兴华（1983.10—1988.10；1979.01任副经理）

副经理、副书记：余洪生（1979.01—1983.09）

副　　经　　理：陈惠源（1979.01—1983.09）

王梦仙（1979.01—1983.09）

吕祖良（1983.09—1985.05）

谢宗保（1983.09—1988.10）

谢欣然（1983.09—1988.10）

金润芳（1985.07—1988.10）

副　　书　　记：桂志浩（1979.01—1983.09）

蒋宏生（1983.09—1988.10）

总　　船　　长：王浙峰（1984.08—1988.06）

七、浙江省海运集团舟山一海海运有限公司

浙江省航运管理局舟山航管处/浙江省轮船公司舟山分公司（1956.06—1958.01）

主　任、书　记：马本强（1956.06—1958.01）

副主任、副书记：李坚劳（1956.08—1957.12）

舟山专署交通运输管理局/舟山区航运局（1958.01—1962.05）（1958.07由省属下放为地区所属）

局　长、副书记：马本强（1958.05—1959.04）

书　　　　　记：袁百禄（1958.05—1959.04）

副　　局　　长：王建寿（1958.05—1959.04）

李坚劳（1958.01—1962.05；1959.04兼工会主席）

步占文（1959.04—1962.05）

潘忠相（1959.04—1962.05）

工　会　主　席：马立庠（1960.08—1962.05）

舟山专署交通运输管理局/舟山区航运局/舟山航管处/舟山联运经营处（1965年1月舟山区航运局改为浙江省轮船公司舟山分公司,11月改称浙江省航运公司舟山分公司）（1962.05—1972.06）

局　　　　　长：袁百禄（1962.05—1966.07；1963.08兼书记）

局　　　　　长：马本强（1966.07—1972.06；1963.08任主任）

书　　　　　记：潘忠相（1966.07—1970.11；1962.05副局长）

副局长、副主任：步占文（1962.05—1970.11；1966.07兼副书记）

副　　局　　长：王建寿（1962.05—1970.11）

工　会　主　席：马立庠（1962.05—1972.06）

舟山专署交通邮政局（1972.06—1973.12）

第一书记、局长：郭云超（1972.06—1973.09）

书　　　　　记：袁百禄（1972.10—1973.09，第一副局长）

主　　　　　任：徐家龙（1970.11—1971.05）

副　　主　　任：王岱青（1970.11—1973.09；1972.06—1973.09副局长）

步占文（1970.11—1973.09；1972.10—1973.09副局长）

副书记、副局长：潘忠相（1972.10—1973.09）

副　　局　　长：贺承惠（1973.09—1973.12）

乐秀奎（1973.09—1973.12）

工　会　主　席：马立庠（1972.06—1973.12）

舟山地区航运公司（1973.12—1979.04）

书　记、主　任：潘忠相（1973.12—1979.04）

副书记、副主任：乐秀奎（1973.12—1978.03）

副书记、工会主席：马立庠（1973.12—1979.02）

戴珊明（1973.12—1979.06）

副　　主　　任：庄维新（1973.12—1979.02）

沙相如（1973.12—1979.02）

浙江省航运公司舟山分公司（1979.04—1988.07）

经　　　　　理：杨建平（1983.08—1985.12；1982.04副书记）

书　　　　　记：王永福（1979.04—1983.08）

陈一翔（1983.08—1985.12）

副　　书　　记：戴珊明（1979.06—1983.08；1986.10兼副经理）

罗迪鲁（1983.08—1985.12，1984.12兼副经理）

副　　经　　理：马立庠（1979.09—1981.06；1979.04—1980.02兼工会主席）

庄维新（1979.02—1983.08）

郎伟吾（1983.08—1985.12）

李东坡（1986.12—1988.07）

舒志才（1988.07—1989.01）

副经理、总工：尹庆林（1983.08—1985.12）

工　会　主　席：刘运忠（1980.02—1988.07）

浙江省舟山第一海运公司（1988.07—2000.06）

经　　　　　理：李东坡（1988.07—1996.03；1996.04任党委书记）

屠加兴（1996.04—1998.06；1991.05副经理；1998.07党委书记兼副经理）

杨江宁（1998.07—2000.07）

书　　记：舒志才（1989.01—1996.03）

副 经 理：戴珊明（1989.02—1990.07）

王忠武（1989.02—1998.07）

冯宽根（1996.04—2000.07）

吴小联（1996.04—2005.08）

陈忠爱（1998.07—2000.07）

邓明循（1998.07—2000.07）

纪委书记：厉月清（1998.07—2000.07）

总　　工：尹庆林（1983.08—1989.02）

总会计师：邵克城（1991.05—1996.04）

工会主席：刘运忠（1988.07—1991.09）

毕爱珍（1991.09—1998.05）

浙江省海运集团舟山一海海运有限公司（2000.07—2010.12）

董 事 长：屠加兴（2000.07—2005.08）

胡景星（2005.08—2006.02；2000.07任总经理）

总 经 理：陈忠爱（2005.08—2006.02；2000.07副经理）

王泓波（2006.02—2010.12）

副总经理：吴小联（2000.07—2006.02）

毛德才（2005.08—2010.12；2001.07总船长）

冯云国（2005.08—2010.12）

纪委书记：厉月清（2000.08—2010.12；1998.05—2010.07工会主席）

八、浙江省海运集团舟山五洲船舶修造有限公司（2001.10—2015.11）

董 事 长：杨建雄（2001.09—2004.03）

徐光晓（2004.03—2009.08；2004.03—2004.05兼总经理）

郑晓岗（2009.08—2014.08）

骆永法（2014.08—2015.03）

周明海（2015.03—2015.11）

总 经 理：陈小林（2001.11—2004.03）

徐光晓（2004.03—2004.05）

於建华（2004.05—2007.01；2007.01—2008.10兼党委书记；2008.10—2009.08任党委书记）

吴发礼（2008.10—2010.03）

骆永法（2010.09—2014.08；2014.11—2015.11）

朱学军（2014.08—2014.11）

党委书记：胡嫦儿（2005.06—2007.01；2004.12—2005.06副总经理）

缪克俭（2009.08—2013.05）

周明海（2013.05—2015.11）

副董事长：唐信江（2010.03—2010.09）

副总经理：王忠武（2001.11—2003.04）

周洪乐（2001.11—2004.03）

徐宏勋（2004.09—2008.02）

陈维明（2004.09—2008.12）

包辉阳（2006.11—2010.03；2010.03—2011.08总工程师；2011.08—2015.11，副总经理兼总工程师）

郭红兵（2007.10—2009.08）

杨新清（2009.08—2013.03；2014.11—2015.11）

周明海（2009.08—2015.03）

柳长胜（2010.03—2015.11）

九、浙江省海运集团船务管理有限公司（2016.05—2018.03 为浙江省海运集团船员管理有限公司）

董 事 长：杨再刚（2016.05—2018.06；兼总经理）

朱忠熙（2018.06—在职）

总 经 理：周加平（2018.04—在职）

杨再刚（2016.05—2017.01）

副总经理：林天厚（2017.01—在职，常务副总经理）

金惕民（2016.09—2017.01）
钟小兵（2016.09—2019.04）
张幸桥（2019.01—2019.04）
黄利平（2019.04—在职）
党总支书记：林候迪（2017.03—2018.04）
周加平（2018.04—在职）

十、浙江省海运集团温州船员培训有限公司

董事长：郑和通（2016.11—在职）
总经理：潘莉松（2016.11—在职）

十一、浙江海运宁波国际物流有限公司

董事长：张幸桥（2016.07—2019.01）
董炳贤（2019.01—在职）
总经理：何博森（2016.07—2019.01）
副总经理：金利江（2017.03—在职）
何博森（2020.04—在职）

十二、浙江远洋温州国际货运有限公司

董事长、总经理：董炳贤（2016.07—在职）
副总经理：林　通（2016.07—在职）
何博森（2019.01—2020.04）

十三、浙江远洋成立以来的历任领导名录

浙江远洋运输公司（1980.03—2002.03）

经理：胡　骏（1980.03—1982.02）
陆望林（1982.02—1988.12）
苏人杰（1988.12—1995.12）
刘　鹏（1995.12—2002.03）

书　　　记：陆望林（1985.03—1997.09）

　　　　　　刘　鹏（1997.09—2002.03）

副　书　记：邵鸿飞（1988.02—1997.09）

副　经　理：金孝毅（1982.02—？）

　　　　　　李一民（1982.02—？）

　　　　　　姚寿根（1982.02—1995.12）

　　　　　　吕祖良（1990.12—1995.12）

　　　　　　胡宝书（1995.12—？）

　　　　　　张向群（1996.02—2002.03）

　　　　　　沈持进（2001.02—2002.03）

总　船　长：李一民（1982.02—1996.02）

　　　　　　鞠申均（1996.02—2002.03）

浙江远洋运输有限公司（2002.04—2007.12）

总　经　理：刘　鹏（2002.04—2007.12）

党委书记：刘　鹏（2002.09—2007.12）

党委副书记：邱文虎（2003.08—2007.12）

副总经理：张向群（2002.09—2007.12）

　　　　　　沈持进（2002.09—2007.12）

　　　　　　卢　峰（2002.09—2007.12）

总　船　长：鞠申均（2002.09—2007.12）

浙江远洋运输股份有限公司（2008.01—2019.08）

董　事　长：刘　鹏（2008.01—2015.11）

　　　　　　夏国伟（2015.11—2017）

党委书记：刘　鹏（2008.01—2015.11）

　　　　　　夏国伟（2015.11—2017）

党委副书记：邱文虎（2008.01—2012.02）

　　　　　　沈持进（2012.04—2014.03）

　　　　　　谢旭东（2014.04—2016）

总　经　理：施建新（2008.02—2014.03）

沈持进（2014.04—2016.03）

卢　峰（2016.04—2016）

副总经理：张向群（2008.01—2013.12）

沈持进（2008.01—2014.03）

卢　峰（2008.01—2016.03）

王　政（2012.04—2016.03）

李国维（2013.12—2016.03）

附录2

先进集体与先进个人荣誉榜

附录2　先进集体与先进个人荣誉榜

一、全国交通系统先进集体

1984年

浙江省航运公司宁波分公司　　全国交通系统二级节能先进企业

浙江省航运公司海门分公司　　全国交通系统经济效益先进单位

1986年

“浙江605”轮（宁波航运分公司）　　部级优质运输先进集体

“浙江806”轮（舟山航运分公司）　　部级优质运输先进集体

1988年

浙江省航运公司海门分公司　　全国交通系统经济效益先进单位

1989年

浙江省舟山第一海运公司　　全国交通系统经济效益先进单位

1990年

浙江省舟山第一海运公司　　国家节能二级企业

浙江省温州海运公司　　国家节能二级企业

浙江省海门海运公司　　国家节能二级企业

“浙海116”轮（浙江省温州海运公司）　　交通部优质运输先进集体

“浙海313”轮（浙江省海门海运公司）　　交通部优质运输先进集体

“浙江815”轮（浙江省舟山第一海运公司）

全国交通系统两个文明建设先进集体

1992年

“浙江815”轮（浙江省舟山第一海运公司）

全国公路、水路旅客运输文明单位

浙江省海门海运公司　　水上交通安全先进单位

1996年

浙江省海门海运公司　全国交通系统学习华铜海先进集体

“浙海313”轮（海门海运公司）　交通部学习“华铜海”轮先进集体

1998年

“浙江406”轮（海门海运公司）　部级文明客船

2001年

紫竹林轮（舟山一海海运有限公司）　1999—2000年度部级文明客船

二、全国交通系统劳动模范

1991年

王炳松　浙江省舟山第一海运公司

1992年

王炳松　浙江省舟山第一海运公司

1993年

王炳松　浙江省舟山第一海运公司

2005年

甘顺富　浙江省海运集团台州海运有限公司

三、国家体委、全国总工会先进单位

1985年

浙江省航运公司海门分公司　全国职工体育工作先进单位

四、中国海员工会、交通部“金锚奖”

1990年

徐熙孟　浙江省舟山第一海运公司

2003年

方从现　浙江省海运集团台州海运有限公司

2007年

周加平　浙江省海运集团台州海运有限公司

2010年

傅继明　　浙江省海运集团温州海运有限公司

2013年

张国斌　　浙江省海运集团台州海运有限公司

五、中国海员工会、交通部“全国水运系统安全优秀船舶”

1998年

“浙海313”轮（海门海运公司）　　全国水运系统安全优秀船舶

2003年

“浙海316”轮（台州海运有限公司）　　全国水运系统安全优秀船舶

2005年

“浙海126”轮（温州海运有限公司）　　全国水运系统安全优秀船舶

2008年

“浙海161”轮（温州海运有限公司）　　全国水运系统安全优秀船舶

2010年

“浙海128”轮（温州海运有限公司）　　全国水运系统安全优秀船舶

“浙海358”轮（台州海运有限公司）　　全国水运系统安全优秀船舶

2012年

“浙海162”轮（温州海运有限公司）　　全国水运系统安全优秀船舶

“浙海505”轮（浙江省海运集团有限公司）　　全国水运系统安全优秀船舶

2013年

“浙海355”轮（台州海运有限公司）　　全国水运系统安全优秀班组

六、中国海员工会、国家海事局

2011年

浙江省海运集团有限公司　　中国海员技能大比武团体第六名

主动力设备故障排除竞赛项目第三名

知识竞赛项目第三名

航线设计项目第九名

七、中华人民共和国海事局“安全诚信船舶”和“安全诚信船长”

1. 安全诚信船舶

2003年

“浙海316”轮	浙江省海运集团台州海运有限公司

2008年

“富兴6”轮	浙江富兴海运有限公司
“富兴7”轮	浙江富兴海运有限公司
“富兴9”轮	浙江富兴海运有限公司
“富兴10”轮	浙江富兴海运有限公司

2009年

“富兴6”轮	浙江富兴海运有限公司
“富兴7”轮	浙江富兴海运有限公司
“富兴9”轮	浙江富兴海运有限公司
“富兴10”轮	浙江富兴海运有限公司

2010年

“浙海521”轮	浙江省海运集团浙海海运有限公司
“浙海507”轮	浙江省海运集团浙海海运有限公司
“富兴9”轮	浙江富兴海运有限公司

2019年

“浙海511”轮	浙江省海运集团有限公司
“浙海512”轮	浙江省海运集团有限公司
“浙海515”轮	浙江省海运集团有限公司
“浙海516”轮	浙江省海运集团有限公司
“浙海519”轮	浙江省海运集团有限公司
“浙海520”轮	浙江省海运集团有限公司
“浙海526”轮	浙江省海运集团有限公司

2. 安全诚信船长

张海涛	浙江省海运集团浙海海运有限公司

何　军　浙江省海运集团浙海海运有限公司

傅继明　浙江省海运集团温州海运有限公司

2016年

张国斌　浙江省海运集团有限公司

八、中华人民共和国教育部“高等教育教学成果奖”

2009年

浙江省海运集团有限公司　第六届高等教育教学成果二等奖

九、中华人民共和国卫生部、中国红十字会总会中国人民解放军总后勤部卫生部“全国无偿献血奉献奖”

张辰明（浙江省海运集团物资分公司）

2008—2009年度全国无偿献血奉献奖金奖

十、浙江省劳动模范

1979年

韩业广　浙江省航运公司温州分公司

1982年

韩业广　浙江省航运公司温州分公司

1985年

王远谋　浙江省航运公司海门分公司

1987年

金志德　浙江省航运公司温州分公司

1990年

叶呈法　浙江省海门海运公司

1994年

张承德　浙江省舟山第一海运公司

十一、浙江省先进集体、先进生产（工作）者

1. 先进集体

1955年

浙江省交通厅航运管理局温州管理处西门管理站

浙江省交通厅航运管理局舟山管理处航管股

1956年

浙江省交通厅航运管理局舟山管理处“浙机5”号轮

温州轮船公司瑞安办事处32船队

1958年

宁波市轮船公司“中浙八”号轮

舟山区航运局“中浙二”号轮

1963年

浙江省温州区航运局内河航运站

浙江省温州区航运局“浙海（温）106”轮

1979年

浙江省航运公司海门分公司	大庆式企业

1980年

浙江省航运公司宁波分公司	省级先进企业

1989年

浙江省海门海运公司	省级先进企业
浙江省温州海运公司	省级先进企业
浙江省温州海运公司	省级节能先进企业
浙江省海门海运公司	省级节能先进企业
浙江省舟山第一海运公司	省级节能先进企业

1990年

浙江省海运总公司	省重点物资运输先进单位
浙江省温州海运公司	省级先进企业
浙江省舟山第一海运公司	省节能示范先进企业

1991—1993年

“浙海313”轮（海门海运公司） 省交通系统两个文明建设先进单位

1992年

浙江省海运总公司 省重点物资运输先进单位

1999年

“浙海313”轮（海门海运公司） 省级文明单位

2. 先进个人

1955年

应光荣 浙江省轮船公司宁波分公司正司机

林世照 舟山航运管理局

陈全永 杭州船舶修造厂电焊工

宋　耀 杭州船舶修造厂技术员

1962年

梁瑞义 海门航运局

翁庆浩 杭州船舶修造厂生产组长

陈寿增 浙江省钱江航运公司轮机长

1963年

陈贵余 杭州船舶修造厂生产组长

陈林魁 温州区航运局副科长

陈星玉 温州航运局116轮船长

陈尧富 温州航运局内河航运站工人

孔水金 舟山航运局船长

周老五 海门航运局轮机长

丁森法 海门航运局车间负责人

十二、浙江省人民政府“高等教育教学成果奖”

2009年

徐光晓（浙江省海运集团有限公司）

浙江省第六届高等教育教学成果一等奖

十三、浙江省科技厅“高新技术企业”

2009年

舟山五洲船舶修造有限公司　　高新技术企业

十四、浙江省总工会、浙江省安监局、浙江省卫生厅“安康杯”竞赛奖

2006年

浙江省海运集团有限公司　　浙江省“安康杯”竞赛优秀组织奖

2008年

“浙海358”轮（台州海运有限公司）　　浙江省“安康杯”竞赛优胜班组

2010年

浙江省海运集团有限公司　　浙江省“安康杯”优胜企业

杨常河（温州海运有限公司）　　浙江省百名职工安全生产标兵

2011年

“浙海507”轮　　浙江省“安康杯”先进集体

浙江省海运集团有限公司　　浙江省“安康杯”优胜企业

浙江省海运集团舟山五洲船舶修造有限公司　　浙江省“安康杯”优胜企业

“浙海162”轮　　浙江省“安康杯”先进班组

2012年

浙江省海运集团舟山五洲船舶修造有限公司　　浙江省“安康杯”优胜企业

浙江省“安康杯”竞赛优秀组织单位

浙江省海运集团有限公司　　浙江省“安康杯”优胜企业

2013年

浙江省海运集团有限公司　　浙江省“安康杯”竞赛优秀组织单位

2014年

浙江省海运集团台州海运有限公司　　浙江省“安康杯”竞赛优胜单位

“浙海105”轮（温州海运有限公司）　　浙江省“安康杯”竞赛优胜班组

2016年

“浙海511”轮（省海运集团） 浙江省“安康杯”竞赛优胜班组

“浙海522”轮（浙海海运有限公司） 浙江省“安康杯”竞赛优胜班组

2019年

浙江省海运集团有限公司 浙江省“安康杯”竞赛优秀组织单位

十五、浙江省总工会工会示范“职工书屋”

2009年

台州海运有限公司工会 浙江省工会示范“职工书屋”

温州海运有限公司工会 浙江省工会示范“职工书屋”

浙海海运有限公司工会 浙江省工会示范“职工书屋”

舟山五洲船舶修造有限公司工会 浙江省工会示范“职工书屋”

2012年

王晓冬 省级优秀工会干部

章　华 浙江省安全生产合理化建议二等奖

王增杰 浙江省安全生产合理化建议三等奖

2016年

周晓阳 浙江省交通运输工会优秀工会工作者

十六、地市级先进集体、劳动模范、先进个人

1. 先进集体

1999年

浙江省海门海运公司 台州市市级文明单位

2001年

浙江省海运集团台州海运有限公司 台州市市级文明单位

2002年

浙江省海运集团台州海运有限公司 台州市市级文明单位

2003年、2004年

浙江省海运集团温州海运有限公司 温州市创建信用企业先进单位

浙江省海运集团台州海运有限公司　　台州市市级文明单位

2009年

浙江省海运集团有限公司　　杭州市社会责任建设先进企业

2010年

浙江省海运集团舟山五洲船舶修造有限公司　　舟山市先进基层党组织

2013年

“浙海363”轮（台州海运有限公司）　　台州市工人先锋号

2. 劳动模范、先进个人

1981年

韩业广（浙江省航运公司温州分公司）　　温州市1981年度劳动模范

1982年

韩业广（浙江省航运公司温州分公司）　　温州市1982年度劳动模范

1986年

陈志芳（浙江省航运公司宁波分公司）

宁波市1986年度先进生产（工作）者

宋梅芳（浙江省航运公司宁波分公司）

宁波市1986年度先进生产（工作）者

施振全（浙江省航运公司温州分公司）　　温州市1986年度劳动模范

1987年

金志德（浙江省航运公司温州分公司“浙海117”轮船长）

温州市1987年度劳动模范

1988年

李清松（浙江省航运公司温州分公司“浙海117”轮轮机长）

温州市1988年度劳动模范

1990年

徐度法（浙江省海门海运公司）

台州地委、行署1990年度先进生产（工作）者

2001年

林立建（浙江省海运集团温州海运有限公司）

温州市1999—2000年度劳动模范

2002年

陈　金（浙江省海运集团温州海运有限公司）　温州市2002年度劳动模范

十七、浙江省守法诚信进出口示范企业

浙江省打击走私与海防口岸管理办公室、中华人民共和国杭州海关、中华人民共和国宁波海关、中华人民共和国浙江出入境检验检疫局、中华人民共和国宁波出入境检验检疫局、浙江省国家税务局、国家外汇管理局浙江省分局、浙江省工商行政管理局、浙江省对外贸易经济合作厅

守法诚信进出口示范企业

2007年

浙江省海运集团有限公司　浙江省守法诚信进出口示范企业

十八、浙江省国资委先进个人

2009年

王金法（浙江省海运集团台州海运有限公司）

浙江省省属企业“创业富民、创新强省”突出贡献人才

2017年

蔡　飞　浙江省国资委“我为国资国企改革献一策”征文活动二等奖

2020年

潘朝刚　全省国有企业“五个一”人才工程杰出党建工作人才

十九、获奖证书

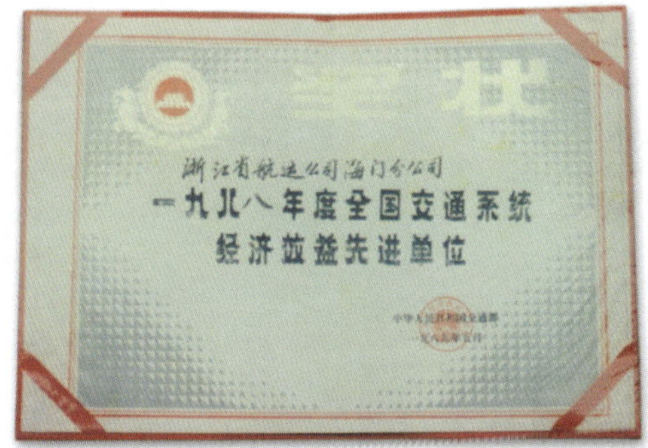

1992年，浙江省海门海运公司被中华人民共和国交通部授予“水上交通安全先进单位”称号

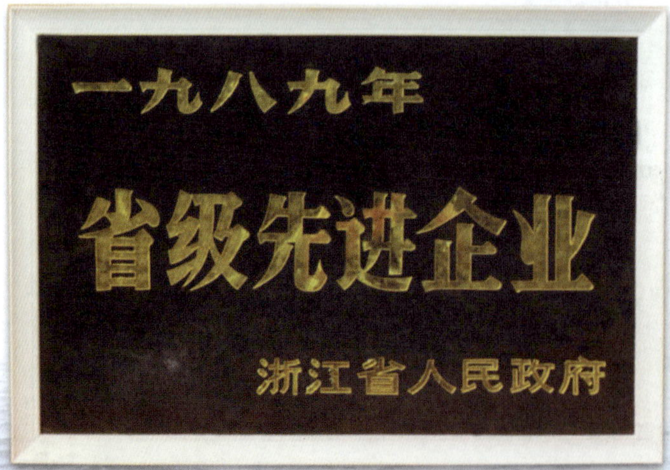

1989年，浙江省海门海运公司被评为省级先进企业

2008年，“浙海161”轮被评为全国安全优秀船舶

荣誉证书

浙江省海运集团队（孔建宇、陈乃楼、张国斌、徐耀贵）：

在 2011 中国海员技能大比武活动中荣获知识竞赛项目第三名。

特发此证，以资鼓励。

中华人民共和国海事局
中国海员建设工会全国委员会
二〇一一年六月

荣誉证书

浙江省海运集团队（孔建宇、詹建明、陈海棠）：

在 2011 中国海员技能大比武活动中荣获主动力设备故障排除竞赛项目第三名。

特发此证，以资鼓励。

中华人民共和国海事局
中国海员建设工会全国委员会
二〇一一年六月

浙江省海门海运公司被评为省级安全生产（管理）先进单位

1989年，浙江省海门海运公司被评为省级节能企业

1989年，浙江省海门海运公司被评为浙江省设备管理优秀单位

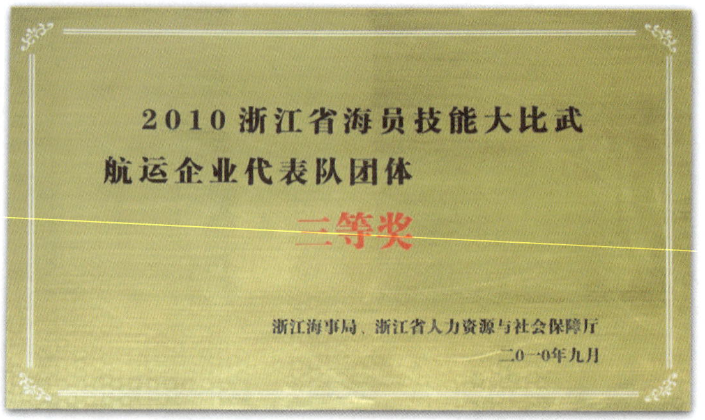

2010年，台州海运有限公司获技能大比武团体三等奖

2008年，"浙海358"轮被评为浙江省"安康杯"竞赛优胜班组

2010年，“浙海507”轮被评为浙江省“安康杯”竞赛优胜班组

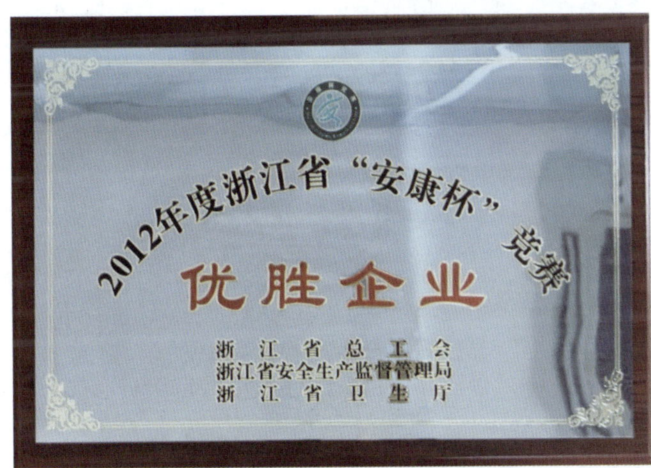

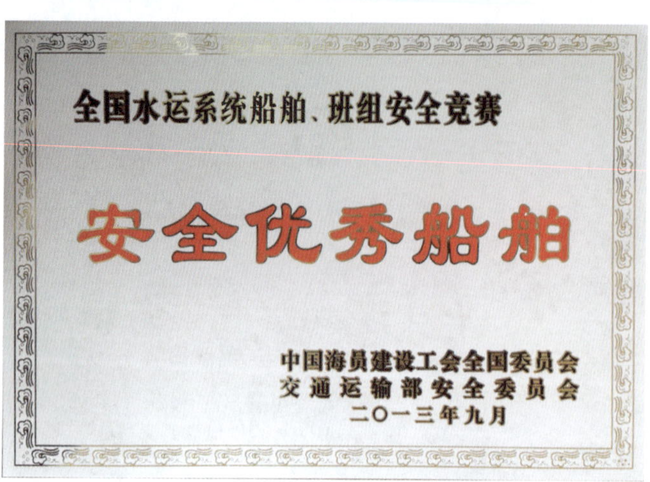

2009年，浙江省海运集团有限公司被评为社会责任先进企业

温州市创建信用企业
先进单位
温州市人民政府
二〇〇三年八月八日

浙江省海运集团温州海运有限公司
2004年度温州市创建信用企业
先进单位
温州市人民政府
二〇〇四年八月

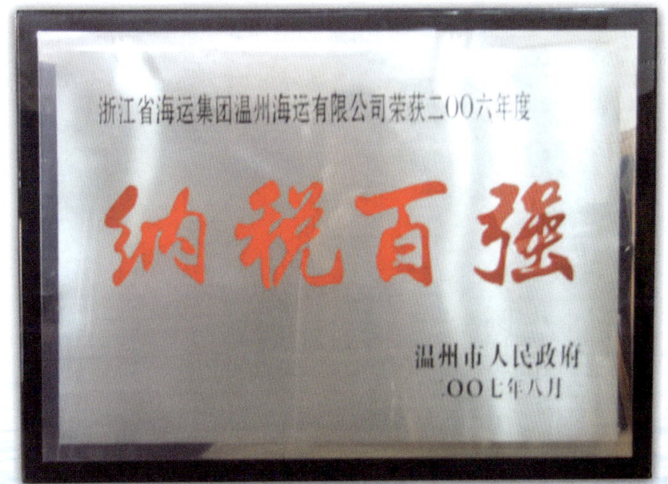
浙江省海运集团温州海运有限公司荣获二〇〇六年度
纳税百强
温州市人民政府
二〇〇七年八月

浙江省海运集团有限公司：

贵单位持续完善、不断丰富党建云平台内容，并以此为桥梁积极参与本网宣传工作，为全国党建云平台发展和基层党建宣传做出了积极贡献，被评为2016年度“优秀党建云平台暨基层党建宣传示范单位”。

人民网

2016年12月

新平台改革发展

突出贡献集体奖

中共浙江省交通投资集团有限公司委员会

二〇一九年一月

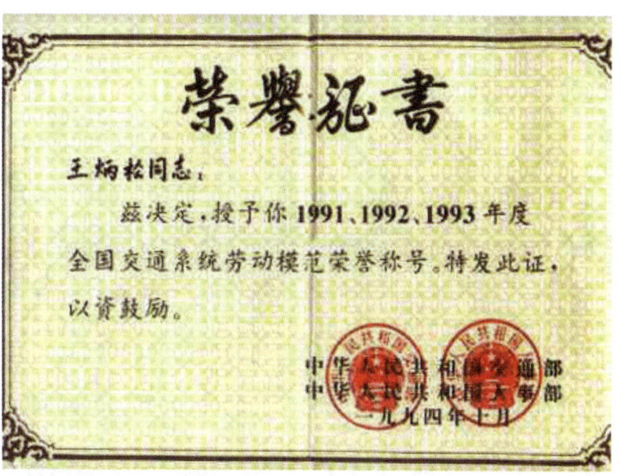

荣譽證書

王炳松同志：

兹决定，授予你1991、1992、1993年度全国交通系统劳动模范荣誉称号。特发此证，以资鼓励。

中华人民共和国交通部
中华人民共和国人事部
一九九四年十月

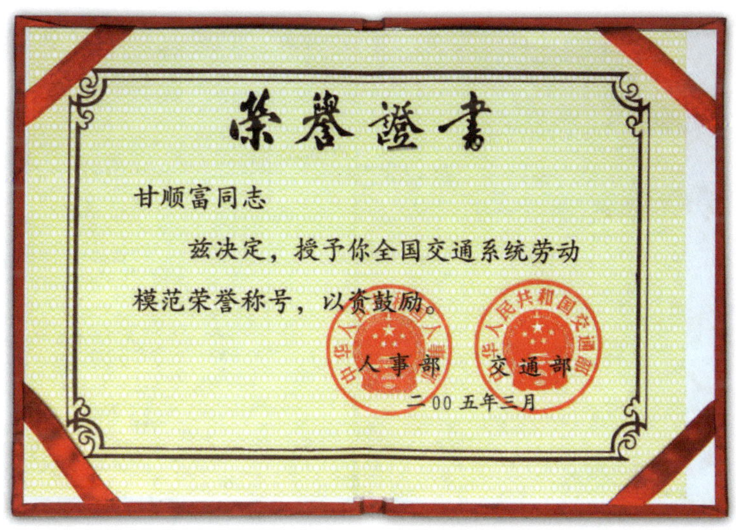

荣譽證書

甘顺富同志

兹决定，授予你全国交通系统劳动模范荣誉称号，以资鼓励。

人事部 交通部
二00五年三月

荣誉证书

张辰明同志：

荣获2008~2009年度全国无偿献血奉献奖金奖。感谢您的无私奉献！

卫生部 中国红十字会总会 总后勤部卫生部

荣誉证书
杨剑同志：
在2010年度全国“安康杯”竞赛活动中荣获优秀组织者
中华全国总工会　国家安全生产监督管理总局
二〇一一年一月

授　予
張承德 同志
浙江省劳动模范称号
省劳模第 2168 号
浙江省人民政府
1995年3月

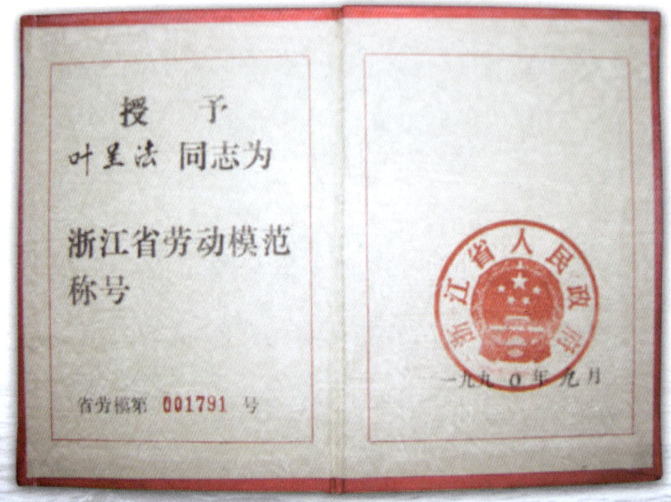
授　予
叶呈法 同志为
浙江省劳动模范称号
省劳模第 001791 号
浙江省人民政府
一九九〇年九月

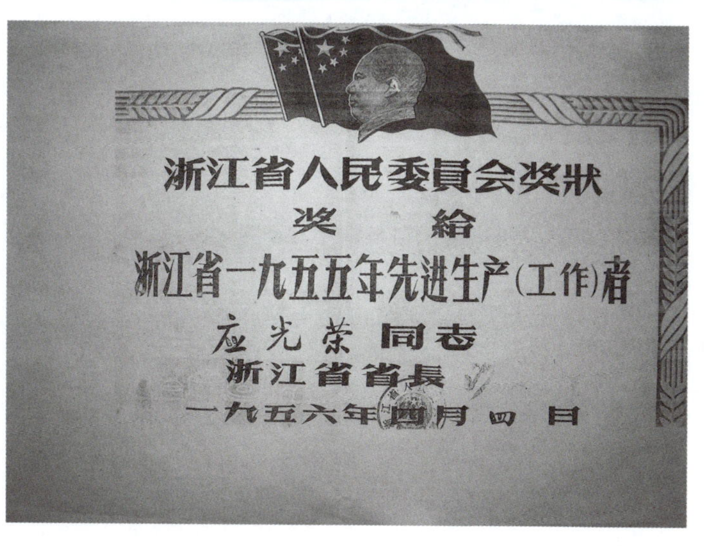

浙江省人民委員会奖狀
奖　給
浙江省一九五五年先进生产(工作)者
应光荣同志
浙江省省長
一九五六年四月四日

荣誉证书
周加平同志在水运系统三个文明建设中取得优异成绩，特授予金锚奖
中国海员建设工会全国委员会
二〇〇七年六月

荣誉证书
中国海员建设工会全国委员会决定授予傅继明同志金锚奖
中国海员建设工会全国委员会
二〇一〇年六月

荣誉证书

杨常河同志被评为：

2009年度浙江省百名职工

安全生产标兵

浙江省总工会

浙江省安全生产监督管理局

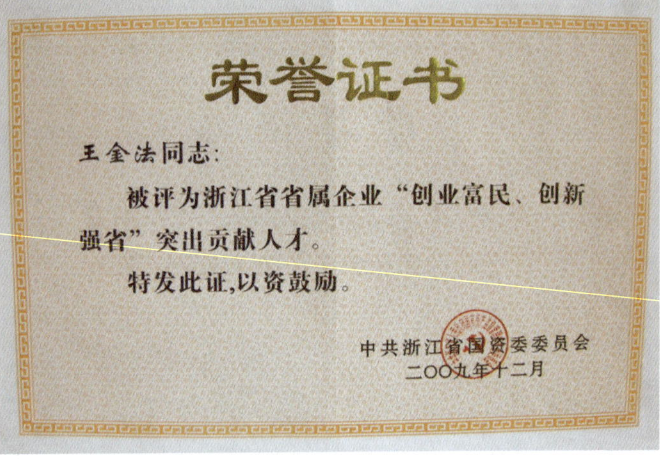
荣誉证书

王金法同志：

被评为浙江省省属企业“创业富民、创新强省”突出贡献人才。

特发此证，以资鼓励。

中共浙江省国资委委员会

二〇〇九年十二月

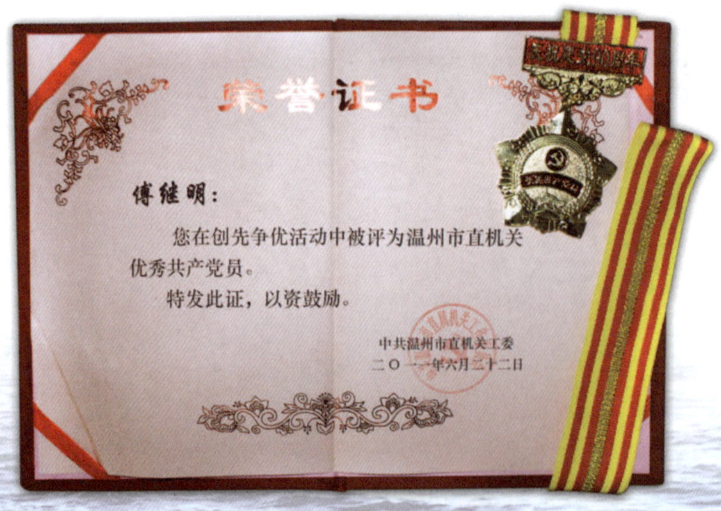
荣誉证书

傅继明：

您在创先争优活动中被评为温州市直机关优秀共产党员。

特发此证，以资鼓励。

中共温州市直机关工委

二〇一一年六月二十二日

荣誉证书

授予 张国斌 同志：

“金锚奖”荣誉称号，特此表彰。

中国海员建设工会全国委员会

二〇一二年六月二十五日

1950—2020

附录3
公司集锦

附录3 公司集锦

2009年3月6日，国务院国资委改革局副局长于宝恒（右二），在浙江省国资委副主任张效清（左二）、省交通集团副总经理李雪平（右一）和省海运集团总经理郑晓岗（左一）的陪同下，到五洲公司调研

2007年7月2日，国际船级社协会理事会主席、中国船级社总裁李科浚（右）视察五洲公司

2009年6月12日，浙江省国资委副主任符晓东（前排右二）在省海运集团总经理郑晓岗（前排左二）的陪同下调研黑龙江省宾州水泥有限公司

2010年9月18日，浙江省科技厅副厅长丁康生（前排中）在五洲公司调研

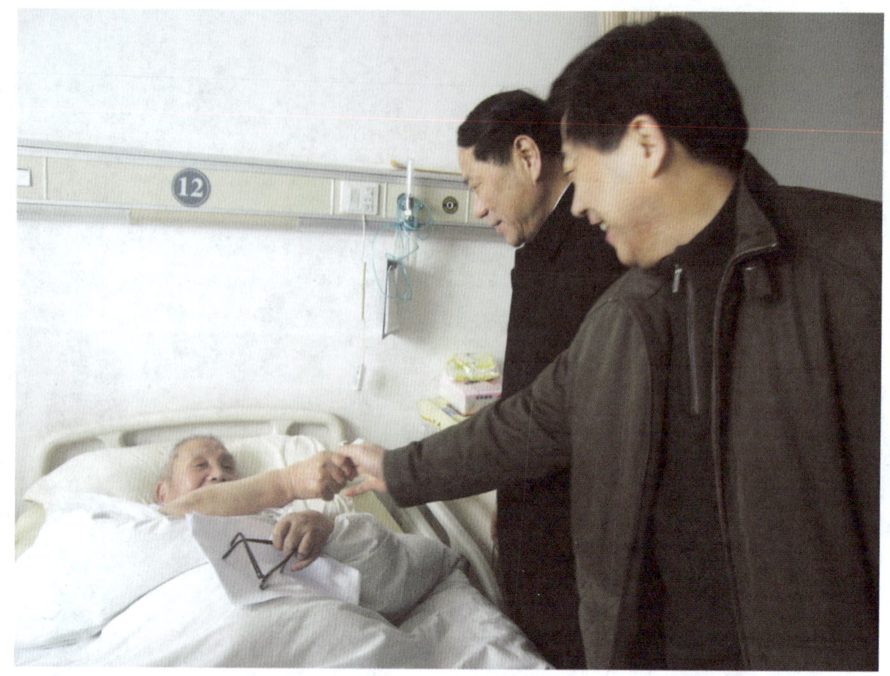

2008年春节，省交通集团董事长陈继松（中）和省海运集团董事长单树林（右一）慰问离休干部邹连坡

2010年7月18日，省交通集团总经理王洪涛在“浙海362”轮机舱集控室了解设备配置情况

2009年2月25—27日，省海运集团董事长单树林在参加了台州海运的职代会暨2009年度工作会议后，到“浙海357”轮、海运船厂和新开源海运公司进行工作调研

2008年11月，省海运集团总经理郑晓岗检查温州海运龙湾船厂出租房

2011年10月，舟山市定海区区长庄继艳一行赴五洲公司调研

2012年12月，省交通集团董事长陈继松、总经理王洪涛调研省海运集团

2014年，省军区首长调研五洲公司

2014年12月，省交通集团董事长王洪涛（左三）调研五洲公司

2019年1月24日，浙江省海事局副局长唐伟明调研公司

2019年10月，中国船级社浙江分社总经理王志雄（左二）到省海运集团调研指导

2017年10月12日，省交通集团董事长俞志宏（右三）在“浙海516”轮参加安全标准化现场会

2019年7月30日，省交通集团总经理詹小张（右二）到“浙海102”轮进行调研和高温慰问

2019年5月，省海运集团董事长潘朝刚检查指导“浙海360”轮

2019年8月，省海运集团总经理陈金到“浙海362”轮检查工作

1979年国家恢复船员考证制度后，浙江省航运公司举办船员培训班。第一期学员在船长沈曾柯（左二）的指导下利用六分仪进行学习训练

被评为1987年全国内河安全明星船长，荣获金帆奖并被浙江省航运局评为金星船长的“浙江404”轮船长叶呈法（左）与“金星”轮机长蒋南翔（中）、政委林天安（右）开航前会，选择航线

1999年1月15日，海门海运公司经理唐信江宣布公司安全管理体系启动运行

2003年，省海运集团举办船员技术大比武

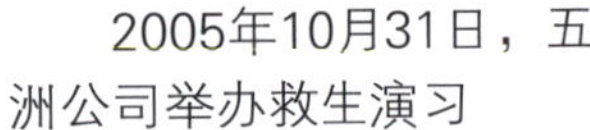

2005年10月31日，五洲公司举办救生演习

2005年，台州海运船行北方，战严寒斗冰冻

2005年11月22日，台州海运船舶应急演习中，船员释放救生艇

2006年，工会组织员工疗休养

2007年，组织离休老同志参观五洲公司

2008年，工会组织员工疗休养

2008年3月15日，温州海运组织“迎奥运”登山健身活动

2008年5月，台州海运离休干部王家振、陈水章到党群办为汶川地震捐款，给灾区群众献爱心

2008年11月25日，温州海运举办安全生产知识竞赛

2009年1月9日，召开退休老领导和离休老同志座谈会

2009年6月13日，温州海运组织青年员工进行素质拓展训练

2009年11月17日，浙海海运员工获公元大厦篮球赛亚军

2009年，温州海运组织员工参加登山健身活动

2009年8月，“浙海358”轮职工书屋送书仪式

2009年3月，台州海运深入学习实践科学发展观活动全面启动

2009年9月25日，参加省交通集团庆祝新中国成立六十周年（1949—2009）歌咏比赛

2010年6月30日，五洲公司进行消防演习

2010年7月30日，台州海运召开军转干部座谈会

2010年7月1日，浙海海运开展党日活动，新党员进行入党宣誓

2010年10月15日，浙海海运组织退休老同志进行活动

2010年9月12日下午，“富兴10”轮甲板部与轮机部在尾甲板篮球场进行了一场以“友谊第一，比赛第二”为主题的激烈有序的篮球对抗赛

2010年11月3日，温州海运员工参加温州市直机关首届综合运动会田径趣味比赛

2010年12月28日，五洲公司举办第二届“迎新年”职工健身环岛长跑活动

温州海运员工入党宣誓

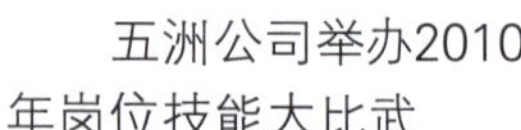

五洲公司举办2010年岗位技能大比武

新中国成立60周年之际，省海运集团党委书记单树林为离休干部授纪念章

台州海运成立五十周年庆典上为1958年前参加工作的老同志授予荣誉奖章

台州海运参加军警民联欢文艺晚会

台州海运员工大合唱

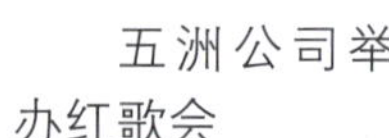

五洲公司举办红歌会

温州海运“浙海116”轮军训归来

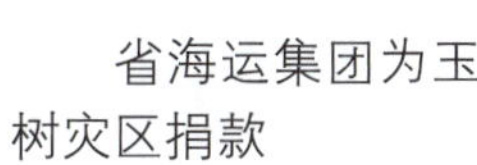

省海运集团为玉树灾区捐款

2015年，省交通集团党委副书记、纪委书记刘利慰问省海运集团抗战老兵戴雨清

2017年“公司日”期间，省海运集团组织拔河比赛

2017年10月，省海运集团获得省交通集团第二届“同心杯”安全生产知识竞赛一等奖

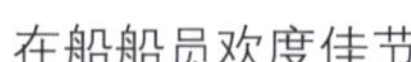

在船船员欢度佳节

在船船员庆生

2018年，省海运集团第二届“公司日”登山活动

2018年，在余姚四明山开展党员活动

2019年，省海运集团本部全体党员在金华江南第一家开展廉政教育活动

2019年，省海运集团工会组织前往安吉余村开展活动

2019年第三届“公司日”，省海运集团本部开展毅行活动

2019年，省海运集团参加省交通集团职工运动会

1950—2020

附录4

大　事　记

附录4　大　事　记

1949—1978年

1949年12月24日，浙江省航务管理局成立。

1950年9月27日，浙江省航务管理局秘人（50）字第3040号训令公告：本省航运公司已奉令筹设即将正式成立，受本局直接领导，办理本省江海内河航运业务，下设分公司及营业处站，与航务局机构合并办公。本局航运部分工作俟公司成立后即划入公司办理。

1950年10月1日，浙江省航运公司正式挂牌成立。

1950年10月16日，浙江省航运公司宁波分公司正式成立。孙雪桥（航务管理局宁波办事处主任）兼经理，许祖衡（航务管理局宁波办事处副主任）兼副经理；办公地址在宁波江北岸外马路34号，主要经营沿海及内河客货运输业务。

1950年10月，浙江省航运公司宁波分公司新建的“中浙1”号轮投入甬—定（海）—沈（家门）客运航线；翌年2月，该轮改营定海—宁波专线，夜泊定海，与杭甬铁路相衔接，旅客早上从定海出发，当天可抵达杭州。

1950年11月1日，浙江省航运公司温州分公司正式成立。高锋（航务管理局温州办事处副主任）兼副经理。公司主要经营沿海及内港、内河客货运输业务。

1950年12月，浙江省航运公司宁波分公司客货两用“华东机85”号轮、“华东机86”号轮以及甬利轮船行“新宁余”轮先后复航甬—沈（家门）线；至12月底，镇海、舟山、定海、石浦、岱山、象山等航线，均恢复了客轮运输。

1951年1月1日，浙江省航运公司奉命改组为国营华东内河轮船公司浙江省公司。浙江省航运公司宁波、温州分公司分别改称为国营华东内河轮船公司

浙江省公司宁波、温州分公司。但当时因沿海业务仍在继续，因此沿海机构仍旧保留了浙江省航运公司名义。

1951年12月，奉华东军政委员会指示：为避免国家机构重叠，以便于统一领导和管理沿海运输业务起见，国营华东内河轮船公司浙江省公司将其所经营的沿海客货运输业务及船只全部移交给上海海运局经营和管理。

1952年9月，国营华东内河轮船公司浙江省公司宁波分公司“华东机29”号将上海—定海航线延伸至沈家门，6天一航次。

1953年4月，经浙江省人民政府交通厅批准，国营华东内河轮船公司浙江省公司改称为国营浙江省内河轮船公司。

1953年6月8日，经浙江省人民政府财政经济委员会批准，国营浙江省内河轮船公司改称为国营浙江省轮船公司。

1953年7月15日，浙江省轮船公司宁波营业处与公营益众运输公司合并，改组为浙江省轮船公司宁波分公司。

1954年5月，浙江省轮船公司宁波分公司“中浙8”号轮（载客定额219人）营运甬—沥（港）—岱（山）航线。

1954年8月，国营浙江省轮船公司撤销（保留公司名义），业务并入浙江省交通厅航运管理局。

1954年10月20日，浙江省轮船公司宁波分公司“浙会”轮，复航穿山—定海航线，每天2班。

1955年5月，浙江省轮船公司宁波分公司“浙济”轮复航甬—椒（江）客运航线，4天一班。

1955年12月，浙江省轮船公司宁波分公司“中浙2”号轮投营运，重新开辟定—沪航线，兼弯泗礁、衢山。

1956年5月，甬—岱（山）客运航线由浙江省轮船公司宁波分公司“中浙8”号轮专营。

1956年6月1日，经浙江省航运管理局批准，舟山航运管理处（舟山航运分公司前身）成立，由舟山航运管理处代省经营管理，在内部企事业的经济分别核算，人员分别编制。

1956年，舟山航运管理处接受浙江省轮船公司宁波分公司5艘客货船及经营航线，开始经营舟山境内的客、货运业务。

1956年10月，浙江省轮船公司宁波分公司新建的“中浙1”号（载客454人、载货150吨）投入甬—定（海）—沈（家门）航线，一时称为盛事。

1957年，浙江省轮船公司宁波分公司的“中浙8”号轮开通石浦—宁波定期客运航线。此后“浙江605”轮、“浙江603”轮、“浙江607”轮等客船都投入过该航线营运。

1957年，浙江省轮船公司宁波分公司的“中浙6”号轮，定期定线开辟甬—石（浦）客运航线。

1957年10月，浙江省轮船公司将“中浙7”号客货船（200客位、30吨）调拨给温州分公司，温州沿海客货船运输开始起步。

1957年，原浙江省轮船公司宁波分公司经营的宁波—定海客运航线划归舟山航运管理处经营。

1958年6月15日，上海海运局无偿调拨“和平13”号等13艘钢（木）质货船（共6300载重吨）给温州市轮船公司，随船下放员工455人。经营温州—上海、宁波、海门航线，为温州海运日后的发展奠定了良好基础。

1958年6月，上海海运局下放“和平30”号等6艘小轮（共2205载重吨、主机功率997.5千瓦），随船政工干部、船员及调度、商务、机务技术等相关人员给台州专区航运管理所，成立台州专员公署航运管理局和台州地区航运局（政企合一单位），开始谱写台州海运崭新的历史。

1958年7月，上海海运局“和平27”轮（840载重吨）等9艘沿海货船下放宁波市轮船公司，134名船员随船下放。

1960年，上海中华船厂为浙江省建造2艘3000吨级沿海货船“浙海91”轮、“浙海92”轮竣工，由宁波市轮船公司经营（这2艘船舶燃料原为烧煤，1972年改为烧渣油）。

1960年，“浙江803”轮和“浙江807”轮替代“浙会”轮，开通穿山—定海—六横—虾峙—桃花—沈家门航线，两轮对开。

1962年5月30日，随着舟山专员公署的恢复，舟山交通体制调整为舟山专员公署交通运输管理局、舟山区航运局、舟山航管处、舟山联运经营处，四块牌子一套机构。

1962年7月，地方国营宁波市轮船公司改称浙江省宁波区航运公司和浙江省交通厅宁波港务管理局，对外两块牌子，内部一套班子，迁址宁波外马路61号。

1962年8月21日，“浙海（舟）701”轮冒八级大风，奋勇抢救嵊泗县勾奇的遇险船，使7名遇险者全部获救，受到了地县党政领导的表彰和群众的赞扬。

1962年10月1日，温州港务、航运机构和温州市交通局分开办公，成立浙江省交通厅温州港务管理局和浙江省温州区航运局。

1964年6月，浙江省编制委员会批复，恢复浙江省轮船运输公司，为浙江省交通厅领导下的独立经济核算企业。

1965年1月1日，浙江省交通厅根据浙江省编制委员会批复，将宁波、舟山、海门、温州、钱江、杭州、嘉兴、湖州共8个区航运局改名为轮船运输分公司；浙江省交通厅船舶修造厂改称为浙江省轮船运输公司船舶修造厂；浙江省交通厅驻沪经营处改称为浙江省轮船运输公司驻沪经营处。在浙江省航运公司统一领导下，实行内部经济核算。

1965年10月，浙江省轮船运输公司舟山分公司接收舟山地区水产局“海星601”轮，经改装后更名为“浙江（舟）711”，投入定海—巨山—泗礁—上海客运航线。

1965年10月，浙江省轮船运输公司舟山分公司购置第一艘钢质新客货船“浙江（舟）712”轮，该船由杭州船厂建造，载客245人、载货30吨（于1966年1月出厂投入营运，1983年更名为“浙江808”轮）。

1965年11月20日，由于浙江省轮船运输公司不仅经营轮船运输，同时还经营帆船和港口装卸、水上联运业务，经浙江省交通厅批准，浙江省轮船公司改称为浙江省航运公司，所属分公司同时均改称为××航运分公司。

1969年11月，浙江省航运公司决定将万吨级旧货船“钢铁34”号调拨给温州分公司经营，这是温州分公司拥有的第一艘万吨船。为公司今后使用、管理旧钢质船和发展大吨位船舶打下了基础。

1969年12月，创建浙江船厂（当时称“浙江反帝船厂”），系省属全民所有制企业，地址在奉化市松岙乡湖头渡。

1970年12月，由浙江省航运公司宁波分公司下属镇海船厂建造的400吨级钢质沿海货船“前哨63”轮（后更名为“浙海513”轮）下水，这是当时浙江省建造的最大吨位钢质沿海货船，为公司更新替代木质船舶开创了新路。

1971年1月1日，浙江省交通邮政局制发浙交邮〔1970〕字第151号《关于省属企业下放问题的通知》，浙江省航运公司体制调整，各分公司下放所在地（市）属地管理，改称浙江省××地区航运公司。

1973年1月，由上海江南造船厂为浙江省建造的第一艘丙型客货船“前进813”轮（314客位、175吨，后更名为“浙江801”轮）竣工交付使用，安排由舟山航运分公司经营，航行于定海—巨山—泗礁—上海客运航线。

1973年12月14日，舟山航运分公司与舟山交通管理局、航管处分设，企业机构独立，同时由省属下放为地区所属，更名为舟山地区航运公司。

1975年6月21日，浙江省温州地区航运公司首建3000吨级货船“浙海109”轮投产。

1975年7月1日，浙江省在上海新建的1600吨级沿海客货船“浙江403”轮、“浙江404”轮正式运行海门—上海航线。10月，同型客货船“浙江815”轮出厂投入舟山定海—上海直放定班客运，结束了旅客经宁波中转去上海的历史。

1975年11月20日，舟山地区航运公司从上海海运局购入的“战斗10”号轮改装修复完工投入营运。改装后载重量核定为2400吨，更名为“浙海713”轮。

1975年10月，宁波地区航运公司“浙江604”轮开通宁波—定海—温州客运航线，4天一班。

1975年12月30日，由浙江船厂为宁波地区航运公司建造的1000吨级货船“浙海504”轮下水，这是浙江省自制的第一艘千吨级货船。

1976年8月，宁波地区航运公司新建的“浙江607”轮替代“中浙6”号轮运行宁波—石浦航线。

1977年7月11日，交通部将上海港驳公司万吨级废旧钢质船“绿山”轮调拨给温州，更名为“浙海106”轮投入营运。

1978年6月8日，舟山地区航运公司“浙海714”轮途经钓门时，全体船员奋不顾身抢救当地翻船落水群众，救上30人，受到党政领导表扬和群众的高度

评价。

1978年8月，经浙江省革命委员会浙革发〔1978〕81号批复同意，新建浙江航运技工学校，校长孔维，支部书记乔淑铭，校址设在杭州市拱宸桥谢村。

1978年11月，浙江省革命委员会浙革〔1978〕170号文调整交通管理体制，恢复浙江省航运公司建制，下属宁波、温州、海门、舟山、杭州、钱江、嘉兴、湖州、温溪分公司，为内部核算单位。除宁波因港务部门由交通部上收管理，港、航需分开外，其余温州、海门、舟山、温溪分公司和其所在的港务局（处），两块牌子、一套机构，分设专职部门。原下放嘉兴地区东部各县的内河客运，全部收归嘉兴分公司经营。

1979年

1月1日，浙江省航运公司恢复建制，正式挂牌。原隶属于各地区和杭州市、宁波市的宁波、温州、台州、舟山、杭州、钱江、嘉兴、湖州、丽水航运公司，分别更名为浙江省航运公司宁波分公司、温州分公司、海门分公司、舟山分公司、杭州分公司、钱江分公司、嘉兴分公司、湖州分公司、温溪分公司。

1月17日，浙江省交通局航运管理局转发浙江省航运公司海门分公司“浙海307”轮船员在海上奋力抢救4位遇险落水人员的通报。海门分公司（海门港务局）报道了他们的事迹，并进行奖励。

1月24日，由上海沪东造船厂为宁波分公司建造的3000吨级油船——“浙海517”轮重载试航、投入营运（该船1980年转由中远总公司浙江省公司宁波办事处经营近洋运输，更名为“兰江”轮）。

3月，浙江省第一艘自行设计制造、顶推能力为500吨的沿海顶推船——“浙推1”号，在浙江象山船厂竣工投入营运。该船由浙江省航运公司海门分公司负责经营。

3月30日，浙江省交通局印发《关于全省安全优质百日赛先进集体和先进个人授奖授旗的通知》，浙江省航运公司杭州分公司第十六船队、海门分公司“浙江404”轮、温州分公司“浙海101”轮名列其中。

9月，浙江省航运公司船舶设计室组建，为浙江省航运公司内部核算单位。

11月，杭州客运码头和候船大厅建成投入使用，时为浙江省最大内河客运码头。该码头位于杭州市武林门，占地面积15.14亩，主要从事杭州至嘉兴、湖州、苏州、无锡等地的旅客运输。

12月3—7日，在浙江省交通局招待所召开省航运系统节能经验交流会，马立亭、胡骏等领导参加，并为14个单位和个人颁发了节能先进奖。

12月25日，浙江省航运公司温州分公司与河北省海运公司签订购置钢质二手船（废钢船）“冀海”轮的协议书。该船购入后更名为“浙海105”轮。

1980年

1月2日，浙江省航运公司决定将从省外购入的“鲁民1”号（350客位）、“鲁民2”号（244客位、175载货吨）两艘沿海客船分别调配给宁波、舟山分公司经营。

1月6—10日，浙江省春运水上客运、港监安全会议在绍兴召开，会议期间开展了“水上客运服务质量流动红旗”评比，并进行了表彰。浙江省航运公司舟山分公司“浙江404”轮获得部颁红旗；浙江省航运公司海门分公司客运站获得省颁红旗。

1月29日，《浙江日报》刊登了《行经济航线、开经济车速，浙江604轮节油成果显著》的文章，对浙江省航运公司宁波分公司“浙江604”轮航海节能先进事迹进行了报道。

2月，中国远洋运输总公司浙江省公司（筹）温州办事处成立，与温州分公司合署办公。根据上级统筹安排，时下温州分公司唯一新建船舶“浙海109”轮被调拨给中远浙江省公司使用，更名为“瓯江”轮。

3月19日，交通部、浙江省人民政府联合行文，批复同意由中国远洋运输总公司和浙江省交通局组织合营轮船公司，轮船公司定名为中国远洋运输总公司浙江省公司。合营双方签订了《关于组织合营轮船公司协议书》。

3月26日，浙江省航运公司宁波分公司“姚江”轮（原浙海“504”轮）装载物资777吨自宁波首航香港。这是中华人民共和国成立后浙江省货船首次从事外贸运输，揭开了浙江省水路外贸运输的新篇章。

4月，浙江省航运公司宁波分公司所属镇海船厂为旅大邮电局建造的我国

第一艘邮政船——“鸿雁1”号轮竣工交付使用；同型第二艘邮政船“鸿雁2”号轮也于同年12月交付使用，并在该船首次采用了船体阴极防腐新技术。

4月17日，中国远洋运输总公司浙江省公司“瓯江”轮从温州港首航香港，这是新中国成立后温州籍货运船舶首次驶往香港。

4月22日，中国远洋运输总公司浙江省公司宁波办事处成立，与浙江省航运公司宁波分公司实行两块牌子、一套班子、办事处设在宁波分公司内（直至1985年4月20日两公司分设，1986年6月，中国远洋运输总公司浙江省公司宁波办事处搬迁新址办公）。

8月16日，浙江省第一艘3000吨级远洋自营油轮——浙江省航运公司宁波分公司“兰江”轮，满载石脑油，从宁波港启航，渡东海，经大隅海峡，沿九州、四国沿岸，驶抵日本大阪，航程820海里，航时60小时，开通了中国宁波—日本大阪港航线。

10月13日，浙江省航运公司委托上海船舶设计院设计、中华造船厂制造的3000吨级散货船2艘，分配给海门分公司经营，冠名为“浙海304”轮和“浙海305”轮。

12月1日，经浙江省交通厅批准成立的浙江省船舶工业公司、浙江船舶工业联合公司（原六机部与浙江省联营）正式运作，两公司的办公地点设在杭州梅花碑，与浙江省航运公司（航运局）合署办公。原浙江省交通局船舶工业办公室同时停止对外业务。

1981年

1月13日，浙江省航运公司在上海东风饭店召开远洋运输工作会议，胡骏等领导参加并主持会议。会议总结了前阶段发展远洋运输的有关工作，提出了进一步发展远洋运输的设想和措施。

5月25日，浙江省科委印发《关于浅吃水大吨位船型技术经济性能研究项目计划任务书的批复》，同意实施该项目，并给予科研补助经费10万元。

5月26日，浙江省交通厅航运管理局批复同意浙江省航运公司杭州分公司经营杭州—无锡客运航线。

5月29日，浙江省航运公司杭州分公司豪华卧铺旅游船“龙井”号投入杭州—无锡客运航线，开辟了第一条由杭州出发，穿越太湖水域到达无锡的水上客运旅游航线。

5月30日，浙江省经济委员会公布浙江省能源消耗重点企业名单，浙江省航运公司名列其中。

6月18—19日，由浙江省航运公司船舶设计室与上海交通大学联合开发的浅吃水、大吨位船舶方案审查会在浙江省水产厅招待所召开。浙江省航运公司（含下属分公司）及上海船舶设计院、上海船研所等派员参加。

7月，浙江省航运公司舟山分公司“浙海713”轮装运煤炭，将长江航线延伸至武汉。

8月底—9月初，与六机部初步商定，以贷款造船方式，由六机部下属船厂为浙江省航运公司建造12艘船舶，包括3800吨散货船4艘、10000吨级浅吃水散货船4艘、5000吨级近洋杂货船2艘、1600吨沿海客货船2艘（在实施时，以上计划有所调整）。

11月，中国远洋运输总公司浙江省公司将“姚江”轮退归浙江省航运公司宁波分公司，恢复原“浙海504”船名，改为经营国内航线。

12月，浙江省航运公司宁波分公司“浙海512”轮满载500吨磷矿石成功首航瑞安港，开辟了宁波—瑞安新航线。

12月10—12日，由浙江省航运公司海门分公司、交通部上海船舶运输科学研究所协作研究的椒申航线航海节能课题鉴定会，在浙江省椒江市召开。交通部科技局、水运局，浙江省科委、省经委，上海港港监、上海海运局、上海海运学院，浙江省交通学校、交通厅科研所、省航运公司及沿海各分公司等派员参加。

12月14日，浙江省交通厅航运管理局批复同意宁波分公司“浙江603”轮投入甬岱延伸上海航线。

12月16—21日，浙江省航运公司在杭州花家山宾馆召开1600吨客货船、5000吨近洋货船、10000吨煤船方案设计审查会。

1982年

1月，浙江省航运公司宁波分公司经营的“浙江602”轮正式开通宁波—普

陀山客运航线，为赴普陀山旅游观光的旅客提供了方便。

2月，由浙江省航运公司海门分公司船厂自行设计制造的1300客位内江双层钢质渡船投产使用。

5月20日，浙江省科委批复浙江省航运公司实施“沿海最佳航线选择研究”的重大科学研究项目，内容包括：为甬申线500吨、3000吨两种船型进行定速顺潮变速航行节能研究；为浙江省其他主要航线不同航速的船舶选择经济航线，计算利用潮流的航行时间表及流压角表等。此项目安排科研补助总经费1万元。

7月7日，浙江省航运公司与中国船舶工业总公司所属6215厂（润州造船厂）签订沿海双体客轮建造合同，合同明确以延期付款方式，由润州造船厂为浙江省航运公司建造2艘575客位沿海双体客船。

8月，宁波—温州—香港海上货运航线由不定期航行改为每月上、中、下旬3次的定期航行，开辟了浙江省第一条散杂货船定期班轮航线。

8月28日，由上海中华船厂为浙江省航运公司海门分公司建造的“浙海304”轮，在上海装货并开始重载试航。

9月25日，六机部渤海造船厂为浙江省航运公司建造的第一艘浅吃水万吨级节能型货船——“浙海117”轮，在辽宁葫芦岛正式开工建造，该船安排由温州分公司经营。

10月15日，浙江省航运公司决定：中国船舶总公司润州造船厂建造的2艘575客位双体客船，建成后分别由宁波、舟山分公司经营。

10月23日，浙江省交通厅航运管理局对杭苏客班航线事项作出批复，同意杭州航运公司组织运力，参加杭苏客班航线旅游运输，票价按现行杭苏线同等级客位票价执行。

12月7日，浙江省航运公司海门分公司委托浙江船厂建造的1200吨货船竣工离厂，投入营运，命名为“浙海307”轮。

12月，浙江省航运公司委托原六机部所属芜湖造船厂建造的第一艘3800吨散货船竣工，交付宁波分公司使用，命名为“浙海507”轮。

1983年

1月9—12日，浙江省交通厅航运管理局（公司）召开省航节能会议。局

（公司）领导、辖属的9个分公司（包括2个水泥厂）、10个航管处（所）及所属县市水运企业，浙江省交通厅、浙江省石油公司、上海船研所等110余人参加会议。

3月，浙江省航运公司安排由温州分公司经营的3800吨“浙海115”轮投入营运。

3月下旬，浙江省交通厅航运管理局、浙江航运公司1982年度先进集体、先进生产（工作）者表彰大会在浙江省交通厅招待所召开。浙江省航运公司湖州分公司等42个先进集体、马振吾等26位劳动模范及先进个人受到通报表彰。

4月，浙江省航运公司海门分公司开辟南北新航线：“浙海307”轮载重1220吨首航上海—蛇口港；“浙海311”轮载重550吨首航上海—营口港。

6月，浙江省委〔1983〕22号批转浙江省交通厅党组《关于厅机关和厅直属单位机构编制方案的报告》，将浙江省交通厅航运管理局与浙江省航运公司分开设置，结束了长期以来政企合一的管理体制。

7月，由芜湖造船厂为浙江省航运公司建造的3800吨散货船——“浙海509”轮竣工交付使用。浙江省航运公司安排该船由宁波分公司经营。

10月5日，成立浙江省航运公司企业整顿领导小组。领导小组由11人组成，组长为钱治华，副组长为金孝毅、詹寿明、温超祥（兼办公室主任）。

12月1日，浙江省航运公司杭州分公司投入豪华型卧铺客轮“龙井”号首航苏州，打破了杭州—苏州客运航线长期以来由江苏省航运企业独家经营的局面。

12月16日，由芜湖造船厂为浙江省航运公司建造的3800吨散货船——“浙海116”轮交付使用。浙江省航运公司安排该船由温州分公司经营。

同日，在浙江省交通厅和政府相关部门的大力支持和帮助下，浙江省驻沪航运营业部正式开业，代理浙江抵沪船舶货物装卸和中转联运业务。

12月29日，渤海造船厂为浙江省航运公司建造的第一艘万吨级货船竣工投产，命名为“浙海117”轮，这是国内第一艘万吨级浅吃水节能型船舶。

1984年

1月1日，浙江省航运公司与浙江省交通厅航运管理局政企分开后，正式开

始运作。

2月21日，第一艘575客位沿海双体客船“浙江605”轮竣工，交付宁波分公司投入宁波—沈家门—普陀山客运旅游航线营运，大大改善了该航线旅客运输的设施条件。

2月26日—3月1日，在杭州召开1984年度第一次浙江省航运公司书记、经理会议。会议重点围绕如何提高经营效益、抓好企业整顿、改善经营管理、搞活水上运输等进行了研讨，并提出了工作意见。

4月6日，浙江省交通厅印发《关于公布我省荣获一九八三年度交通运输节能先进企业、部优质运输先进集体名单的通知》，浙江省航运公司宁波分公司被评为国家表彰三级节能先进企业、部节能先进企业；杭州分公司被评为部节能先进企业。

5月11日，第二艘575客位沿海双体客船“浙江806”轮竣工，交付舟山分公司投入定海—宁波客运航线。

5月18日，在上海设立驻沪航运营业部事宜，与上海方在苏州达成协议。9月5日，驻沪航运营业部申领了营业执照，开列了银行账户。

6月19日，根据浙江省交通厅意见，浙江省交通厅航运管理局、浙江省航运公司印发《关于成立〈浙江航运史〉编辑委员会的通知》。《浙江航运史》编辑委员会和编辑办公室成立后，负责对《浙江航运史》编写工作的领导和编写，同时也负责组织全省内河航运史、航海史编写的日常工作。

6月25日，浙江省无线电管理委员会批复同意浙江省航运公司设置无线电台，开通了单边带水运专用通信网，成为国内第一家水运通信省级网络。公司无线通信网络的建立，大大加速了信息传递，提高了工作效率。

6月，于1979年经浙江省计委批准并立项、以“联运大楼”名义建造的航运办公楼竣工交付使用，地址为杭州市环城北路140号。6月27日，浙江省航运公司从梅花碑搬迁至新大楼办公。船舶设计室、远洋公司、造船公司亦同期搬迁。

7月9—11日，在杭州召开1984年度第二次浙江省航运公司书记、经理会议。会议汇报上半年工作情况、提出下半年工作打算，并就如何进一步解放思想，开拓经营，以改革精神抓整顿，努力提高企业经济效益等进行商议，达成共识，并提出措施。

8月，浙江省航运公司舟山分公司“浙海716”轮南下广东汕头港，开拓南洋货运业务。

8月7日，浙江省航运公司决定调整公司节能领导小组。调整后的节能领导小组由金孝毅等8人组成，金孝毅任组长，华汉清任副组长；成立公司节能办公室，由华汉清任主任；根据开展节能工作的需要，聘请若干人担任公司节能顾问。

8月19日，经浙江省航运公司领导及相关部门多次协调，杭州船厂、浙江省航运公司船舶设计室与古运河旅游有限公司就设计建造一艘内河高级旅游客船达成一致意见：由浙江省航运公司船舶设计室负责该船的技术设计，杭州船厂负责施工设计与船舶建造，并于9月4日签订了该船设计建造的三方协议书。

9月1日，根据技术开发工作和对外经营需要，浙江省航运公司船舶设计室更名为浙江省航运公司技术开发部。

9月，由浙江船厂建造的2100吨沿海货船竣工交付使用，命名为“浙海703”轮，安排由舟山分公司经营，用于更新接替即将报停的“浙海713”轮。

9月9日，浙江省计委转发《关于更新改造渣油轮复函的通知》，同意根据国家对渣油轮改造的有关规定和优惠政策，为浙江省航运公司安排渣油轮技术改造资金1080万元，节能贷款540万元，合计1620万元，用于更新和建造沿海货船及客货船。

9月29日，决定成立浙江省航运公司经营部，经营省内、省外的水陆联运等业务，开展门对门一条龙服务；代购代销，实行运贸结合；办理合同运输，替货主招船，替船舶揽货，承办旅游服务；向船舶提供市场信息及维修、供应服务。

11月7日，浙江省交通厅企业整顿领导小组行文批复浙江省航运公司宁波、温州、温溪、海门、嘉兴、湖州6个分公司企业五项整顿工作验收合格。

11月29日，温州市人民政府印发《关于合资经营温州—香港客货运航线项目建议的复函》，同意以浙江省航运公司、温州港务局（代表温州市）、中国银行温州分行、香港金刚船务企业有限公司合资购买船只，开辟温州—香港客货运航线的项目，在四方达成协议基础上，报浙江省政府批准后实施。

12月4—8日，在杭州延安饭店召开年度工作会议，各所属单位书记、经理及相关部门负责人参加。会议总结汇报了1984年度工作，提出1985年度工作打算，还就浙江省航运公司体制、二步利改税及推行以经营承包为主的经济责任制等问题进行了研究。浙江省交通厅副厅长周志卿到会并讲话。

12月17日，浙江省交通厅批复同意成立浙江航运劳动服务中心，该中心系集体所有制的经济联合体，隶属浙江省航运公司领导，经济上独立核算、自负盈亏。其主要任务是为搞活经济，开拓业务，疏通、协调代理企业间的供、产、销业务协作及培训劳动服务公司的相关业务等。

12月26日，由浙江省航运公司宁波分公司经营的“浙海509”轮成功首航广东汕头港。

12月28日，由浙江省航运公司总船长李一民、舟山分公司副经理尹庆林负责洽谈，向国外购买的6800吨、4000HP二手船SITIMIE转让合同签订，合同价26.5万美元。该船购入后更名为“浙海717”轮，由舟山分公司经营，时为舟山市载重量最大的货船。

1985年

1月8日，浙江省第二艘万吨级浅吃水节能型散货船——“浙海313”轮（隶属浙江省航运公司海门分公司）在海门港试航成功并办理交接，浙江省航运公司副经理马光等参加了交接仪式。

1月9日，由浙江省航运公司委托香港招商局联系，以40万美元购入日本1971年建造、6000载重吨、3800HP的“高砂丸”号。该轮购入后更名为“浙海107”轮，由温州分公司负责经营。

1月24日，在浙江省航运公司召开的1985年度春运工作会议上，副经理金孝毅宣布获得交通部文明站、船评比结果，嘉兴分公司嘉善站、杭州分公司杭州站、湖州分公司“浙航802”轮榜上有名。

1月25—26日，浙江省航运公司首次科技工作会在浙江省体委招待所召开，省公司及各分公司领导、相关部门负责人参加，浙江省科委、浙江省交通厅科教处、浙江省交通科技情报站等也应邀派员参加。会议专题研究了省航系统企业贯彻科技发展方针，落实浙江省交通科技工作会议精神，发展航运科技商品，开发航运科技市场的总体构想和措施，动员公司各级科技人员认真落实。

2月9日，浙江省交通厅印发《关于杭州工程船舶修造厂归属问题的批复》，同意从1985年1月1日起，杭州工程船舶修造厂隶属于浙江省交通厅航运管理局领导管理（包括人财物、产供销）。

2月16日，浙江省交通厅印发《关于省航运技校嘉兴分校归属问题的批复》，明确由浙江省航运公司接管。

2月24日，浙江省航运公司印发《关于合资经营“浙江龙舟有限公司”报告的批复》，同意苍南航运公司与舟山分公司合资创办“浙江省龙舟有限公司”。该公司属于开拓型联合企业，全民办集体性质，隶属于当地交通主管部门，业务上接受浙江省航运公司指导，经济上实行独立核算、自负盈亏。

2月，宁波分公司最后一艘渣油船——“浙海92”轮报废，由该公司所属镇海船厂负责拆解。至此，浙江省航运公司完成了所有渣油船的更新改造。

3月9日，浙江省经济体制改革领导小组、省计划经济委员会、省财政厅、省交通厅联合印发《关于杭州船厂、浙江船厂下放的通知》。该通知称，省人民政府决定，将省交通厅所属的杭州船厂、浙江船厂分别下放给杭州市和宁波市管理（包括人财物、产供销）。

3月27—30日，浙江省航运公司1985年度第一次书记、经理会议在浙江省体委招待所召开。会议提出了1985年企业的经营决策为“立足本地、保证重点、以航为主、多种经营、落实承包、消灭亏损、注重质量、提高效益”。会议还就第二步利改税及企业承包经营等事项作了商讨。

3月30日，由浙江省航运公司、宁波市经济技术开发股份有限公司、香港港瑞投资有限公司合资创办的宁波花港有限公司完成了工商注册登记手续，公司宣告成立，这是浙江省第一家中外合资水路客运企业。

4月16日，浙江船厂下放交接仪式在宁波举行，宁波市经委领导主持了交接仪式，浙江省航运公司与宁波市机械局（接收单位）办理了交接签字手续。

4月20日，浙江省交通厅检发《关于远洋运输公司和航运公司正式分开的有关问题会议纪要》，同意浙江省远洋运输公司与浙江省航运公司正式分开。

5月25日，中央电视台《话说运河》摄制组来到地处杭州市武林门的杭州分

公司客运所，拍摄了运河终端客运繁忙景象，在中央电视台专题节目中播放。

6月16—21日，浙江省政府在杭州召开浙江省经济技术协作洽谈会，浙江省航运公司组成以庄钠为代表团团长，金孝毅、马光为副团长的10人洽谈组，经过36场次洽谈，与广东省航运总公司签订了455客位沿海全空调客船——“鼎湖”轮的转让协议；与芜湖造船厂签订了由卖方贷款，建造4艘3800吨江海货船船队协议等。

7月10日，由浙江省航运公司宁波分公司经营的“浙海504”轮满载1000多吨水泥，开辟了宁波—铜陵固定货班轮航线，成为响应同年5月在宁波召开的全国第一次江海联运会议要求实施的首批项目。

7月23日，根据经济体制改革要实行行政企业分开的精神，浙江省交通厅印发了《关于温州、海门、温溪港航分开有关问题的意见》，对三地港航分设问题做了进一步明确：一是温溪港航暂不分开；二是温州、海门两地实行港航分开。同年8月1日前，温州、海门完成了港航分开，结束了二十多年来港航合一的体制。

8月10日，杭州—福州江海直达货运航线开通。由钱江分公司沿海船队船舶装载皂化油、五金、百杂货等共150吨，从海月桥码头起航，开始了新辟航线之行。

8月27日，浙江省航运公司向广东购买的“鼎湖”轮驶抵定海港，决定该船由舟山分公司负责经营，更名为“南湖”轮，运行定申客运航线。

10月4—7日，在杭州召开1985年度第二次经理、书记会议。宁波分公司介绍了经济承包责任制试点情况，杭州分公司介绍了创六好情况；各单位汇报了第一至第三季度经营生产、工作情况及第四季度工作安排，并就企业整顿回访复查、创六好和加强思想政治工作等问题进行了探讨。浙江省交通厅厅长马立亭到会并讲话。

10月16日，杭州分公司在杭州—无锡航线营运的“双峰”号客船，从杭州开往江苏省无锡，于0310时航经太湖7号标时沉没，造成10名旅客罹难，损失6.7万元。

10月31日，浙江省交通厅印发《关于“杭州古运河旅运公司”企业性质、隶属领导及经营航线等问题的批复》，同意杭州古运河旅运有限公司为全民所有制交通运输企业，业务属于浙江省航运公司领导，为独立核算单位，自负盈亏、照章纳税，经营古运河水系旅游客运航线。为便于统筹管理，浙江省航运公司决定将杭州古运河旅运公司委托杭州分公司代管。这是浙江省水运企业组建的第一家跨行业水路客旅公司。

11月11日，浙江省航运公司委托渤海造船厂建造的第三艘浅吃水万吨船竣工离厂，命名为“浙海501”轮。13日该轮在连云港满载10600吨煤炭后启航，于18日下午驶抵宁波镇海煤码头，首航取得圆满成功。宁波市顾问张利一、浙江省交通厅副厅长周志卿为该船成功首航剪彩。该船入籍宁波，由宁波分公司负责经营，结束了宁波无万吨船的历史。

11月12日，为提高货物疏通中转装卸效率，加快船舶周转，经浙江省交通厅协调上海市交通管理部门同意，利用报废的“浙海105”轮，在上海黄浦江设立“浙江平台一号”，并举行开业典礼，上海市经济区、交通办，浙江省计经委、省交通厅、省粮食局、省交通厅航运管理局、省航运公司等领导参加。

11月27—29日，浙江省航运公司在浙江省体委招待所召开首次优秀船员家属代表表彰大会，会上对经评选产生的优秀船员家属进行了表彰。

12月14日，浙江省交通厅科教处邀请浙江省科委、上海708所、上海船研所、上海海运局、秦皇岛船检等单位专家组成评审委员会，对浙江省航运公司技术开发部与上海交通大学联合承担的“浅吃水万吨轮研究试验”科研项目进行了评审，对项目研究成果给予了充分肯定。

12月25日，由浙江省航运公司技术开发部设计、杭州船厂建造的内河高级旅游客船“天堂”号竣工，交付杭州古运河旅运公司经营杭州—苏州旅游航线。

1986年

1月1日，杭州—苏州运河客班航线，由浙江省航运公司杭州分公司与苏州轮船公司实施对开，杭州分公司为此投入了五轮十驳，计2094客位，结束了杭苏客运航线由江苏省独家经营的历史。同日，杭州—湖州运河客班航线，由杭州分公司与湖州分公司实施对开，湖州分公司为此投入了“浙航825”轮（160客位）。

1月17日，省航军运基础建设工作会议在浙江省体委招待所召开。浙江省交通厅副厅长黄志裕到会，并要求把军事运输工作真正纳入工作议程，做到层层落实。

2月，浙江船厂为浙江省航运公司建造的2200吨“浙海510”轮开工，同年11月28日下水，1987年4月19日竣工，交由宁波分公司经营。

4月14—17日，在杭州召开1986年度第一次书记、经理会议。会议传达了全省交通工作会议精神，总结汇报了上年度工作和本年度计划、工作打算。会议同时就企业“转轨变型”“横向联合”等方面进行了深入探讨。

4月28日，温州分公司与浙江省远洋公司、香港招商局等中外企业合资创办了瓯江船务有限公司，注册资本200万美元，由温州分公司提供整套外派船员，同时承担机务和海务管理。

4月，宁波分公司对“浙江605”双体客船进行了技术改装，使该船比改装前增加了200客位，提高了营运收益。同年7月，舟山分公司对“浙江806”双体客船也进行了增客改装。

5月，浙江省航运公司建立节能办公会议制度，并于20—21日在杭州召开第一次节能办公会议，各分公司的主管经理及相关部门负责人参加了会议。为加强节能降耗工作，会议要求各分公司专设节能办公室，每季至少召开一次节能办公会议。

5月24日，浙江省航运公司温州分公司委托浙江船厂建造的1200吨货船“浙海106”轮竣工离厂，27日装货投入营运。

6月21日，宁波花港公司“甬兴”轮首航典礼在宁波举行。宁波市副市长朱尔梅、香港港瑞投资有限公司董事长包玉星及浙江省航运公司经理庄钠、副经理傅世瑶等参加了首航典礼。

6月28日，“浙海311”轮（550吨）装载数百吨杂货，在海门港3号码头举行海门港—香港定期货运班轮首航仪式。

7月17日，浙江省航运公司党委批复同意浙江省航运公司海员工会成立浙江省航运公司劳动竞赛委员会。劳动竞赛委员会由10人组成，谢道生任主任，马光、陈士信任副主任。

7月30日，浙江省航运公司党委转发省交通厅《关于表彰一九八五年度先进党支部和优秀共产党员的通报》，浙江省航运公司杭州分公司第十船队党支部、第十三船队党支部以及浙江省航运公司职工严林风、张雨泉、韩华江等榜上有名，受到省交通厅的通报表彰。

9月1日，根据浙江省交通厅决定，浙江省航运公司材料站划归浙江省交通厅管理；上海航运营业部划归浙江省交通厅航运管理局管理。

9月，浙江省航运公司温州分公司委托浙江船厂新建的760客位沿海双体客船“浙江208”轮出厂，接替“浙江207”轮投入温州—洞头航线。

9月4—7日，浙江省航运公司在兰溪云山宾馆召开1986年度第二次书记、经理会议。会议总结交流了1～8月经营生产、企业改革等情况及今后4个月的工作打算。会议还特邀兰溪电缆厂、味精厂作了推行经济责任制方面的情况介绍。

10月底—11月中旬，为加强对职工思想纪律教育，浙江省航运公司党委组织由王炳松等7位优秀船员及2位优秀船员家属组成的先进模范人物事迹报告团，到浙江省航运公司所属单位作先进事迹巡回报告。

11月，浙江省航运公司舟山分公司对“南湖”轮进行技术改装，使该船客位由原来的502人增加至920人，经营效益明显改善。

12月22—23日，为提高公司职工的思想政治素质和生产技能水平，浙江省航运公司在钱航招待所召开教育工作会议。会议总结回顾了1986年度职工教育工作开展情况、存在问题和对新一年职工教育的打算。浙江省航运公司提出了新一年职工教育的目标、计划和工作要求。

1987年

1月18日，香港招商局仓码公司总经理张连桭及夫人从广州抵杭，与浙江省航运公司洽谈向仓码公司输出劳务港驳船员事宜，并达成了一致意见。

2月5日，浙江省航运公司参股的中外合资花港有限公司，投入由挪威建造的铝合金双体高速客船“甬兴”轮营运甬申线。该船在海上航行时间约为2小时，每天始发2班次。

2月24—28日，1987年度第一次书记、经理会议在杭州召开。会议围绕一个中心（以经济效益为中心），两个坚持（坚持四项基本原则、坚持改革开放

搞活政策），三个坚定不移（政治体制和经济体制改革、两个文明建设、贯彻三个条例），总结汇报了1986年度工作，提出了1987年度经济计划目标和工作要求，并按照所有权与经营权分离原则，经理庄钠代表浙江省航运公司分别与各分公司经理签订了经营责任制承包合同。

3月23日，为表彰1986年10月26日16时许，温州分公司“浙海114”轮在途经玉环披山附近海面时，发现一艘发出求救信号的半沉渔船，“浙海114”轮5名水手在大副毛佩衡带领下，顶着七级大风，冒着大雨救起4名落海渔民，随后又在海上寻找一个多小时，救起了另一名被海浪冲走处于昏迷状态的渔民，对其进行人工呼吸，经过一个多小时的紧张抢救，这位渔民最终脱险（被救的5名渔民均系温州市永强区永兴镇五溪村村民）的海上救险事迹，浙江省航运公司印发了《关于给浙海114轮记大功的决定》。

5月4日，首批赴香港仓码公司的32名劳务输出船员从杭州出发去香港，冯国熹、汪子平为带队干部。

5月23日，为进一步加强对军运工作的领导，浙江省航运公司决定成立军运领导小组。领导小组由7人组成，金孝毅任组长，王慧如、田晋发任副组长。

7月，浙江省航运公司温州分公司合资企业瓯江船务有限公司从丹麦购入3000吨级客货船1艘，命名为“雁荡山”轮。8月17日，该船由温州分公司从丹麦接回，跨越三大洋、航程1.2万海里，历时75天抵达温州。于12月26日首航香港，这是浙江省第一艘直航香港的客货班轮。

8月11—14日，1987年度第二次书记、经理会议在浙江日报招待所召开。会议总结汇报了前7个月公司经营生产、改革管理和安全等方面的情况，提出了今后几个月的工作重点。

8月20日，浙江省交通厅印发《关于调整省航运技校嘉兴分校的批复》，决定撤销嘉兴分校，并入浙江航运技工学校。

9月，由浙江省航运公司委托芜湖造船厂建造的3800吨散货船“浙海511”轮动工。该轮于1987年12月8日下水，1988年8月30日由宁波分公司投入营运。

10月16日，浙江省航运公司印发《关于表彰优秀船员家属的决定》，决定对郑花娜、姚亚仙、彭小东、吴锦莲、章秀娣、龚素珍、林玉燕、宋金玉、汤贞玉等40位优秀船员家属予以表彰。11月4—5日，在浙江日报招待所召开浙江省航运公司优秀船员家属表彰会。

10月17日，杭州港务管理处和杭州船舶修造厂下放杭州市的交接签字仪式在杭州航管处举行。浙江省交通厅航运管理局局长顾裕琦、浙江省航运公司经理庄钠分别代表浙江省交通厅航运管理局和浙江省航运公司，与杭州市交通局局长鲍樟根在《关于杭州港务管理处下放交接协议书》和《关于杭州船舶修造厂下放交接协议书》上签字。浙江省交通厅副厅长周志卿与杭州市经委负责人监交。

10月22日，浙江省航运公司宁波分公司“浙江603”轮开通宁波—岱山—上海水上客运航线。

12月，因浙江航运技工学校教育实习需要，浙江省航运公司决定将舟山分公司“浙江811”轮调拨给该校使用。22日，该船在钱航一队船舶引领下抵达南星桥码头。

12月15—19日，1987年度第三次经理、书记、工会主席会议在浙江日报招待所召开。会议总结交流了年度经营生产、经济效益计划指标和工作完成情况，提出了下年度经营生产、经济效益目标和工作要求。同时，还召开了公司思想政治工作研究会和工会主席会议。

1988年

1月15日—2月4日，为适应贸易兴省和外向型经济发展需要，由经理庄钠带队，余纪成、周可丰等5人组成的浙江省航运公司赴南方考察组，分别于15日和17日从杭州出发赴广州、海南等地，就与当地水运企业合作（横向联合）、设立（信息）“窗口”、开拓经营等问题进行考察。

2月25—26日，浙江省航运公司在浙江日报招待所召开外向型经济工作紧急会议，各分公司经理、办公室主任、商务科长参加。会议就如何拓展经营进行了深入研究，达成了共识，并提出了具体要求。

3月3日，浙江省交通厅批复同意浙江省航运公司在海南成立琼之船务（实业）有限公司。

3月7日，浙江省交通厅批复同意浙江省航运公司在广州成立越海船务有限公司。

3月18日，在杭州海月桥码头召开浙江省航运公司热烈庆祝杭州—海南航线通航仪式，浙江省计经委、杭州市政府秘书长、浙江省交通厅航运管理局局长、杭州市交通局局长、新华社记者、浙江电视台、杭州日报、钱江晚报等单位领导和代表参加。中午12时，钱江分公司“浙海1101”轮与“浙海911”轮编队，装载水泥和百货，经过80公里钱江航道进入东海，穿过台湾海峡，越过雷州半岛，最后抵达海口市。浙江电视台当晚播放该新闻。次日，《杭州日报》头版头条以《钱江出海史上的壮举》为题，报道了这则消息。

3月19日，浙江省航运公司党委决定调整战备领导小组成员。调整后的公司战备领导小组由9人组成，组长为金孝毅，副组长为田晋发（兼战备办公室主任）、王慧如。

3月21日，浙江省航运公司对荣获1987年度双文明建设先进集体、先进职工的湖州分公司等17个单位（集体）、徐建国等52位先进个人予以通报表彰。

4月4日，浙江省航运公司成立科技领导小组。科技领导小组由7人组成，组长为傅世瑶，副组长为王世荣、张德懋。

4月7日，钱江分公司南下海南的“浙海1101”轮与“浙海911”轮编队返航途中，于0845时，在硇州岛海面救起越南籍遇险者27人，并向浙江省交通厅、省政府、省外办作了汇报，次日0800时将越南籍遇险者移交硇州岛边防派出所。

4月18日，经理庄钠、副经理傅世瑶偕浙江省交通厅副厅长周志卿、省政府办公厅李立民、省计经委处长许来仪、省交通厅航运管理局副局长詹寿明、省船舶公司科长陈剑明、省航运公司办公室主任周可丰等一行9人，赴福建、广东两省进行水运企业体制改革调查。

4月22日，浙江省航运公司决定将海门分公司“浙推1”号船组用于钱塘江航道开发、通航能力测试及科学研究。

5月10日，浙江省交通厅印发《关于表彰一九八七年度浙江省交通系统两个文明建设先进单位（集体）和先进职工的通报》，浙江省航运公司所属湖州分公司“浙运725”轮、宁波分公司“浙海501”轮等5个单位和徐根生、陈方岳、韩业广、盛立强、王复初等5位职工名列其中。

5月18日，浙江省航运公司钱江分公司“浙海1101”轮下午从杭州化仙桥码头启航，开始了杭州—海南航线通航后的首航之行。

6月25日，经浙江省交通厅批复同意，浙江省航运公司成立钱塘江海运公司。

8月6日，经浙江省交通厅批复同意，浙江省航运公司劳动服务总公司更名为浙江省航运公司服务总公司。

8月19日，浙江省航运公司印发《关于“琼之”、“越海”船务公司开业的函》，两家船务公司正式开业。

9月26—29日，浙江省航运公司1988年度经理、书记会议在杭州召开。会议重点商议了深化改革、安全生产、经营管理及精神文明建设等工作。浙江省交通厅副厅长周志卿到会，就浙江省航运公司生产经营、安全、纪律三方面工作提出了要求。

10月21日，浙江省航运公司转发浙江省交通厅批复意见，同意浙江航运技校有偿转让原航运技校嘉兴分校校舍。

10月26—28日，浙江省航运公司首届一次职工代表大会在杭州边防招待所召开。会议审议通过了经理工作报告、财务工作报告及任期目标；讨论通过了《省航运公司职工代表大会条例实施细则》和《经理工作条例细则》；表决产生了企管会代表等。浙江省交通厅副厅长周志卿宣布在浙江省航运公司实施以经理庄钠为代表的原班子成员承包经营经济责任制。

11月8日，浙江省交通厅印发《关于表彰一九八七年度全国交通系统经济效益先进企业的通知》，浙江省航运公司杭州分公司榜上有名。

11月19日，经理庄钠代表浙江省航运公司在宁波分公司下放宁波计划单列市的交接协议书上签字。

是年，由芜湖造船厂建造的3800吨级散货船“浙海704”轮竣工，交由舟山分公司经营。

1989年

1月5日，浙江省交通厅印发《关于公布一九八八年度省和厅优秀质量管理小组名单的通知》，浙江省航运公司杭州分公司十七船队被列入浙江省优秀质量管理小组名单；浙江省航运公司所属温州分公司“浙海117”轮等8个QC小组被列入厅优秀质量管理小组名单。

1月11日，根据浙江省人民政府浙政发〔1989〕2号文件通知，浙江省航运公司更名为浙江省海运总公司。原浙江省航运公司所属的温州、海门、舟山、温溪分公司更名为“浙江省××海运公司”。下属有船舶运输设计研究室、航运技工学校、钱江船厂和越海、琼之船务有限公司。

2月20日，浙江省航运公司印发浙航〔1989〕字第53号《关于成立公司整顿行业风气领导小组的通知》。领导小组由8人组成，邵恕棠任领导小组组长，金孝毅任副组长。

3月10日，钱航船厂自1989年4月1日起正式从钱江分公司划出，单独建制，直属浙江省航运公司领导。

3月24日，浙江省航运公司决定：浙江省航运公司委托芜湖造船厂建造的4000吨级散货船冠名“涌金”轮，由浙江省航运公司海门分公司负责经营。

4月10日，根据浙江省人民政府批复意见，浙江省交通厅批复同意浙江省航运公司更名为浙江省海运总公司。

4月13日，浙江省交通厅直属党委批复同意中共浙江省航运公司委员会更名为中共浙江省海运总公司委员会。

4月19日，浙江省交通厅和湖州市政府签订协议，浙江省航运公司湖州分公司及所其属单位成建制下放给湖州市管理。

4月20日，浙江省航运公司海员工会印发《关于表彰一九八八年度劳动模范、双文明建设先进集体、先进职工的决定》，对李留成等17位劳动模范、湖州分公司保养厂等17个双文明建设先进集体和梁子荣等79位双文明建设先进个人予以通报表彰。

4月21日，浙江省航运公司正式更名为浙江省海运总公司，并于5月1日起启用浙江省海运总公司印鉴，总公司机关各部门的印鉴亦同时启用。

同日，浙江省航运公司舟山分公司、温州分公司、海门分公司、温溪分公司及钱航船厂分别更名为浙江省舟山海运公司、浙江省温州海运公司、浙江省海门海运公司、浙江省温溪海运公司及浙江省钱江船厂（5月5日舟山分公司重新更名为浙江省舟山第一海运公司），实行自主经营、自负盈亏、独立核算，隶属浙江省海运总公司领导。

5月11日，浙江省交通厅同意成立浙江省水上运输专业高级技工培训中

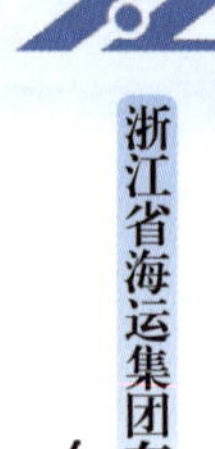

心，培训中心设在浙江航运技工学校。

5月18日，浙江省交通厅与丽水地区行政公署签订《丽水地区航运管理处等单位体制交接协议书》。温溪港务管理处和温溪海运公司仍实行港航合一、二牌一门管理体制，温溪港的港务管理业务除港航监督仍归丽水地区航运管理处管理外，其他管理业务工作由浙江省海运总公司统一领导和管理。

6月6日，“浙海103”轮在福建沿海航行时遇浓雾（能见度不足0.2海里），0745时，航行至东山湾口偏北方海面（即北纬23° 45′ 2″，东经117° 55′ 7″）时，被海军北海舰队青岛基地“北运575”轮撞为两段，船舶当即沉没，造成船员死亡10人、船舶货物全损的特大水上交通事故。

7月5—7日，浙江省海运总公司1989年度第一次经理、书记、工会主席会议在浙江省体委招待所召开。会议总结汇报了党、政、工会上半年工作及下半年的任务与要求；研究贯彻实施工效挂钩方案；讨论浙江省海运总公司章程（草案）；商讨企业实行独立核算、自负盈亏、自主经营后有关的计划财务等问题。

7月16日，浙江省第一艘无吊杆4300吨散装货船“浙海312”轮（隶属海门海运公司）投入营运。

7月17日，浙江省交通厅印发《关于表彰一九八八年度省级节能先进企业的通报》。浙江省航运公司所属湖州分公司被评为全省节约能源先进企业，杭州分公司被评为行业节约能源先进企业。

8月初，交通部授予67个单位“一九八八年度全国交通系统经济效益先进企业”称号，其中浙江省航运公司海门分公司名列其中。

9月6日，浙江省海运总公司印发《关于公布1986—1988年度教育先进集体和优秀教师、先进教育工作者的通知》。航运技工学校张华被评为交通部优秀教师；湖州市航运总公司宣教科、温州海运公司宣教科被评为浙江省交通系统教育先进集体；陆振祥、冯深渊被评为浙江省交通系统优秀教师；程涛、何永根被评为浙江省交通系统先进教育工作者。同时还公布了被评为浙江省海运总公司教育先进集体和个人的名单。

9月8日，浙江省企业管理领导小组印发《关于命名1988年度省级先进企业的决定》，浙江省海运总公司所属海门海运公司、舟山一海公司等榜上有名。

10月13日，浙江省海运总公司决定：浙江省航运公司委托芜湖造船厂建造的第三、第四艘4000吨级散货船分别冠名为“清波”轮和“清泰”轮，由舟山一海公司负责经营。

10月23日，浙江省交通厅印发《关于转发一九八八年度国家级、省级节约能源企业名单的函》。浙江省航运公司杭州、湖州分公司获八八年度省级节约能源先进企业。

10月25日，浙江省海运总公司调整战备、军运领导小组，调整后的战备、军运领导小组由14人组成。组长为金孝毅，副组长为邵恕棠、田晋发。下设战备办公室，主任为田晋发，副主任为颜献勇。

10月30日，从境外购入、时为浙江省最大货运船舶——1.8万载重吨的灵便型二手船“ARGYROULA”（后更名为“武林”轮）抵达温州，由温州海运公司负责经营。

11月11日，浙江省交通厅印发《关于表彰优秀科技成果的通报》。浙江省航运公司技术开发部承担的“象山港汽车轮渡”科研项目，获交通部1988年度科技进步二等奖；浙江省航运公司嘉兴分公司王德发发明的“气控安全拖钩”获1989年浙江省发明专利展览会优秀奖。

12月4日，浙江省交通厅复文同意浙江省船舶运输设计研究室进行企业法人登记，实行独立核算，自负盈亏。

12月13日，浙江省交通厅与杭州市政府签订《关于公路、航运和航运公司管理体制改革交接协议书》。浙江省航运公司钱江分公司（除浙江省钱江船厂外）、杭州分公司、钱塘江海运公司下放给杭州市，隶属于杭州市交通局管理。

12月21日，浙江省交通厅和嘉兴市政府签订协议，浙江省航运公司嘉兴分公司及所属单位成建制下放嘉兴市管理。

是年，浙江省船舶运输设计研究室“超浅吃水肥大型万吨级散货船”科研项目获1987年度浙江省科技进步奖。

1990年

2月1日，经国务院批准，国家计经委免征“武林”轮进口关税、增值税、调节税共计391.43元人民币。

2月，舟山一海公司购入舟山第一艘豪华型高速双体客船“明珠湖”轮。

2月28日—3月3日，在杭州黄龙洞紫云饭店召开浙江省海运总公司1990年度第一次经理、书记、工会主席会议。会议重点商讨如何进一步发挥企业优势，深化改革、双增双节，搞好安全生产，完成和超额完成各项生产计划和经济指标等。浙江省交通厅副厅长周志卿参加会议，并在会上提出了意见和要求。

3月19日，浙江省海运总公司被评为浙江省交通厅1989年度水路重点物资运输成绩显著单位。

4月9日，浙江省海运总公司、浙江省海运总公司工会委员会联合印发《关于表彰一九八九年度劳动模范、金星船长、政委、轮机长、双文明建设先进集体、先进职工的决定》，对吴乃宝等13名劳动模范、顾祥利等10名金星船长、王炳松等10名金星轮机长、席士江等7名金星政委、舟山分公司703轮等15个双文明先进集体、郑阿兴等58名双文明先进职工进行了表彰。

4月13日，由浙江省海运总公司所属钱江船厂建造的千吨级货轮“钱塘”号在钱江船厂船台顺利下水，这是有史以来在钱塘江畔建造的最大吨位江海货运船舶。该船建成后由海门海运公司负责经营。

5月29日，为广泛开展合理化建议和发明创造活动，搞好“双增双节”，提高经济效益，决定成立浙江省海运总公司合理化建议和技术改进评审小组，由王世荣任评审小组组长。

6月3日，浙江省交通厅转发浙江省计经委文件，海门海运公司被评为1989年度浙江省设备管理优秀单位。

同日，浙江省交通厅批复同意浙江省海运总公司购置两艘150客位双体高速姐妹客船——“明珠湖”轮与“银洲湖”轮。

6月12—13日，浙江省海运总公司第二次经理、书记会议在杭州浙江日报招待所召开。会议由浙江省交通厅直属机关党委书记闻欣然宣布浙江省海运总公司新行政领导班子与党委领导班子名单；会议还回顾了浙江省海运总公司1～5月的工作，并布置下半年工作等。

7月2日，舟山一海公司被授予1989年全国交通系统经济效益先进企业。

7月23日，“浙海310”轮第16航次装原煤500吨，前后吃水都为3.5米。从

上海到台州椒江，航经上海港77号浮标附近，由于舟沪油轮联营公司所属“大庆763”轮违规追越，在两船接近时，“大庆763”轮操纵严重过失与“浙海310”轮发生碰撞，导致“浙海310”轮立即向左倾翻沉没。26名船员全部落水，25名救起，当班三管轮王炳义死亡。事故经上海海监局吴淞监督站处理结案，“大庆763”轮承担主要责任。

7月26日，交通部同意温州海运公司“浙海114”轮外租。因温州海运公司无国际运输经营权，“浙海114”轮出租期间，对外由瓯江船务有限公司代为经营管理，温州海运公司与瓯江船务公司签订了《代管协议书》，外租后更名为“越富”轮。

7月27日，舟山一海公司被评为国家级节约能源二级企业。

8月13日，浙江省企业管理领导小组印发《关于命名1989年度省级先进企业的决定》，浙江省海运总公司所属海门海运公司、温州海运公司被命名为1989年度省级先进企业。

10月6日，温州海运公司、海门海运公司、舟山一海公司被评为1989年度省级节能先进企业。

11月6日，浙江新建最大载客量（728客位）沿海客船“浙江406”轮试航成功，11月12日正式投入海门—上海航线。

11月16日，浙江省海运总公司决定将琼之船务有限公司纳入越海船务有限公司管理。

12月5日，浙江省交通厅批复同意设立浙江省海运总公司天津办事处，隶属于浙江省海运总公司领导，办公地点设在天津经济联合中心大厦内。

1991年

1月5日，经浙江省财政厅同意，浙江省交通厅批复将浙江省航运技工学校杭州市拱墅区电厂路以北的全部房产，有偿转让给浙江省石油化工机械设备公司，该处土地使用权也随房产同时转移，转让费总价值为人民币135万元。

1月15日，浙江省人民政府驻天津办事处批复同意设立浙江省海运总公司天津办事处。

1月18日，浙江省交通厅就浙江省海运总公司机构设置和机关定员作了批复：总公司机关核定为110人。公司经营部实行内部核算，其人员编制单独核定，人事、工资等关系由总公司管理。

1月22—25日，浙江省海运总公司1991年度第一次经理、书记、工会主席工作会议在浙江省交通厅招待所召开。会议总结审议了1988—1990年第一轮承包经营情况，研究讨论了浙江省海运总公司"八五"计划发展主要目标。

1月23日，浙江省交通厅公布1990年度优秀质量管理小组名单。浙江省海运总公司所属舟山一海公司"浙江815"轮服务QC小组、温州海运公司计财科QC小组被评为省级优秀质量管理小组；海门海运公司商调科等5个QC小组被评为省厅级QC小组。

1月29日，浙江省海运总公司被浙江省计经委评为1990年度完成重点物资运输先进单位。

1月31日，舟山一海公司"银洲湖"号高速客船开通舟山定海—上海芦潮港高速客船航线，这是舟山市第一条跨省水上高速客船航线。

3月26日，浙江省交通厅转发交通部文，温州海运公司"浙海116"轮、海门海运公司"浙海313"轮，被确定为1990年度部级优质运输先进集体。

5月7—11日，浙江省海运总公司第二届职工代表大会和工会第二届会员代表大会在杭州华家饭店召开。与会代表听取了总经理工作报告、财务工作报告、工会工作报告；通过了二届一次职代会决议及企业内部分配方案《实施办法》的决议等；选举产生了第二届工会委员会和工会经费审查委员会，公布了职代会各专门小组组成人员名单，确定浙江省海运总公司企业精神为"团结奉献、优质高效、务实开拓、振兴浙海"。

5月8日，浙江省海运总公司转发浙江省交通厅文件，海门海运公司"浙江404"轮、舟山一海公司"浙江815"轮被评为1991年春运厅级先进集体。

8月9日，浙江省交通厅转发交通部来文：舟山一海公司、海门海运公司、温州海运公司荣获1990年度国家节约能源二级企业。

8月25日，浙江省交通厅转发交通部等3家单位联合印发的文件：浙江省舟山第一海运公司"浙江815"轮被评为1990年度全国交通系统两个文明建设先进集体。

10月30日，舟山一海公司被评为1990年度浙江省节能示范先进企业；海门

海运公司为浙江省行业节能表扬企业。

11月19—20日，优秀船员家属表彰会在杭州敦煌饭店召开。

11月，浙江省文化厅在全省范围内安排播放了十一届三中全会以来，反映浙江省在改革中取得的巨大成就——浙江海运纪录片《蓝色的航程》，浙江省海运总公司组织观看。

12月2日，浙江省海运总公司决定将琼之船务（实业）有限公司更名为海南琼之船务（实业）有限公司，并划归温州海运公司管理，以进一步做好“窗口”企业的开拓发展工作，适应运输市场需要。

12月10日，浙江省交通厅批复同意浙江省海运总公司经营部、服务总公司合并为浙江省海运总公司经营服务部，隶属浙江省海运总公司领导，为内部核算的全民所有制企业。

1992年

1月3—4日，浙江省海运总公司召开省外“窗口”单位工作会议，各“窗口”单位汇报了上一年工作和新一年的工作打算，会议同时研究了新一年“窗口”工作的重点，提出了具体要求。

1月7日，浙江省交通厅发文公布：舟山第一海运公司“浙江806”轮服务QC小组、温州海运公司物料科QC小组被评为1991年度交通部优秀质量管理小组；舟山第一海运公司“浙江815”轮服务QC小组、温州海运公司保健站QC小组被评为1991年度省级优秀质量管理小组；海门海运公司“浙江404”轮节能QC小组被评为1991年度省厅级优秀质量管理小组。

1月22日，交通部批复同意海门海运公司“浙海311”轮以承运台州地区外贸出口货物为范围，航行海门至香港、澳门间航线，在对外营运期间，由中国远洋运输总公司浙江省公司代管。

3月4日，浙江省海运总公司因出色完成浙江省的重点物资运输，受到浙江省计经委表彰。

3月19—21日，浙江省海运总公司二届二次职工暨会员代表大会在杭州华家饭店召开。会议听取了总经理工作报告、行政财务工作报告、工会及工会财务工作报告、经费审查工作报告，并审议通过了《浙江省海运总公司工会经费审查委员会工作条例实施细则（试行）》。

3月26日，浙江省交通厅航运管理局批复浙江省海运总公司，同意“浙江805”轮正式营运沈家门—乍浦旅游航线。

3月，浙江省交通厅与浙江省海运总公司签订了为期5年的企业承包经营合同，承包期自1991年1月1日至1995年12月31日。

4月，经交通部批复同意，海门海运公司“钱塘”轮投入宁波—香港航线。4月28日，海门海运公司在宁波港举行“钱塘”轮外租投入宁波—香港航线首航仪式。

5月13日，浙江省海运总公司通过香港富春船务公司从香港二手船市场购买2.5万吨散货船，并签订购船合同，命名为“越强”轮。18日，温州海运公司船员出境接船，并由温州海运公司负责经营。

5月15日，浙江省交通厅航运管理局批复同意舟山一海公司“明珠湖”客船由营运定海—小港航线延伸为普陀山—定海—小港航线。

5月25日，原浙江省航运公司承担的“绕性顶推船队可变形挂连技术及船型研究”科研项目，通过技术鉴定，由交通部科技司颁发“鉴定证书”。

6月26日，在浙江省交通战备工作会议上，浙江省海运总公司被评为浙江省交通正规化建设先进单位。

7月4日，交通部批复同意浙江省海运总公司扩大经营范围为：从事以浙江省港口为主的近洋国际货物运输，温州海运公司“越富”轮和海门海运公司“浙海311”轮仍租给国（境）外航运公司，上述两轮原由浙江省远洋运输总公司浙江省公司代管，改为浙江省海运总公司代管，海门海运公司“浙海311”轮航行海门至香港、澳门间，对外以浙江省海运总公司名义经营。

9月4日，浙江省海运总公司经营部经理、运务部主任与湖州丝绸物资公司就联合组建浙兴船务有限公司事宜进行洽谈，并签订了意向书。同年10月28日，总经理姚兴汉、副总经理金孝毅等在湖州，与湖州丝绸物资公司签订《合作经营协议书》。

9月8日，海门海运公司“浙海311”轮从海门港航行香港，结束了无海门港籍轮船外运的历史。

11月1—2日，浙江省海运总公司在浙江省交通学校举行青工技术比武大

会，各所属海运公司均派出代表队参加，比赛范围覆盖船舶航行作业过程各相关工种的安全知识和操作实务。

11月11日，交通部重大办在杭州文艺大厦召开“万吨级超浅吃水肥大型运煤船方案”审查会，国务院重大办派员参加。浙江省海运总公司领导及船技部、运务部、海监室、办公室和船舶设计室相关人员参加了审查会。

12月23—25日，在杭州华家饭店召开浙江省海运总公司1992年度工作会议。会议汇报交流并总结了1992年经营生产和工作情况，部署了1993年度工作，提出了总体目标和具体工作要求。

1993年

1月21日，浙江省交通厅表彰全省交通系统被评为1992年度部级、省级、厅级优秀质量管理（QC）小组。其中：海门海运公司海监室QC小组被评为部级优秀质量管理小组；温州海运公司“浙海118”轮QC小组被评为省级优秀质量管理小组。

2月25日，浙江省交通厅发文公布：舟山第一海运公司“浙江815”轮被交通部表彰为1992年度全国公路、水路旅客运输文明单位。

3月5日，浙江省海运总公司被浙江省计经委授予1992年度重点物资运输先进单位。

4月2日，温州海运公司经营的沿海钢质散装货船“浙海113”轮装有化肥、钢材等1831吨，于0157时左右航经南北片附近时，突遇暴雨。0211时在黄大岙圆屿东北触及两头屿山，0410时沉没。温州港监、温州保险分公司对该起事故进行调查，结论是：因遭遇局部短时雷雨大风的激烈天气，造成该船操纵极端困难，使船舶难以控制而偏离航线，导致触礁沉没，事故造成的经济损失273.6万元由温州保险分公司赔付。

5月6日，浙江省交通厅转发交通部来文：温州海运公司徐柏林被表彰为交通系统QC活动先进工作者。

6月23日，浙江省交通厅批复同意成立浙江海运经济技术发展公司。

8月23日，经报请交通部批准，同意成立浙江富兴海运公司。

10月5日，由钱江船厂为广州建造的“粤海928”集装箱（江海）货船顺利下水，浙江省交通厅副厅长周志卿、浙江省海运总公司总经理姚兴汉、副总经理吴成义、副书记蒋琪等参加下水典礼。

10月13日，浙江省船舶运输设计研究室更名为浙江省船舶运输设计研究所，隶属关系不变。

12月22—24日，在杭州东茂宾馆召开浙江省海运总公司1993年度工作会议。会议回顾了1993年度工作，部署了1994年度工作并研究两级公司行使企业经营权分工等。

12月27日，浙江省对外经济贸易委员会同意由浙江省海运总公司与马来西亚华侨企业有限公司合资成立浙江南华高速船制造有限公司，经营年限10年。12月30日，浙江南华高速船制造有限公司办妥工商登记手续，取得营业执照。

1994年

1月3日，浙江省交通厅分别授予海门海运公司“浙海313”轮和温州海运公司轮机长欧阳传“一九九一年至一九九三年度省交通系统两个文明建设先进单位和先进职工”荣誉称号。

1月24日，由浙江省海运总公司与浙江省电力局（浙江省电力燃料总公司）合作经营的浙江富兴海运有限公司，在杭州市工商行政管理部门核准登记注册，注册资金1500万元，实现了船东与货主单位相互合作、优势互补的经营格局。

2月9日，“浙海312”轮未经公司调度同意，擅自决定放11名船员回家过年，在违章施放救生艇过程中，因救生艇入水脱钩后与该轮右舷艉部保护装置发生碰撞，导致救生艇进水倾斜，5名船员落水，其中2名被救、3名失踪，造成一起严重违章指挥、违章作业、违反劳动纪律的重大事故。

3月1日，交通部批复同意浙江省海运总公司“浙海315”轮从事以浙江省港口为主的港澳航线运输。

5月1日，“浙江805”轮定申航线第99航次，0627时与“浙舟435”轮发生碰撞，导致“浙江805”轮船首破损、“浙舟435”轮沉没的重大海损事故，经济损失达716万元。此事故由上海吴淞港监调解结案。“浙江805”轮负40%责

任，承担270万元经济损失（由舟山市保险公司赔付）。

5月，为有利于浙江省海运总公司集中精力搞好海洋客货运输，加快海运事业发展，同时又能进一步发挥浙江省交通学校办学优势，加速培养水运专业技术人才，经浙江省交通厅研究，将原隶属浙江省海运总公司管理的浙江航运技工学校，按现有规模成建制移交给浙江省交通学校隶属管理。

6月16—17日，浙江省海运总公司职代会代表团组长（扩大）联席会议在杭州环湖大酒店召开。会议作了上半年工作小结和下半年工作打算、企业内部分配和养老保险制度的报告，通过了《企业内部分配方案》和《养老保险补充办法》。

7月1日，浙江省海运总公司将宁波花港公司拥有的所有权，以25万元人民币转让给宁波市经济技术开发有限公司。

7月，1994年度中国500家最大服务业企业评价结果公布，浙江省海运总公司荣列中国最大服务企业、水上运输业第14位。

7月14—16日，浙江省海运总公司在西湖大酒店召开优秀船员家属代表会，对优秀船员家属进行表彰。期间，船员家属到浙江省海运总公司与公司中层干部进行座谈，部分家属还通过公司电台与在大海中航行的船舶通了话。

8月1日，浙江省海运总公司被评为“全国军运工作先进单位”，在全国军运工作会议上受到表彰。

8月11—12日，浙江省海运总公司在杭州召开二届二次职代会第三次代表团组长会议，审议深化温溪海运公司改革方案，通过了二届二次职代会第三次代表团组长联席会议决议。

9月8日，姚兴汉、蒋琪等参加在浙江省交通学校举行的浙江航运技工学校移交签字仪式。姚兴汉与谭文莹分别代表浙江省海运总公司和浙江省交通学校在交接协议上签字。

12月22—24日，在杭州召开浙江省海运总公司1994年度工作会议。会议总结了1994年度工作，对1994年未能全面达到年度生产计划和工作目标要求进行了反思，提出了1995年度生产计划目标和工作要求，并就推行现代企业制度、加强企业管理和分配问题进行了专题讨论。

1995年

2月7日，浙江省交通厅转发交通部、人事部、交体法1095号文，浙江省舟山第一海运公司“浙海718”轮轮机长王炳松荣获全国交通系统劳动模范（先进工作者）称号。浙江省海运总公司、浙江省海运总公司工会联合印发《关于开展向王炳松同志学习的决定》，号召广大职工以王炳松为榜样，振奋精神，无私奉献，奋发进取，为完成和超额完成运输生产任务作贡献，把浙江省海运总公司两个文明建设推进到一个新的水平。

2月18日，浙江省海运总公司印发《关于调整省海运总公司机关机构设置的通知》，决定撤销浙江省海运总公司计划财务部，设立浙江省海运总公司财务部；设立浙江省海运总公司企业策划部，将原计划财务部计划部分的管理职责、办公室企业管理的部分职责及经济技术开发公司的计算机管理职责，一并由企业策划部承担。

3月15日，浙江省海运总公司被浙江省建立现代企业制度试点工作协调小组列为浙江省百家现代企业制度试点企业。

4月6日，浙江省交通厅批复同意浙江省海运总公司所属海门海运公司购置一组3000吨级二手拖驳船组，投入北仑至台州电厂电煤的过驳运输。

4月21日，“浙海8”轮从海门空载到天津，“鲁海302”轮第22航次从蓬莱装载1400吨水泥至大麦屿。两船航行至舟山水域时，能见度均不足1海里。2040时，在北纬30° 00′ 176″，东经122° 34′ 790″与“鲁海302”轮发生碰撞，导致“浙海8”轮即刻向右倾斜，约在碰撞一小时后沉没，船员9人死亡、3人失踪，“鲁海302”轮船首受损严重。

6月，舟山一海公司“浙江815”轮安全QC小组获1994年度全国优秀质量管理小组和省优秀质量管理小组；温州海运公司计财科QC小组获1994年度交通部优秀质量管理小组；温州海运公司商务科QC小组、舟山一海公司“浙江801”轮机舱QC小组获省厅优秀质量管理小组称号。

6月5—9日，浙江省海运总公司第三届职工（工会会员）代表大会在杭州清波饭店召开。会议审议了行政工作报告、工会工作报告；通过了1995年度工资分配方案；选举产生了第三届工会委员会；讨论了“九五”发展纲要、

“九五”精神文明建设意见；表彰了先进等。浙江省交通厅厅长郭学焕出席开幕式并讲话。

6月12日，调整浙江省海运总公司节能领导小组。组长为吴成义，副组长为杨德稳、李祖光、汪联金，成员包括陈成云等6人。

6月22日，浙江省海运总公司现代企业制度试点工作领导小组及专业工作小组成立。由姚兴汉任组长，杨江宁、周立民任副组长，成员包括杨德稳、钱永康。下设综合组、财产组、劳人组、企业发展组、宣教组和民主管理组，负责建立现代企业制度的具体工作。

6月28日，浙江省海运总公司批复同意舟山一海公司向上海新兴船务有限公司购置1.9万吨级二手散装货船1艘，船舶购入后更名为“浙海720”轮。

9月21日，浙江省交通厅批复同意浙江省海运总公司所属海门海运公司购置8000吨级二手散货船1艘。

11月27日，交通部批复同意浙江省海运总公司新建的“浙海108”轮和浙海“316”轮航行以浙江省港口为主与境外港口间国际近洋航线。

1996年

1月4日，浙江省交通厅航运管理局批复同意浙江省海运总公司所属海门海运公司取消台州市椒江—象山县石浦的客运航线。

1月20—21日，在杭州召开浙江省海运总公司三届一次职代会第二次代表团组长扩大联席会议。会议总结了1995年度工作，提出了1996年度经营生产和年度工作计划要求；研究实施建立现代企业制度方案的有关工作安排；研究学习“华铜海”轮的规划与措施等。第三届职代会各代表团团（组）长及总公司工会第三届工会委员会全体委员、总公司企管会等人员参加。

3月19日，温州海运公司首艘多用途集装箱船“浙海108”轮建成，投入外贸集装箱运输。

5月3日，浙江省海运总公司印发《浙江省海运总公司企业教育1996—2000年计划纲要》。

5月17日，浙江省交通厅航运管理局转发交通部《关于浙海315轮参加国际海运的批复》。交通部批复同意浙江省海运总公司“浙海315”轮航行以浙江省港口为主与境外港口间国际近洋航线。

5月31日，浙江省建立现代企业制度试点工作协调小组印发《关于同意浙江省海运总公司建立现代企业制度试点实施方案的批复》。浙江省交通厅于同年7月23日转发了该批复，并就此项工作提出了有关要求。

6月12—20日，在浙江省交通干校举办浙江省海运总公司首期船舶“三长”（船长、轮机长、政委）管理研修班。浙江省交通厅综合处处长应树登、浙江省交通干校领导等应邀参加开学典礼。研修班结束时，浙江省交通厅副厅长张治中出席结业典礼并讲话。

7月5日，浙江省海运总公司对冯玉英等21位本公司优秀海员家属进行表彰。

7月9—11日，浙江省海运总公司在杭州清波饭店召开1996年上半年度工作会议。会议重点针对上半年企业的经营亏损，商讨下半年如何增收节支、扭亏转盈措施。浙江省交通厅副厅长张治中出席会议，并提出意见和要求。

7月21日，温州海运公司以2万吨级远洋船“新安”轮（后更名为“富兴2”轮）参股浙江富兴海运有限公司。

8月，为充分发挥现有船舶的作用，提高经营效益，根据浙江省海运总公司意见，海门海运公司“浙江406”轮有偿调拨给舟山一海公司经营，更名为“紫竹林”轮，投入定海—上海客运航线。

11月，舟山一海公司投资100多万元，从广东购入720客位二手客船，冠名“大红鹰”号，顶替因船龄到期而报废的“南湖”轮，投入定申客运航线。

12月2日，浙江省海运总公司批复同意成立浙江海欣物业管理经营中心。

12月，海门海运公司“浙海313”轮荣获交通部“学习华铜海轮先进集体”荣誉称号。

1997年

1月21—23日，浙江省海运总公司1997年度工作会议在杭州召开。会议总结了1996年度工作，部署1997年度工作，确定1997年度经营生产计划目标和扭亏增盈责任制考核办法。

1月16日，公布浙江省海运总公司安全生产委员会成员名单。安全生产委

员会由12人组成，姚兴汉任主任，颜献勇、姚寿根任副主任。

3月6日，浙江省海运总公司批复同意浙江省船舶运输设计研究所更名为浙江华海船舶设计研究所。

3月18日，浙江省交通厅同意浙江南华高速船制造有限公司终止和清算；同年6月9日在《浙江日报》上刊登了该公司终止和清算公告。

5月30日，浙江省海运总公司批复同意撤销浙江海运经济技术开发公司。

7月23—24日，浙江省海运总公司1997年上半年度工作会议在杭州召开。会议总结了上半年度工作，分析了公司经营生产形势、经营效果，根据市场环境情况，提出针对性措施，落实了下半年任务，力求取得好的经营业绩。会议同时研究了浙江省海运总公司起草的职工增资方案。浙江省交通厅副厅长闻欣然出席会议并讲话。

7月25日，浙江省海运总公司领导述职报告会召开，各领导分别按“德、能、勤、绩”四方面作了述职报告；浙江省海运总公司员工以无记名形式对公司领导进行民主测评。参加上半年度工作会议的各所属单位领导也同时与会。浙江省交通厅副厅长杨瑞丰到会并讲话。

11月21日，经报请浙江省交通厅批准，浙江省海运总公司批复同意海门海运公司向上海海运局购置的5000吨级“林海2”轮、“林海4”轮两艘船舶。购入后，更名为“浙海301”轮和“浙海320”轮。

1998年

1月14—16日，浙江省海运总公司1998年度工作会议在杭州东茂宾馆召开，各所属单位党、政、工领导及企业管理（改革）等部门负责人参加，浙江省交通厅及相关处室领导、浙江省交通厅航运管理局领导参加会议。会议重点商讨了浙江省海运总公司体制改革问题，省交通厅副厅长闻欣然就浙江省海运总公司如何搞好体制改革提出了指导性意见和要求。

1月15日，浙江省交通厅航运管理局转发交通部水运管理局《关于浙江省海运总公司扩大经营范围的批复》，同意浙江省海运总公司扩大经营范围，从事国内沿海及长江中下游各港间货物（含液化气）运输。经营规模增加液化气船3艘，共2000载重吨、4000立方米。

2月5日，浙江省海运总公司批复同意温州海运公司“浙海106”轮经营国内沿海液化气运输。

2月8日，浙江省海运总公司印发《关于钱江船厂深化改革、人员重组实施方案的批复》。经浙江省海运总公司党政工联席会议研究，原则同意钱江船厂的改革方案。

2月19日，合资组建的浙江南华高速船制造有限公司，经浙江省工商行政管理局核准，办理了注销手续。

2月26日，浙江省交通厅决定，由浙江省海运总公司对浙江省船舶工业公司实施整体兼并，人员进行分流。考虑到浙江省船舶工业公司的实际情况，在一段时期内先实行托管过渡。

3月4—6日，浙江省海运总公司在杭州清波饭店召开改制工作会议，各辖属单位党政和分管生产的领导及各相关部门负责人参加。会议对公司主力船舶集中经营及改制中的有关问题进行了认真研究，并据此完善浙江省海运总公司深化改革总体方案。

3月，因杭州市建设钱塘江防洪大堤需要，钱江船厂原址的船舶修造业务被迫暂迁至富阳，租用富阳船厂场地，另行组织生产。

3月24日，经浙江省交通厅航运管理局转报交通部水运管理司批复同意，“浙江404”轮自1998年3月起停止经营椒申客运航线。

3月24—25日，浙江省海运总公司三届二次职工代表大会在杭州清波饭店召开，58名正式代表、27名列席代表和浙江省交通厅副厅长闻欣然、厅工会主席徐根法及有关处室负责人等9名特约代表参加会议。会议审议并原则通过《浙江省海运总公司深化改革总体方案》。

4月24日，浙江省海运总公司调整安全生产委员会成员。调整后公司安全生产委员会由13人组成，杨建雄任主任，姚兴汉、颜献勇、姚寿根任副主任，姜磊任办公室主任。

4月27日，浙江省海运总公司、浙江省海运总公司海员工会联合发文表彰1997年度先进集体、劳动模范，决定授予温州海运公司机务处等11个部门、船舶为年度先进集体，杨新清等9人为年度劳动模范。

4月30日，浙江省海运总公司成立货运部，实施主要货运船舶集中经营操

作方案，对浙江省海运总公司所属28艘主力船舶实行统一经营、统一调度、统一运价，并商定于1998年5月1日起正式开始运作。4月30日，浙江省交通厅批复同意该方案。

5月20日，浙江省交通厅印发《关于公布1998年度厅科技进步奖获奖项目的通知》，浙江省海运总公司所属浙江华海船舶设计研究所的“滑轨式直翼船用推进器的研究”项目荣获二等奖。

5月21日，浙江省海运总公司批复同意将由广东新会高速船开发公司建造的AMD150穿浪型高速船交由舟山一海公司经营，冠名“飞鹰湖”轮，并于7月31日投入定海—衢山—泗礁客运航线营运。

5月22日，经浙江省交通厅核准，浙江省海运总公司批复同意将浙江省船舶工业公司越舟交通工程分公司更名为浙江省海运总公司交通工程公司。

6月8日，浙江省海运总公司批复同意温州海运公司购置1艘1000吨级液化石油气船。

7月16日，浙江省海运总公司在杭州中北大酒店召开第六次优秀船员家属表彰会。各与会单位介绍了为船员服务的做法与经验体会，表彰了优秀船员家属。

8月25日，浙江省交通厅批复同意中国人民解放军驻浙航务军代处由原挂靠浙江省海运总公司改为挂靠浙江省交通厅航运管理局。此次变更，结束了该处自1983年浙江省交通厅航运管理局、浙江省航运公司分设以来挂靠公司的历史。

9月2日，浙江省国有企业下岗职工生活保障和再就业工作领导小组办公室批复同意浙江省海运总公司成立再就业服务中心，各所属单位成立分中心。

9月22日，浙江省交通厅印发《关于公布黄佳林为浙江省“151人才工程”第二层次培养人员的通知》。该通知指出：经专家评审，浙江省培养跨世纪学术和技术带头人联席会议审核批准，全省共选拔1997年度浙江省“151人才工程”第一、第二层次培养人员195名，浙江省海运总公司所属船舶运输设计所所长黄佳林为第二层次培养人员。

9月24—25日，浙江省海运总公司在杭州召开再就业工作会议，各公司经理、分管劳动工资领导和劳资部门负责人参加会议。会议学习讨论了浙江省交通厅贯彻中央、国务院和浙江省委、省政府再求业实施意见，就企业改革过程中下岗职工的再就业问题进行了研究，确保企业和社会稳定。

9月29日，为加强对深化企业改革领导，经研究决定，成立浙江省海运总公司改革领导小组，组长为杨建雄，副组长为姚兴汉、周立民，成员包括杨德稳等8人。下设办公室，地点在浙江省海运总公司企划部，周立民任办公室主任。

10月30日，根据浙江省政府关于加快省属企业改革的要求和浙江省海运总公司三届二次职代会精神，浙江省海运总公司机关机构设置、人员定编方案经1998年10月30日机关职工大会审议通过付诸实施。调整后的机关设管理部门9个，联营体3个。总设置岗位72人（不含公司领导），其中中层岗位12人（不含联营体），管理岗位30人，经营业务岗位15人，辅助岗位15人。机关总人数从91人减少到79人，分流12人。

11月26日，调整浙江省海运总公司安全生产委员会成员。调整后的安全生产委员会由12人组成，杨建雄任主任，姚兴汉、颜献勇、姚寿根任副主任，徐光晓任办公室主任。

1999年

1月4日，因浙江海欣物业管理经营中心的物业管理业务未能取得预期效果，浙江省海运总公司同意该中心向浙江省工商管理局办理注销手续。

1月7日，为深化企业内部体制改革，理顺关系，经浙江省海运总公司研究决定：原内部核算的浙江省海运总公司经营服务部并入浙江省海运总公司机关核算，其业务与人员（含退休人员）一并划入浙江省海运总公司机关，原有的债权债务由浙江省海运总公司承担。

1月27—28日，浙江省海运总公司1999年度工作会议在杭州金溪山庄召开。会议总结了1998年工作，提出了1999年度工作总体思路、目标和要求。同时，会议进一步研讨了企业改革（方案）思路。

4月20—21日，浙江省海运总公司三届三次职工代表大会在杭州召开。会议审议了《浙江省海运总公司改制总体方案（草案）》，认为该草案立足于企业发展，采取国有资本控股、内部职工入股的形式组建有限公司，在此基础上组建浙江省海运集团的改制总体框架结构是可取的。同意对该草案作进一步修

改完善后上报审批。

4月22日，浙江省海运总公司调整交通战备（军运）领导小组成员。杨建雄任组长，颜献勇、姚寿根任副组长；下设办公室（设在货运部业务处），姜磊任主任。

5月17日，浙江省交通厅1999年度第10次厅长办公会审议了浙江省海运总公司改制方案，认为本改制方案符合企业实际和改革要求，是比较切实可行的，并于5月24日转报浙江省省属企业改革领导小组审批。

5月26日，总经理杨建雄等一行4人离杭赴阿联酋勘验德国4.46万吨“SIAMHARMONY”散货（集装箱）船，6月初成交，6月23日在舟山办理交接、进关手续，并移交富兴海运，更名为“富兴5”号。经整修后，7月1日上线营运。

6月10日，为推进《国际安全管理规则》的实施，浙江省海运总公司印发《关于设立省海总ISM办公室的通知》，成立省海总ISM办公室。

7月，“浙海313”轮被浙江省委、省政府命名为“省级文明单位”。

7月14日，根据浙江省海运总公司函报，天津市塘沽区人民政府批复同意在天津设立浙江省海运总公司驻天津办事处。

9月7日，浙江省省属企业改革领导小组印发《关于浙江省交通厅直属企业浙江省海运总公司改制总体方案的批复》，同意浙江省海运总公司改制为浙江省海运集团分两步走：第一步先改制为国有独资的有限公司，第二步改制为多元投资主体的规范化股份制公司；其下属企业一步到位改制成多元投资主体的有限责任公司；同意将内部职工股作为优先股处理，鼓励企业经营者和骨干多持股、持大股。同意浙江省交通厅按照上报方案实施浙汀省海运总公司的企业改革，同时还就改革过程中的相关政策作了明确规定。9月10日，浙江省交通厅转发了该批复。

9月14—15日，浙江省海运总公司在杭州金溪山庄召开改制工作会议，两级公司党政工领导及有关职能部门负责人参加会议。会议期间，浙江省交通厅领导传达了省属企业改革领导小组对浙江省海运总公司改制总体方案的批复意见，讨论了改制方案实施意见，标志着浙江省海运总公司改制工作开始启动。

11月3日，根据浙江省政府有关文件精神，浙江省海运总公司党政工班子集体审定《浙江省海运总公司1999年职工增资方案》，印发《关于实施1999年职工增资方案的通知》，由各公司据此方案组织实施。

12月2日，浙江省计经委、省经济体制改革委员会联合印发《关于建立浙江省海运集团的批复》。该批复称：浙江省海运集团是以浙江省海运集团有限公司为核心，联合5家紧密层企业和3家半紧密层企业组成的多法人经济联合体；浙江省海运集团有限公司是由浙江省交通厅所属浙江省海运总公司整体改制而成的国有独资有限公司。公司注册资本为人民币2亿元；浙江省海运集团所属各成员企业原行政隶属关系、财政税收渠道不变。12月21日，浙江省交通厅转发此批复。

12月8日，浙江省国有资产管理局印发《关于浙江省海运集团有限公司注册资本问题的批复》，同意浙江省海运集团有限公司注册资金为2亿元人民币，其来源为浙江省海运总公司的现有资产。

12月24日，由浙江省海运总公司、海门海运公司、浙江华海船舶设计研究所共同承担的“G6300船用柴油机改烧燃料油研究”项目，通过浙江省交通厅组织的验收。验收意见称：项目研究结果填补了国内空白。

12月28日，根据浙江省计经委、省国资委批复意见，办妥浙江省海运集团有限公司注册登记手续，并领取了营业执照。

2000年

1月20—21日，浙江省海运总公司2000年度工作会议在杭州浙江饭店召开。会议总结回顾了1999年工作，提出了2000年度工作总体思路和工作要求。浙江省交通厅副厅长杨瑞丰到会并讲话。

2月14日，浙江省交通厅印发《关于成立浙江省海运集团有限公司董事会、监事会的通知》，公布浙江省海运集团有限公司（以下简称“省海运集团”）董事会由杨建雄、姚兴汉、吴成义、陈一敏及职工代表5人组成，杨建雄任董事长、法定代表人；监事会由颜献勇等3人组成，颜献勇为监事会召集人。

3月14日，浙江省交通厅印发《关于省海运集团成员企业改制方案的批复》，原则同意省海运集团各成员企业的改制方案及国有资本出资比例，并从2000年起实施。

3月28日，浙江省交通厅党组发文批准建立中共浙江省海运集团有限公司委

员会。

3月29日，浙江省交通运输工会批复同意浙江省海运集团有限公司暨浙江省海运集团浙海海运有限公司工会委员会组建方案。

4月3日，省海运集团组织召开所属3家海运公司货运部会议，研究决定：自4月13日起，货运部的集中经营停止运作并形成决议。

4月6日，交通部水运司《关于建立浙江省海运集团浙海海运有限公司的批复》，同意由浙江省海运集团有限公司（甲方）、职工持股会（乙方）、上海众联实业有限公司（丙方）共同出资组建浙江省海运集团浙海海运有限公司，从事国内沿海及长江中下游各港间货物运输，注册资本2500万元，其中甲方40%、乙方35%、丙方25%。运力规模68800载重吨。

4月9日，浙江省经济体制改革委员会批复浙江省海运集团有限公司，同意设立浙海海运有限公司职工持股会。

4月13日，中华人民共和国国家经济贸易委员会批准浙江省海运集团有限公司从事交通系统汽油、煤油、柴油内部供应业务。

5月26日，浙江省海运集团浙海海运有限公司（以下简称“浙海海运”）召开首届一次董事会，推举杨建雄出任董事长、法定代表人，聘杨建雄兼任总经理；根据总经理提名，同意聘徐光晓为副总经理，李秀军为财务部经理。6月25日，经浙江省工商行政管理局核准，办理了工商注册登记手续，注册资本2500万元，领取企业法人营业执照。

6月26日，经浙江省对外贸易经济合作厅报经国家对外贸易经济合作部批复同意，赋予浙江省海运集团有限公司进出口经营权。

6月27日，浙江省海运集团有限公司与温州海运公司工会（职工持股会）就温州海运公司改制组建浙江省海运集团温州海运有限公司（以下简称“温州海运”）在温州召开首次股东会，杨建雄代表省海运集团国有股，胡娒儿代表温州海运职工持股会，签订了组建有限公司协议书，通过公司章程，协商董事会组建方案。双方同意由吴成义、陈一敏、陈金、徐庆桃（省海运集团委派）和胡娒儿、戴本孟、骆永法（温州海运职工持股会委派）7人组成首届董事会，陈金任董事长、法定代表人；李秀军（省海运集团委派）、褚加清、陈大光3人组成首届监事会，陈大光为监事会召集人。同日，召开温州海运一届一次董事会会议，选举陈金为董事长（法定代表人），同意陈金董事长提名，聘骆永法任总经理。7月21日，温州海运向温州市工商行政管理部门办理工商注册登记，注册资本2000万元，领取企业法人营业执照。

6月28日，浙江省海运集团有限公司与海门海运公司工会（职工持股会）就海门海运公司改制组建浙江省海运集团台州海运有限公司（以下简称“台州海运”）在椒江召开首次股东会，杨建雄代表省海运集团国有股，杨普德代表台州海运职工持股会，签订了组建有限公司协议书，通过公司章程，协商董事会组建方案。双方同意唐信江、单树林、吴成义、陈一敏（省海运集团委派）和杨普德、陈江、金惕民（台州海运职工持股会委派）7人组成首届董事会，唐信江任董事长、法定代表人；同意李秀军（省海运集团委派）、何金森、（职代会待选1人）3人组成首届监事会，何金森为监事会召集人；董事会聘陈江为总经理。7月28日，台州海运向台州市工商行政管理部门办理工商注册登记，注册资本1000万元，领取企业法人营业执照。

6月30日，省海运集团与舟山第一海运公司工会（职工持股会）就舟山第一海运公司改制组建浙江省海运集团舟山一海海运有限公司（以下简称“舟山一海公司”）在舟山召开首次股东会，杨建雄代表省海运集团国有股，厉月清代表舟山一海公司职工持股会，签订了组建有限公司协议书，通过公司章程，协商董事会组建方案。双方同意屠加兴、吴成义、陈一敏、（待派1名）（省海运集团委派）和厉月清、毛德才、胡景星（舟山一海公司职工持股会委派）7人组成首届董事会，屠加兴任董事长、法定代表人；同意李秀军（省海运集团委派）、毕祥丰、（待选1人）3人组成首届监事会，毕祥丰为监事会召集人；董事会聘胡景星为总经理。7月19日，舟山一海公司向舟山市工商行政管理部门办理工商注册登记，注册资本1000万元，领取企业法人营业执照。

7月21日，经省海运集团董事会研究决定，省海运集团设置总经理办公室、企业策划部、航运业务部、船舶技术部、海务监督部、资产财务部、劳动人事部、能源部、公安科、进出口分公司，同时聘任了各部门负责人（经营负责人）。

8月30日，经浙江省工商行政管理局核准，浙江省海运集团有限公司进出口分公司办理了工商注册登记，领取了营业执照。

11月1日，温州海运举行温州海运建司50周年庆典活动和浙江省海运集团温州海运有限公司挂牌仪式。

2001年

1月5日，浙海海运向大连海运总公司购置的万吨级“黄金山”轮（更名为“浙海501”轮）正式投入营运。至此，浙海海运成为实船公司。

1月8—9日，省海运集团在杭州浙江新世纪大酒店召开2001年度工作会议。会议总结了2000年工作，提出了2001年度经营生产指导计划目标、工作目标、指导思想和工作思路指导意见。会议期间邀请了浙江省体改委处长曹舟南就国有企业体制改革事项作了报告，浙江省交通厅副厅长闻欣然到会并讲话。

3月6日，温州海运筹资1060万元，购买中远集团青岛远洋运输公司10029载重吨的“盘锦海”轮，更名为“浙海125”轮。

4月6日，总经理杨建雄就省海运集团辖属船舶设计研究所改制事宜，主持召开省海运集团董事会，确定黄佳林为该所负责人，并相继召开该所职工大会，宣布了这一决定，明确了该所改制及工龄置换等有关事宜。6月27日，浙江省劳动和社会保障厅批复同意船舶设计研究所劳动关系转换实施方案。

4月18日，总经理杨建雄代表省海运集团与浙江环宇隧道工程有限公司（以下简称“环宇公司”）总经理卢立整签署股份转让协议。省海运集团同意环宇公司在本公司设立驻杭办事处，建立交通工程分公司；环宇公司同意省海运集团以商誉作为资本金，按环宇公司注册资金的15%变更注册到省海运集团名下，并享受分红。

5月9日，浙江省交通厅决定，将浙江省交通厅物资管理处（浙江省交通物资公司）国有资产整体移交省海运集团。6月4日，浙江省交通厅政策法规处处长胡继祥、省海运集团总经理杨建雄、副总经理徐光晓向浙江省交通厅物资管理处（浙江省交通物资公司）职工宣布了这一决定，省海运集团总经理办公室、劳动人事部、资产财务部、企业策划部负责人列席会议。

6月12日，根据南京军区国防动员委员会指令，温州海运“浙海116”轮抵达厦门东山，参加“东海6”号民船征用军事演习，经过80个日日夜夜，圆满完成参演任务。“浙海116”轮全体船员的辛勤工作和艰苦训练，受到参演官兵的赞誉。

9月11日，省海运集团、温州海运、台州海运、舟山一海公司与舟山市五洋船厂破产清算组签署舟山市五洋船厂资产买卖协议，整体购买原舟山市五洋船厂破产资产，其中包括288亩土地使用权、2.5万吨级船坞及附属实物资产，协议买卖价格为人民币2625万元整。

同日，省海运集团、温州海运、台州海运、舟山一海公司4家出资单位召开第一次股东会，董事、副总经理徐光晓代表省海运集团，董事长陈金、唐信江、屠加兴分别代表温州海运、台州海运、舟山一海公司出席会议。会议就联合整体购买舟山市五洋船厂、组建浙江省海运集团舟山五洲船舶修造有限公司（以下简称“五洲公司”）、公司章程、董事会组成等事宜进行讨论并形成决议。会议商定由上述4家单位各出资656.25万元（各占25%的股份），并依法成立公司股东会、董事会、监事会等法人治理机构。省海运集团董事长、党委书记、总经理杨建雄为五洲公司董事长。

9月12日，五洲公司在定海召开一届一次董事会，徐光晓、单树林、邵涛、陈忠爱受各参股单位委派出席董事会会议。会议选举杨建雄为董事长，聘朱学军为筹备组组长，俞昌明、江再琛、周洪乐为筹备组副组长。同日，公司召开一届一次监事会会议，会议选举金惕民为监事会召集人。

10月31日，经浙江省政府批准组建的浙江省交通投资集团有限公司（以下简称“省交通集团”）正式挂牌成立。鉴于此，省海运集团的隶属关系也随之从浙江省交通厅转移至省交通集团。从11月5日起，浙江省交通厅终止了对省海运集团改变隶属关系后的直接行文。

11月19日，省海运集团与温州海运、台州海运、舟山一海公司、浙海海运、五洲公司在杭州签就加入集团协议书。

同日，省海运集团理事会一届一次会议在杭州召开。会议同意由杨建雄、徐光晓、杨江宁、吴成义、陈一敏、陈金、骆永法、唐信江、陈江、屠加兴、胡景星、朱学军为集团理事会成员，杨建雄任理事长，选举陈金、唐信江、屠加兴、徐光晓、朱学军为副理事长；会议通过了《浙江省海运集团章程》，自浙江省海运集团工商登记之日起生效。

12月27日，五洲公司召开第二次股东会，一致同意浙海海运加入浙江省

海运集团舟山五洲船舶修造有限公司，原4家股东单位各向浙海海运转让5%股权。经此调整，5家股东单位出资比例各为20%。

2002年

1月10日，省交通集团董事长闻欣然等一行，在省海运集团总经理杨建雄陪同下，考察了五洲公司。

1月14—15日，省海运集团在杭州百合花饭店召开2002年度工作会议。会议总结了2001年度工作，提出了2002年度工作意见。省交通集团董事长闻欣然到会，并对做好省海运集团工作提出了意见和要求。

2月8日，五洲公司组建后承修的首艘外轮“洛达八”号，进入公司船坞修理。

4月26日，温州海运自筹资金5200万元，从国外购入的2.6万吨级二手散货船“浙海126”轮在舟山港完成船舶交接。5月9日投入营运，5月17日满载2.22万吨电煤从秦皇岛港成功首航至温州港磐电码头。温州海运在磐电码头现场举行了隆重而又热烈的首航仪式，温州市副市长冒康夫、交通局局长陈宏峰、省海运集团董事长杨建雄等出席了首航庆典活动。

6月5日，经报请上级部门审批同意，省海运集团批复华海船舶设计研究所，原则同意该所上报的改制实施方案。7月23日，省交通集团就该所资产重新评估事项作出批复。据此方案和批复，该所职工实施了劳动关系转换，企业改制成国有相对控股（省海运集团占股份30%）、自然人入股（占股份70%）、注册资本60万元的有限责任公司，更名为浙江现代船舶设计研究有限公司。

7月1日，五洲公司组织召开4万吨级舾装码头技改项目招标会议。10月5日，4万吨级舾装码头正式开工。

7月9日，省海运集团批复同意所属温溪海运公司设立温溪通达船务公司。

10月16日，浙江省交通厅航运管理局批复同意对温州海运所属“武林”与“浙海121”两轮实施技术改造。

11月10日，五洲公司成功抢修了英国达尔文舰船公司属下满载原油28万吨级超大型油轮“东方探险”轮，对增强公司竞争力和开拓国际市场起到了重要作用。

12月14日，台州海运1.8万吨级货船"浙海323"轮首航澳大利亚，首次冲出亚洲。同时，台州海运的运力实现历史性突破，达到10万载重吨。

2003年

1月3日，省海运集团交通战备（军运）领导小组作了调整：组长为杨建雄，副组长为徐光晓、姚寿根，成员包括杨江宁、邓明循、姜磊、沈伟林、朱学军、苏学松、冯国熹。下设交通战备办公室（与航运业务部合署办公），主任为邓明循。

1月12—13日，在杭州金溪山庄召开省海运集团2003年度工作会议，总经理杨建雄作了省海运集团年度工作报告；副书记杨江宁作了深化企业改革动员报告；宣布了2002年度各公司安全工作考核结果并进行表彰。省交通集团董事长闻欣然、浙江省交通厅体法处处长胡继祥等到会，并对相关工作提出意见和要求。

同日，省海运集团董事会调整委派所属3家海运公司董事会国有股董事。委派徐光晓、朱学军为浙江省海运集团温州（台州、舟山一海）海运有限公司董事会国有股董事；吴成义、陈一敏不再担任浙江省海运集团温州（台州、舟山一海）海运有限公司董事职务。

3月5日，省交通集团就省海运集团深化改革总体方案的请示作了批复。

3月17日，省海运集团成立改制领导小组及组成人员名单：主任为杨建雄，副主任为杨江宁、徐光晓，成员包括朱学军、钱仁华、李秀军、姜磊、苏学松。下设改制领导小组办公室，主任为杨江宁，副主任为朱学军。

4月9日，经省交通集团批准，浙江省工商行政管理局核准登记，浙江浙海贸易有限公司成立，经营船舶配件、机电产品、通信器材、建材、钢材、燃料油等销售，经营进出口业务和咨询服务。注册资本100万元人民币。

4月23日，省海运集团预防和控制非典型肺炎工作领导小组宣布成立。组长为杨建雄，副组长为徐光晓、杨江宁，成员包括总经理办公室、劳动人事部、航运业务部负责人。办公室设在总经理办公室。

4月28日，经省交通集团批准，浙江省工商行政管理局核准登记，浙江浙海船员管理服务有限公司成立，主要从事船员的职业介绍、劳务派遣及咨询服

务。注册资本50万元人民币。

6月12日，温州海运从国外购入的2.6万吨级散货船（冠名“浙海128”轮）进关抵达温州七里港码头。该船于7月28日离开宁波，首航美国、加拿大，开始环球远洋航线出租经营。

11月11日，省海运集团船员技术比武大会在浙江交通职业技术学院隆重举行。

12月1日，浙海公司全资子公司——黑龙江省宾州水泥有限公司注册成立，投资7.5亿元建设黑龙江省第一条日产5000吨水泥生产线。

12月22日，省交通集团就浙江省交通物资公司资产评估的有关事项作了批复。

12月，浙江省钱江船厂改制工作启动。经职工大会审议，省交通集团批复同意，改制方案拟定为国有资产从钱江船厂全部退出，重新组建新公司。

是年，台州海运方从现船长被中国海员建设工会全国委员会授予第九届“金锚奖”。

2004年

1月，浙江省交通厅出台《浙江省海运运力发展补助资金管理暂行办法》，对企业购置大吨位船舶给予补助，有效支持了浙江省海运运力的发展。

1月5日，省海运集团向省交通集团呈报《重组浙江省海运集团方案的请示》。省交通集团公司于1月14日印发了《关于重组浙江省海运集团方案的批复》。

同日，省交通集团批复同意浙江省钱江船厂改制总体方案。

同日，省交通集团批复同意浙江省温溪港务管理处（温溪海运公司）改制总体方案。

3月10日，省交通集团批复同意调整浙海海运注册资本从原先的2500万元增加到13000万元。

3月18日，省交通集团浙交投〔2004〕40号文批复同意，省海运集团的注册资本从2亿元核减至1.6亿元。

3月28日，五洲公司召开一届三次股东会，经审议同意，将注册资本从

1300万元增加至5000万元。

4月20日，省交通集团印发《关于温州海运有限公司增资扩股原则方案的批复》和《关于台州海运有限公司增资扩股原则方案的批复》，批复同意温州海运注册资本由2000万元增加至6000万元（2004年10月实施），同意台州海运注册资本由1000万元增加至5000万元（2004年12月实施）。

同日，浙海海运投资建设的黑龙江省宾州水泥有限公司一期工程（建设一条日产5000吨新型干法水泥生产线，包括3条水泥粉磨线）开工建设。这条水泥生产线采用国际成熟先进生产工艺，按设计生产能力，年生产优质水泥达230万吨。

7月5日，舟山市发展计划委员会批复同意五洲公司在五奎山建设厂房及配套设施，建筑面积50000平方米，项目总投资3000万元。

9月27日，温州海运“浙海128”轮圆满结束了为期14个月的环球远洋航行。此次环球远洋航行为拓展温州海运事业积累了丰富经验，在温州航海史上写下了新的篇章。

10月10日，浙江省港航管理局复函同意浙江省海运集团有限公司和浙江富兴海运有限公司承运浙能乐清电厂电煤。

12月5日，温州海运筹资购置的2.76万吨进口散装船（冠名“浙海151”轮）顺利抵达温州。

2005年

2月3日，经浙江省国资委批复同意，因浙江省钱江船厂改制，由浙海海运和自然人於建华、包辉阳、韩钦培、俞仲华、徐宏勋、薛辉共同出资组建的浙江省钱江船舶有限公司成立，注册资本1500万元，并投资6亿元，开发钱塘江北岸浙江海运大厦（后更名为海运国际）项目。

2月19日，“浙海308”轮第3航次于2月11日从河北省京唐港装载钢材5415.04吨开往越南防城。2月19日0450时，由于船舶遭遇恶劣海况、船长操纵不当、船舶横摇剧烈等因素综合作用，货物绑扎失去相应作用，造成移位，致使船舶左倾急剧增大，货舱大量进水而沉没，船货全损，1名船员死亡，6名船员失踪。

2月底，根据省交通集团对浙江省钱江船厂改制总体方案批复精神实施的钱江船厂改制工作基本完成：原钱江船厂与全部职工解除或终止劳动关系，经职工本人确认的补偿金，已按浙江省劳动社会保障厅核准的数额全额发放；退休职工按照省市政府的文件要求，按社会化管理原则实施了管理移交；改制后，原国有资产全部退出，由浙海海运与船厂职工合资组建浙江省钱江船舶有限公司。

3月7—8日，在温州召开省海运集团2005年度工作会议。期间，省海运集团总经理杨建雄传达了省交通集团2005年度工作会议精神，并作了题为《抢抓机遇、开拓进取、做大做强企业；励志图强、扎实工作、争创新的佳绩》的年度工作报告。省交通集团副总经理王国伟参加会议并讲话。

5月25日上午8点，五洲公司建造的第一艘3万吨级散货船——浙海海运“浙海507”轮胜利开工，标志着五洲公司造船从此开始，也开启了五洲公司发展史上新的一页。该船于2006年7月5日上船台， 2007年4月14日竣工交付使用。

6月上旬，国家人事部、交通部印发《关于表彰全国交通系统先进集体、劳动模范和先进工作者的决定》（国人部发〔2005〕21号），授予浙江省7名同志“全国交通系统劳动模范”荣誉称号，台州海运轮机长甘顺富榜上有名。

6月中旬，交通部下发《关于表彰在2004年电煤运输工作中作出突出贡献单位的通知》，对2004年电煤运输工作中做出贡献的12家港航企业进行表彰，省海运集团榜上有名。

7月上旬，经杭州资信评估公司专家委员会论证审定，根据企业基本素质、经济实力、偿债能力、经营效益及发展前景等方面的综合分析与评价，省海运集团被评定为企业信用等级AAA级企业。

7月11日是郑和下西洋600周年纪念日。经国务院批准，自2005年起，每年本日为“航海日”，同时也作为“世界海事日”在我国的实施日期。根据交通部2005年第3号通告，省海运集团所属的所有在中国水域航行和在锚地停泊的船舶挂满旗，上午9时鸣笛1分钟，以此庆祝“航海日”。

7月18日，浙海海运投资兴建的黑龙江省宾州水泥有限公司首期工程基本完成并点火成功，进入投料试生产阶段。7月26日19时58分，顺利生产出第一批合格熟料，标志着黑龙江省首条日产5000吨水泥熟料生产线顺利建成。

7月21日，省海运集团按照省交通集团的部署和要求，成立了以省海运集团党委书记、董事长、总经理杨建雄为组长，党委副书记、纪委书记杨江宁及党委成员、副总经理徐光晓为副组长的保持共产党员先进性教育领导小组，同时成立了先进性教育办公室。还抽调人员成立了综合指导和宣传简报两个专题小组，以及时指导和宣传相关的教育活动。

8月21日，黑龙江省委常委、哈尔滨市委书记杜宇新考察了正在试生产中的黑龙江省宾州水泥有限公司。

8月24日，浙江省国资委批复同意省海运集团将所持舟山一海海运有限公司51%国有股权划转舟山市管理。

8月，经省交通集团批准，温州海运注册资金由6000万元增加至12000万元。

9月29日，中央先进性教育活动办公室《保持共产党员先进性教育活动简报》第559期摘要介绍了浙江省海运集团公司在推进企业发展、创建节能型企业的情况，对省海运集团多年来开展以技术创新为先导、挖掘潜力促节能工作等方面取得的成绩给予了充分肯定。

10月17日，省海运集团调整安全生产委员会成员：安全生产委员会主任为杨建雄，副主任为徐光晓、杨江宁，委员为海监部、航运部、船技部、人力资源部、党群部、ISM办负责人。安全生产委员会办公室设在海监部，海监部负责人任主任，ISM办负责人任副主任。

10月19日，省交通集团董事长陈继松及相关部门负责人来省海运集团检查指导工作。省海运集团各子公司主要领导、省海运集团机关全体中层干部参加了会议。省交通集团董事长陈继松在听取了省海运集团领导工作汇报后，对省海运集团的工作表示肯定，同时就进一步深化企业改革、做大做强企业、开展多元化经营及加强安全管理等方面工作，提出了具体建议和要求。

10月21日，中共黑龙江省委书记宋法棠、哈尔滨市委书记杜宇新和黑龙江省委、省政府、省人大、省政协以及黑龙江省各地市的市委书记、市长等一行80人，到黑龙江省宾州水泥有限公司视察。

11月1日，省海运集团邀请中国船级社上海规范所审图中心副主任孙安林、规范研究部副主任彭文科在杭州举行散货船结构知识讲座。省海运集团副总经理徐光晓到会，各部门负责人及所属温州海运、台州海运、舟山一海公

司、五洲公司、现代船舶设计所等均派相关技术人员参加了讲座。

12月6日上午，省交通集团董事长陈继松、党委副书记刘国红等一行14人，在省海运集团董事长、党委书记、总经理杨建雄等人陪同下，赴舟山视察了五洲公司修造船情况，并了解五洲公司的发展状况。

12月7日，省交通集团与舟山市人民政府签订关于舟山一海公司划转舟山市管理的协议。

12月11日上午，五洲公司在船体车间举行五洲公司第二艘3万吨级散货船开工仪式。船东单位温州海运总经理骆永法、副书记徐庆桃率公司相关人员及银行等有关人员共百余人参加开工仪式。该船于2007年7月竣工交付使用。

12月23日，中国船级社上海分社总经理宋秉章、中国船级社上海工业公司总经理吴敏华等视察五洲公司，考察了厂房、船台、在建船舶等重点工程项目。

2006年

1月20日，经报请省交通集团批准，省海运集团批复同意台州海运购置新建33200吨散货船1艘。该船冠名“浙海358”轮，落实在五洲公司建造。

1月26日，温州海运新购置的2万吨级多用途船“浙海152”轮，装载19377吨煤炭，从秦皇岛安全驶抵温州电厂码头。

2月9—10日，省海运集团2006年度工作会议在台州召开。总经理杨建雄在会上传达了省交通集团2006年度工作会议精神，并作了题为《把握时机，深化改革，加速发展，争创“十一五”时期开门红》的工作报告；副总经理徐光晓、党委副书记杨江宁分别作了2005年度省海运集团机务工作报告和安全工作报告。省交通集团资产管理部经理周建平、人力资源部经理陈一敏、台州市政府副秘书长虞彦龙等领导参加会议并讲话。

3月，在参加2005年全国水运系统船舶、班组安全竞赛活动中，中国海员建设工会全国委员会、交通部交通安全委员会授予温州海运“浙海126”轮“全国水运系统安全优秀船舶”荣誉称号；浙江省交通运输工会、浙江省交通厅安全生产委员会授予温州海运“浙海126”轮、浙海海运“浙海505”轮、台州海运“浙海323”轮等3艘船舶“全省水运系统安全优秀船舶”荣誉称号。

同月，根据浙江省人民政府国有资产监督委员会文件精神，省海运集团所属舟山一海海运有限公司51%国有股权划转舟山市管理工作完成。划转地方后的舟山一海公司归属舟山市交通委员会管理。

3月27日，省海运集团在杭州召开了有各成员单位党政领导、省海运集团本部中层以上人员参加的述职述廉报告会，省交通集团党群部主任杨俊杰、组织部李春泉参加会议。会上，省海运集团党政领导分别作领导班子集体述职报告和个人述职述廉报告。报告结束后，省交通集团发放了测评表，对省海运集团领导班子2005年度工作满意度进行了民主测评。

4月14日，五洲公司与德国NSC公司签订建造4艘大开口多用途船建造合同。

6月15日，省交通集团批复同意浙江现代船舶设计研究有限公司国有股权转让的立项申请。

7月1日，为加强对投资项目的管理，控制投资费用、提高管理水平，省海运集团邀请上海同济大学高欣博士来杭作《工程项目管理与控制》专题讲座。省海运集团本部及主要成员单位的领导和工程、财务等部门负责人及相关管理人员50余人参加专题讲座。

7月19日，省海运集团2006年度第一次董事会会议在省海运集团召开。会议由董事长杨建雄主持，董事陈一敏、徐光晓、杨江宁，监事杨俊杰出席会议；董事会秘书朱学军、财务部经理李秀军列席。会议审议通过了2005年度总经理工作报告及2006年度工作计划报告；审议通过了2005年度财务工作报告和财务决算，批准了2006年度预算；审议通过2005年度利润分配方案和2006年度对外担保计划；审议同意省交通集团《关于2005年度综合绩效考核结果的建议》；审议通过《2006年度相关子公司考核目标和年薪标准》；审议并原则通过企业改制工作计划、目标等。

7月，浙江省海运集团有限公司被评定为2005年度企业信用等级AAA级企业。这已是省海运集团连续第五年获得此项荣誉。

9月14日，省交通集团董事长陈继松率党委副书记刘利、副总经济师陈一敏及相关部门负责人周建平、郑晓岗等赴省海运集团检查指导工作并现场办公，帮助下属企业解决重大问题。

9月20日，根据钱江船舶公司股东会决议，省交通集团批复同意，浙海海运

受让於建华等7位自然人持有的钱江船舶公司全部股权，成为浙海海运的独资子公司。

9月26日，五洲公司7万吨级舾装码头基桩工程开工，标志着造船项目配套工程舾装码头动工兴建。

10月25日，庆祝省交通集团成立5周年暨首制3万吨级浅吃水散货船“浙海507”轮下水仪式在五洲公司隆重举行。浙江省政府副秘书长王小玲，舟山市委书记张家盟、副市长马万里，省交通集团董事长陈继松、党委书记闻欣然等400余人参加庆典仪式。

11月10日，根据杭州市政府对武林门客运码头改建的需要，省海运集团办公地址从原下城区环城北路140号搬迁至西湖区求是路8号公元大厦。

11月18日，世界第一艘按照国际《共同（结构）规范》设计的5.4万吨多用途散货船浙海公司“浙海521”轮开工仪式在五洲公司船体车间举行。中国船级社（CCS）副总裁田晓平、CCS上海分社副总经理蒋伟平、CCS上海规范所所长杨忠民、上海佳豪船舶工程设计有限公司总经理刘楠等近20位嘉宾和200余名员工参加仪式。

12月13日上午，省交通集团总经理耿小平、副总经理刘鹏、党委副书记刘利和副总经理马克华等一行11人，赴省海运集团开展年度调研工作。省海运集团董事长杨建雄就2006年企业的发展融资、安全稳定、改革改制、人力资源管理、党风建设等工作进行了汇报，并对2007年的发展前景和工作提出了初步打算。总经理耿小平在调研结束时作总结讲话。

12月上旬，黑龙江省经委《经济信息》第36期以《黑龙江省宾州水泥有限公司节能降耗见成效》为题，专版刊登黑龙江省宾州水泥有限公司节能降耗方面的经验，对其建立以来在节能降耗方面取得的显著成效予以充分肯定。

2007年

2月7—8日，省海运集团2007年度工作会议在杭州金溪山庄召开，省海运集团及所属8家成员单位领导和相关部门负责人参会。省海运集团总经理杨建雄在会上作了题为《以管理促效益，以改革促发展，把企业做大做强做优》的年度工作报告。省交通集团副总经理张鲁芸、副总经济师陈一敏等应邀到会，并作指导、讲话。

2月12日，黑龙江省委书记钱运录在哈尔滨市委书记杜宇新、市长张效廉等陪同下，在哈尔滨宾西开发区视察了省海运集团所属的黑龙江省宾州水泥有限公司，并亲切慰问了公司管理干部和员工。

3月5日，省海运集团公布省交通集团选拔的2006年度“169拔尖人才”培养人选名单，骆永法等41人列入培养人选。

3月10—11日，省交通集团董事长陈继松、副总经理张鲁芸及资产管理部经理周建平、发展研究部副经理邵文年等，在省海运集团董事长杨建雄、副总经理徐光晓、党委副书记杨江宁的陪同下，冒着严寒视察了黑龙江省宾州水泥有限公司，并与当地市委、县委的主要领导和企业领导班子进行了亲切交流。

3月16日，在杭州玉泉饭店召开了省海运集团领导班子和领导人员述职述廉报告会，各成员单位党政领导、省海运集团本部中层及部分员工参加了会议。省交通集团党委副书记刘利、组织部部长冯建华、党群部主任杨俊杰、组织部李春泉莅临会议指导。

6月，台州海运周加平船长被中国海员建设工会全国委员会授予第十一届“金锚奖”。

6月11日，省海运集团批复同意温州海运全资组建温州海鑫隆海运有限公司。

6月中旬，浙江省总工会、省安全生产监督管理局、省卫生厅授予省海运集团2006年度浙江省“安康杯”竞赛优秀组织奖。

6月下旬，为提高员工的消防意识和防火抗灾能力，省海运集团本部结合“安全生产月”活动，邀请杭州四进消防安全中心的消防教官，举办了一次主题为“珍惜生命、远离火灾”的消防知识讲座。

7月2日，由五洲公司承建的全球第一艘CSR船舶审图和建造现场检验会在舟山新华侨饭店召开。国际船级社协会理事会主席、CCS总裁李科浚以及CCS总部有关部门、全国各地船级社负责人、上海佳豪船舶工程设计有限公司、省海运集团等单位领导、专家80余人参加了会议，并于7月3日在定海五奎山五洲公司现场进行了建造检验和指导。五洲公司计划建造此型船舶10艘。

7月17日，省海运集团在杭州召开新一届董事会会议。董事长杨建雄，董事陈一敏、徐光晓、杨江宁，监事杨俊杰、缪克俭、张雪芬等出席会议，省交通集团组织部部长冯建华代表省交通集团宣布了新一届董事会、监事会的组成决定，董事会依法聘任了经营班子成员；会议审议了2006年度董事会工作报告、2006年度总经理工作报告，以及2007年度工作计划报告等，对今后的工作提出了新的要求。

7月18日，省交通集团董事会调整集团公司董事会、监事会：第二届董事会由杨建雄、陈一敏、徐光晓、杨江宁和1名职工董事（选举产生）组成，杨建雄任董事长；第二届监事会由杨俊杰、缪克俭、张雪芬和2名职工监事（选举产生）组成，杨俊杰任监事会主席。

7月25日，根据钱江船舶公司股东会决议和修改后的公司章程，省海运集团同意钱江船舶公司注册资本从1500万元增加至2000万元。

7月，由温州海运自行购置船建材料及设备、委托浙江省临海市海丰船厂建造的2.35万吨散货船“浙海156”轮开工建造。该船于2009年5月竣工交付使用。

8月31日下午，省海运集团召开有全体党员和中层干部参加的专题警示教育会议，传达贯彻省纪委有关违纪违法案件通报、坚决刹住违反规定收受礼金歪风的通知等，还组织观看了《反腐前线》专题片，进行具体的警示教育。

10月11日，五洲公司建造的第三艘3万吨级散货船“浙海358”轮竣工交付台州海运。次日该船离开船厂码头，并于10月15日在河北省黄骅港举行了首航仪式。该船于2006年5月16日开工，2007年2月8日上船台，2007年5月18日下水。

11月8日，省交通集团董事长陈继松、副总经理张鲁芸等领导一行7人，到省海运集团进行调研和指导工作。陈继松董事长要求省海运集团按照浙江省委、省政府要求，认真学习和落实十七大精神，进一步解放思想，深化改革，把企业做大做强。

12月初，在浙江省打私与海防口岸办、省国税局、省外汇管理局、省工商局、省外经贸厅等9家单位联合开展的2006年度守法诚信进出口企业评选中，全省评选出100家进出口企业为2006年度守法诚信进出口企业。省海运集团凭借

良好的信誉和守法经营荣膺此称号。

12月13日，省交通集团在省海运集团召开会议，对省海运集团领导班子作了调整。省海运集团本部全体管理人员及所属各成员单位领导班子成员参加会议。省交通集团党委副书记刘利宣读省交通集团党委、董事会的任免决定：任命单树林为浙江省海运集团有限公司党委书记、董事长，提名郑晓岗任浙江省海运集团有限公司总经理。陈继松董事长在会上就省海运集团及浙海海运的发展问题提出了意见和建议。

2008年

1月15日，为贯彻落实浙江省第十二次党代会提出的“港航强省”发展战略，促进航运业快速发展，浙江省交通厅副厅长王洪涛率调研组赴省海运集团进行调研。省海运集团董事长单树林和总经理郑晓岗汇报了省海运集团目前航运发展的现状、思路和存在的主要问题，对发展浙江省航运业对策措施提出了相关建议。

1月18日，省交通集团总经理耿小平、党委副书记刘利率考核调研组来省海运集团，对省海运集团2007年度综合绩效、四好领导班子创建及安全生产等工作进行了考核、考评与调研。

同日，五洲公司建造的第四艘3万吨级散货船“新东莞6”号竣工交船。该船于2006年11月3日开工，2007年8月29日下水，船东为东莞市海昌船务有限公司。

1月23日，由五洲公司建造的首艘5万吨级散货船“浙海521”轮于上午11时58分在五洲公司顺利下水。这是中国乃至世界第一艘符合CSR规范的船舶。舟山市副市长马国华、浙江省海事局副局长王长勇、省交通集团副总经理王国伟、浙江省港航局副局长唐惠明、中国船级社上海分社副总经理蒋伟平、省海运集团总经理郑晓岗等领导出席了庆典仪式，并为新船下水剪彩。该船于同年5月28日竣工交付使用。

2月15日，省海运集团审议通过浙江省交通物资公司、省海运集团进出口分公司、能源部整合经营管理方案。

2月19日，省海运集团召开党政联席会议，审议通过省海运集团本部企业

组织机构设置调整方案、省海运集团本部员工聘用和部门负责人聘任名单。同日，省海运集团本部召开组织机构调整后首次全体员工大会。

3月3—4日，省海运集团在杭州召开2008年度工作会议，总经理郑晓岗作了题为《统一认识、勠力同心、深化改革、创新工作，推进海运集团再创业》的工作报告；董事长单树林代表省海运集团与各子（分）公司签订2008年综合目标责任书，并作会议小结。省交通集团董事长陈继松、副总经理张鲁芸应邀出席会议并分别讲话。

3月4日，省海运集团召开述职述廉大会，省交通集团党群工作部派员参加。单树林代表省海运集团领导班子作2007年度领导班子集体述职报告，党政领导分别作个人述职述廉报告。省交通集团对省海运集团班子和班子成员进行了民主测评。

3月18日，省海运集团对浙江省交通物资公司、浙江省交通厅物资管理站及进出口分公司、能源部领导班子进行了调整。

4月16日，省海运集团批复同意浙江省钱江船舶有限公司注册资本从2000万元增加到5000万元。

同日，省海运集团批复同意注销天津市浙海海运服务部。

4月，省海运集团组织开展“诚信大讨论”活动。

同月，省海运集团与浙海公司分设，实行人、财、物分离，独立核算。

5月15日，省海运集团组织向汶川地震灾区人民献爱心活动，共募集善款24万余元，收取特殊党费11.2万余元。

5月18日，浙海海运投资建设的浙江海运大厦项目奠基开工。省交通集团董事长陈继松，省海运集团董事长单树林、总经理郑晓岗等领导参加奠基典礼。

5月28日，省海运集团内部宣传刊物《浙江海运》（月刊）改版为《浙江海运》报，每月一期。

5月29日，浙江省海运集团有限公司物资分公司注册成立。

6月13日，世界第一艘按CSR《共同（结构）规范》设计并建造的54500吨散货船“浙海521”轮投入营运。

7月4日，经省交通集团评审，省海运集团何金森等62人被评为浙江省交通集团公司2007年度“169拔尖人才”培养人选。

7月7日，省海运集团协议受让上海泰皓公司持有的浙海海运18.5%股权。

7月上旬，省海运集团正式批复同意温州、台州两家海运公司董事会拟定的增资扩股方案：温州海运注册资本由人民币12000万元增至18000万元，台州海运注册资本由人民币5000万元增至14000万元。

7月21日，温州海运首艘47000吨散货船建造合同在上海通茂大酒店举行签字仪式。

7月31日，省海运集团二届三次董事会会议在杭州召开。会议听取了2007年度董事会工作报告、总经理工作报告及财务决算报告；审议通过了2007年度利润分配方案和综合绩效考核结果；审议通过了《董事会议事规则》《薪酬管理办法》等规章制度。

8月18日中午11时8分，五洲公司为德国NSC公司建造的第一艘5万吨级大开口多用途船顺利下水。该船于2007年5月28日开工，2010年4月21日交船。

8月26日，为落实浙江省委、省政府建设海洋经济强省的战略决策，加快海运业发展，浙江省交通厅在杭州组织召开加快海运业发展民主恳谈会。浙江省交通厅、浙江省港航管理局、各地市港航管理部门领导、海运企业代表、专家出席会议。省海运集团董事长单树林参加会议并作会议发言，介绍了省海运集团近几年的发展情况、存在的主要问题及今后的发展思路，同时就如何扶持重点航运骨干企业，加快浙江省航运业发展提出了建议。

9月下旬，在浙江省2007年度在杭部分守法诚信进出口示范企业授证仪式上，省海运集团凭借良好的信用和守法经营荣膺此称号，获得并领取了“浙江省守法诚信进出口示范企业”荣誉证书。这也是省海运集团连续两次获此殊荣。

9月25日，台州海运举行成立50周年庆典。台州市人民政府副市长叶阿东、省交通集团副总经理王国伟，省海运集团董事长单树林、总经理郑晓岗等出席庆祝大会。

10月14日，省海运集团所属温州海运、台州海运、浙海海运以及联营的富兴海运，被浙江省交通厅首批授予“浙江省水路运输诚信企业”称号。

10月21日，省交通集团在滨江区召开科技工作座谈会，省海运集团承担的

“3万吨级浅吃水节能型散货船设计技术应用”科技项目作为推广项目在会上作了交流，得到了与会领导和专家的充分肯定。

11月11日，黑龙江省委书记吉炳轩就学习实践科学发展观活动到黑龙江省宾州水泥有限公司视察和调研，哈尔滨市市长张效廉等陪同视察和调研。

11月28日，由五洲公司建造的首艘5.75万吨大灵便型散货船——温州海运“浙海167”轮开工建造。该船于2009年12月10日上船台，2010年4月16日下水， 2011年8月交船。

12月5—7日，省海运集团所属五洲公司组队，代表省交通集团参加全省“杭钢杯”青年职业技能大赛决赛，并获组织奖。

12月18日，浙江海事局局长徐国毅一行来省海运集团进行工作调研。征求对海事部门工作的建议；根据浙江海事局管理职能，协商解决企业提出的有关需求，帮助企业应对当前航运市场的低迷困境。

12月22日，省海运集团、省海运集团工会授予“浙海127”轮甲板部等21个班组“安全优秀班组”荣誉称号；省海运集团团工委授予张国斌等10位青年“十佳青年岗位能手”称号。

2009年

2月9日，省交通集团团委对组织开展“三个一”（即：每位岗位能手带一名徒弟，给所在团组织青年上一堂技能课，给所在单位出一个金点子）活动的先进单位进行表彰，省海运集团团工委获得组织奖；同时还表彰了2008年度“十佳青年岗位能手”，台州海运张国斌、浙海海运袁文安榜上有名。

同日，浙江省港航管理局局长郑惠明、副局长邵银泉一行来到省海运集团调研，重点了解了当前经济衰退和航运市场萎缩对企业的影响，就省海运集团下属单位的工作请求提出了办理意见。

2月11—12日，省海运集团在杭州玉皇山庄召开2009年度工作会议。省交通集团董事长、党委书记陈继松与党委副书记刘利到会指导，董事长陈继松作讲话。

3月，省海运集团被杭州市委、市政府授予“社会责任建设先进企业”称号。

3月4日，省海运集团党委组织召开领导人员民主生活会，省交通集团党委副书记刘利出席会议并讲话。

3月6日，国务院国资委改革局副局长于宝恒率国有企业改革重组调研组成员到五洲公司现场调研。浙江省国资委副主任张效清、省海运集团总经理郑晓岗等陪同调研。

3月15日，五洲公司为德国NSC公司建造的5万吨级大开口多用途船“ANDROMEDA”竣工交船，标志着五洲公司实现了从建造国内船到国外船、从简单船种到复杂船种的跨越。

3月16日，省海运集团党委召开专门会议，传达省交通集团深入学习实践科学发展观动员大会精神，全面部署深入学习实践科学发展观活动。董事长、党委书记单树林代表公司党委进行学习动员，并对活动的开展提出了具体要求。

3月，省交通集团批复同意浙江现代船舶设计研究有限公司国有股转让。省海运集团所持该所的30%股份，在浙江产权交易所公开挂牌出让，该公司管理层摘牌受让成功后，成为民营企业，结束了与省海运集团的隶属关系。

4月，省海运集团所属台州海运、温州海运、浙海海运、五洲公司的“流动书屋”，获浙江省总工会示范“职工书屋”授牌。

4月14日，省海运集团党委副书记缪克俭参加浙江省政协港澳台侨委与浙江省台办联合举办的“两岸直航后浙江面临的新情况新机遇”调研座谈会。

4月15日，省海运集团发文同意黑龙江省宾州水泥有限公司注册资本从5000万元增加到10000万元，并同意建设二期工程。

4月29日，普华永道项目专家来省海运集团首次调研，董事长单树林、副总经理骆永法等参加了调研会。单树林就省海运集团发展战略规划、经营管理等方面的情况和思路，以及存在的主要困难和解决问题的一些考虑等，与项目组专家进行了广泛深入的交流。

5月中旬，在中国海员建设工会、交通运输部交通安全委员会联合组织的全国水运系统船舶、班组安全竞赛活动中，温州海运“浙海161”轮被授予“安全优秀船舶”荣誉称号。

5月16日，浙海海运下属黑龙江省宾州水泥有限公司隆重举行第二条日产4500吨新型干法水泥生产线开工奠基仪式。省交通集团董事长陈继松、副总经

理张鲁芸，省海运集团董事长单树林、总经理郑晓岗、副总经理徐光晓、党委副书记缪克俭等出席了奠基仪式。浙海海运投资5.4亿元建设的宾州水泥二期工程正式开工建设。

5月19日，省交通集团总经理王洪涛、党委副书记刘利及有关部门负责人等一行7人莅临省海运集团调研指导工作。王洪涛要求省海运集团结合当前省交通集团正在开展的学习实践科学发展观活动，开拓新的视野，围绕集团发展方向，认真做好战略规划，促进企业更好更健康发展。

6月12日，浙江省国资委副主任符晓东一行在黑龙江省考察期间，专程到黑龙江省宾州水泥有限公司调研，省海运集团总经理郑晓岗、黑龙江省宾州水泥有限公司总经理张玉华陪同。符晓东一行视察了宾州水泥熟料和水泥生产线，检查了正在建设的二期工程现场，参观了中央控制室，详细询问了宾州水泥投资建设、质量控制、产品销售、安全生产、政策环境等情况。

6月17日，省交通集团董事长陈继松、党委副书记刘利在省海运集团总经理郑晓岗和党委副书记、纪委书记缪克俭的陪同下，分别到温州海运、台州海运调研指导工作。

7月16日，秦皇岛海事局局长邓民等人代表秦皇岛市海上搜救中心，到靠泊秦皇岛装煤的温州海运"浙海117"轮，感谢该船船员在海上救起5名渔民，并给予3000元奖励。

7月19日，省海运集团2009年上半年经济运行分析会在杭州召开。各子（分）公司主要领导及省海运集团本部负责人参加会议。

7月，在省交通集团组织的学习实践科学发展观活动知识竞赛中，省海运集团党委获最佳组织奖，姜伟等5人获个人优胜奖。

8月8日，由五洲公司为浙海海运建造的第二艘54500吨散货船"浙海522"轮竣工并加盟远洋船队。该船于2007年12月20日开工，2008年10月30日下水。

9月，省海运集团"以国际海员适任能力为标准的高职航海类人才培养模式的改革和实践"项目，获教育部2009年第六届高等教育国家级教学成果二等奖。

9月25日，省交通集团"同心歌唱祖国好"歌咏比赛在杭州大剧院举行。省海运集团积极组织参加比赛，获得了活动的组织奖。

10月28日，省海运集团团工委（安全技术部）命名“浙海507”轮轮机部等5个部门为省海运集团2009年度青年安全生产示范岗，许光锋等7人为创建青年安全生产示范岗先进个人。

10月30日，《航运公司安全管理体系文件编写指南》课题组研究成果总结推广会议在杭州召开，标志着由浙江海事局承担、浙海海运协办的安全管理体系文件标准化研究课题圆满结束。

11月，台州海运王金法获浙江省国资委“省两创优秀人才”称号。

11月18日，省海运集团“浙海357”轮轮机部、五洲公司轮机车间、“浙海507”轮轮机部获省交通集团2009年青年安全示范岗称号，许光辉、潘永杰、邱磊获青年安全示范岗创建先进个人称号。

11月23日，交通部在北京举行了沿海水运企业座谈会。会议由交通部水运司主办，参加会议的包括沿海各省（自治区、直辖市）港航局、海事局等单位，以及中国海运、中国远洋等沿海水运企业。省海运集团董事长单树林应邀参加会议并发言。

12月1日，省交通集团批复同意省海运集团在境外组建离岸公司。

12月7日，省交通集团总经理王洪涛、副总经理刘鹏、张鲁芸等一行9人来省海运集团调研，听取了省海运集团董事长单树林、总经理郑晓岗的工作汇报后，就壮大海运企业、深化企业改革等事项提出了指导意见。

12月8日，省交通集团委派姚慧亮为省海运集团董事。

12月14日，省交通集团批复同意省海运集团船舶融资租赁方案：与招银金融租赁有限公司合作开展船舶融资租赁业务，以解决台州海运、温州海运资金紧张问题。

2010年

1月20日，省海运集团召开二届九次董事会会议，决议将浙海海运从2009年年报开始纳入省海运集团的合并报表范围。

2月2—3日，省海运集团2010年度工作暨安全生产工作会议在杭州召开。会议期间，副总经理徐光晓传达了省交通集团2010年度工作暨安全生产工作会

议精神；总经理郑晓岗作了题为《和衷共济，努力工作，切实推进海运集团新发展》的工作报告；副总经理骆永法作了年度安全生产工作报告；副书记缪克俭通报了2009年度党建工作、安全生产暨社会综治考核结果；董事长单树林与各子（分）公司签订2010年综合目标责任书，并作总结讲话。省交通集团总经理王洪涛和党委副书记刘利参加会议并讲话。

2月4日，省海运集团召开二届十次董事会会议，决议温州海运与招银金融租赁有限公司合作开展的总额度2.1亿元的船舶融资租赁业务，签署《船舶融资租赁合同》。

2月5日，省海运集团二届十一次董事会会议决议同意在香港设立离岸公司，注册资本5万美元。同意公司在香港设立的离岸公司设立单船公司，发展境外航运业务。

3月3日，省交通集团董事长陈继松、党委副书记刘利、副总经理张鲁芸等一行到省海运集团调研工作。省海运集团总经理郑晓岗汇报了省海运集团落实省交通集团年度工作会议情况和今后的工作目标与打算，以及企业改革发展过程的主要难点、当前亟待解决的问题。陈继松要求省海运集团要进一步加强内部管理，加快推进“用人、用工、分配”制度改革，做到创新思维、科学决策、科学管理。

3月10日，省海运集团董事长单树林到五洲公司参加中层以上管理人员会议，宣布经营班子调整决定。

3月12日，省海运集团制定《浙江省海运集团有限公司上海世博会“环沪护城河”安保工作实施方案》，启动世博会“环沪护城河”安保工作。

3月18日，省海运集团与交银金融租赁公司、交行浙江省分行签署总额40亿元的银租企三方战略合作框架协议。省交通集团董事长陈继松出席会议。

4月19日，省海运集团组织员工为玉树灾区捐款11.38万元。

4月27日，省海运集团召开“十二五”发展规划启动大会。

6月3日，省海运集团成立创先争优活动领导小组，董事长单树林任组长，总经理郑晓岗、副书记缪克俭任副组长。

同日，省海运集团印发《深入学习实践科学发展观扎实开展以服务型基层党组织建设和“党建双示范”活动为主要内容的争当“交通先锋”创先争优活动实施方案》。

6月12日，浙海海运迁入环城北路208号坤和中心22层，省海运集团总经理兼浙海海运董事长郑晓岗和省海运集团副总经理兼浙海海运总经理徐光晓等公司领导出席乔迁仪式。

6月28日，五洲公司为德国NSC公司建造的50000吨级大开口多用途货船“M/V ASTERIA”（此系列船中的4号船）顺利举行交船签字仪式。该船于2008年8月25日开工，2009年12月7日下水，2010年5月18日试航成功，6月29日离厂投入营运。

7月9日，省交通集团总经理王洪涛、副总经理张鲁芸率相关部门负责人到省海运集团进行调研指导。王洪涛对省海运集团上半年所做的工作给予了充分肯定，并就下一阶段工作提出了三点要求：一是要强化主业；二是要收缩辅业；三是要深化改革。张鲁芸也对省海运集团下一步的发展提出了具体要求。

7月16日，五洲公司建造的第二艘5.75万吨散货船“浙海363”轮（船东为台州海运）顺利下水。同日，五洲公司建造的第三艘5.75万吨系列散货船上船台定位建造（船东为温州海运）。

同日，浙江省国资委处长俞滨局率创先争优活动督查组一行3人，听取了省海运集团创先争优活动的情况汇报。俞滨局要求省海运集团继续扎实、有效地开展创先争优活动，推进党的建设和企业的改革发展，进一步促进企业和谐、稳步发展。

7月29日，省交通集团总经理王洪涛等一行3人，在省海运集团董事长、党委书记单树林陪同下，到台州海运调研。期间，王洪涛登上台州海运新购的3.5万吨级散货船“浙海362”轮视察，并对船员进行了慰问。

8月11—13日，省海运集团五洲公司代表队在参加舟山市定海区首届职业技能大赛中喜获硕果，共获得10个奖项。其中：维修电工囊括前三名，船舶焊工获第二、第三名，船舶管系工获第二、第三名和第五、第六名，船体装配工获第六名，有7名选手被授予“舟山市定海区技术能手”荣誉称号。

8月9日，浙海海运下属黑龙江省宾州水泥有限公司第二条水泥熟料生产线点火一次成功，标志着宾州水泥二期工程顺利建成投产。

8月21日，省海运集团与海通证券股份有限公司签订财务顾问协议。

9月16日，省海运集团董事长单树林到五洲公司参加中层以上管理人员会议，宣布关于骆永法任总经理的董事会决议，并对新一届班子提出要求。

9月17—18日，在舟山举行的浙江省首届海员技能大比武活动中，省海运集团台州海运队获得团体第三名。在单项比赛中，台州海运队获得航海知识第一名、船舶靠泊第二名，温州海运队获得动力设备故障分析排除第三名。

9月19—21日，在浙江岱山举办的“金海重工杯”舟山市船舶工业技能大比武中，五洲公司不畏强手，勇于拼搏，取得了较佳成绩：有两人进入前八名，其中王恩获得电工第一名，被授予“舟山市技术能手”荣誉称号。

9月30日，五洲公司为德国NSC公司建造的5万吨级系列船中的2号船竣工交船，并顺利驶离中国海域。该船于2007年12月30日开工，2009年5月11日下水。

10月22日，省海运集团召开党委会，审议省海运集团成立60周年庆典事宜，会议决定：庆典仪式从简，在《浙江日报》刊登信息进行宣传；从庆典节省经费中筹措20万元捐赠给浙江省海运集团有限公司党员（员工）关爱基金。

10月26日，温州海运建司60周年庆典活动在温州隆重举行。省交通集团总经理王洪涛，省海运集团董事长单树林、总经理郑晓岗等领导参加了庆典活动。

11月3日，省交通集团董事长陈继松、副总经理张鲁芸及相关部门负责人等一行5人到省海运集团调研指导工作，省海运集团领导班子成员及各部门负责人参加调研座谈。

11月5日，《浙江日报》刊登浙江省海运集团有限公司成立60周年庆典专版。

11月24日，五洲公司与台州海运签订了3.5万吨散货船建造合同，这是五洲公司为省海运集团及所属海运公司建造5艘同类型散货船中的第2艘。

12月2日，省海运集团总经理郑晓岗率所属台州海运董事长陈江、总经理梁伟平和副总经理金惕民等，与神华中海航运公司董事长张群仆、副总经理吴艳及相关人员就双方建立长期合作关系，实现优势互补、互利双赢，促进共同发展进行商谈，并达成初步意向。

12月25日，浙海海运所属黑龙江省宾州水泥有限公司铁路专用线建成，正式投入使用。

2011年

1月6日下午，省交通集团监事会主席张仕达、副主席凌传运等一行5人到省海运集团检查指导工作。

1月7日，省海运集团下发《关于贯彻落实省交通集团安全生产暨维稳工作视频会议精神的通知》，对2011年的安全维稳工作提出了具体要求。

1月25—26日，省海运集团召开2011年度工作会议暨安全生产工作会议，传达学习省交通集团2011年度工作会议精神，回顾总结2010年度工作，部署2011年主要工作；董事长单树林代表省海运集团与各子（分）公司签订2011年综合目标责任书。

2月11日，温州市海上搜救中心对在2010年度海上搜救工作成绩突出船舶给予通报表彰，并给予奖励。温州海运船舶物资供应公司“温海拖1”轮名列其中。

2月16日上午，省交通集团董事长陈继松、总经理王洪涛、党委副书记刘利、副总经理张鲁芸及总部相关部门负责人一行到省海运集团调研指导工作。

2月21日，台州海运所属“浙海358”轮，于1200时许在引航员操纵下，重载靠泊大唐乌沙山发电公司码头时，因操作不当发生触碰码头海损事故。经宁波海事法院多次调解，事故双方于12月29日达成协议，同意台州海运按非人身伤亡海事赔偿责任限制基金支付赔偿金。

2月23日，省海运集团召开《浙江省海运集团史》编制会议，正式启动60年历史编纂工作。

3月3日，以省海运集团副总经理徐光晓为主要参与者的“以国际海员适任能力为标准的高职航海类人才培养模式的改革与实践”课题研究项目，荣获国家级教学成果二等奖、浙江省教学成果一等奖。

3月4日，省交通集团对省海运集团2010年度工作进行绩效考核。

3月18日，省海运集团召开党委民主生活会，省交通集团党委副书记、纪委书记刘利和纪委副书记、党群部主任陈华莅临指导。

3月21日上午，台州海事局副局长陈华平等一行6人，到台州海运调研安全生产工作。

3月15—22日，省交通集团副总经理张鲁芸等一行先后赴浙海海运、温州海运、台州海运和五洲公司调研指导工作。

3月23日，省交通集团公司副总经理张鲁芸一行5人到省海运集团调研指导企业生产经营、改革发展等工作。

3月30日，省海运集团及下属海运子公司共同与南方水泥有限公司签订2011年度煤炭运输合同，将组织运力承运南方水泥有限公司为其江浙地区企业提供的部分生产用煤。

4月8日，省海运集团组织召开国内沿海主力船型研讨会，总经理郑晓岗等公司领导、各子公司主要领导及相关部门负责人共30余人参加，3家船舶设计单位受邀参加会议。

4月19日，省交通集团批复同意省海运集团启动整体改革。

4月22日，为纪念中国共产党成立90周年，省海运集团组织集团本部全体党员员工赴嘉兴参加“红船行”活动。

4月25日，中国海员建设工会全国委员会评选表彰了一批为实现交通运输又好又快发展做出贡献的先进模范人物，温州海运傅继明船长被授予“金锚奖”。

5月4日下午，省海运集团召开整体改革启动会议，全面启动整体改革工作，并成立了改革工作领导小组、推进工作小组及办公室等改革领导机构。

5月10日，国家安监总局副局长、国家煤矿安监局局长赵铁锤率调研组到五洲公司调研指导安全生产工作。浙江省安监局局长徐林、舟山市副市长刘宏明等陪同调研。

6月15日，浙江海事局党组副书记兼纪检组长李信标在台州海事局书记陈坚文的陪同下，到台州海运调研海事主管机关监管和服务情况。

6月15—17日，省交通集团党委书记、董事长陈继松、党委副书记刘利、副总经理王国伟、马克华分别看望了省海运集团离休干部邹连坡、殷开懋等5人，并代表省交通集团向他们表示崇高的敬意和亲切的问候。

6月20日，省交通集团总经理王洪涛、副总经理张鲁芸一行到五洲公司调研指导工作。

6月22日，浙江省国资委主任陈正兴一行到省海运集团调研指导工作。

6月下旬，省海运集团代表队在舟山参加中国海员技能大比武，获团体总分第六名。六个单项比赛中，共获1个第二名、2个第三名、1个第九名、1个第十二名、1个第十四名，为省海运集团赢得了荣誉。

6月29日，省海运集团与上海佳豪船舶工程设计股份公司在杭州签订战略合作协议。

7月11日，交通运输部（中国海上搜救中心）公布了2010年度社会力量参与海（水）上搜救奖励情况，温州海运“浙海152”轮名列其中。

7月12日，省海运集团受聘为中国沿海（散货）运价指数编委会成员单位，并在上海参加编委会全体会议。

7月13—14日，中央在浙和省属企业安全生产标准化创建工作现场会在五洲公司召开。中央在浙和省属企业安全部门负责人、咨询机构负责人40余名代表参加了现场会。浙江省安监局副局长徐洪军、省海运集团董事长单树林出席会议。

7月22日，省交通集团监事会主席张仕达率监事会成员和财务部领导前往台州海运进行工作调研，检查融资担保情况。

7月25日，黑龙江省宾州水泥有限公司完成工商变更登记手续，浙海海运挂牌转让黑龙江省宾州水泥有限公司100%股权工作全部实施完成。

8月1日，省海运集团部署开展“强三基、反三违、除隐患、促安全”百日专项行动。省海运集团被省交通集团评为“安全百日专项行动”先进集体。

8月4日，省交通集团工会主席刘纯凯到靠泊在温州电厂码头的“浙海152”轮进行高温慰问。

8月9日，省海运集团在舟山召开2011年上半年经营形势分析会暨安全生产工作会议。

8月12日，省海运集团二届十五次董事会暨二届四次监事会在杭州召开，省交通集团党委副书记、纪委书记刘利到会指导并讲话。

9月1日，舟山市国资委党委副书记、纪委书记王志伟率国资委党群工作处有关人员到五洲公司检查指导工作。

9月6—8日，省海运集团总经理郑晓岗一行专程赶赴福建实地考察了湄洲湾港。湄洲湾港口管理局局长陈宜国等陪同。

9月9日，省海运集团召开整体改革领导小组第二次会议。

9月15日，省海运集团召开航运经营模式研讨会，探讨交流“外中外”经营模式创新工作，以进一步拓展航运业务和扩大市场份额。

9月19日，省海运集团组织职工董事选举，缪克俭当选为新任职工董事。

10—11月，为推进“创先争优”活动的全面开展，大力营造“读书好、好读书、读好书”的浓厚氛围，省海运集团在全司范围内举办了一次主题读书活动。

10月10日，省交通集团领导首次“下访接待日”活动在温州海运举行。省交通集团党委书记、董事长陈继松，党委副书记、纪委书记刘利，党委委员、工会主席刘纯凯与来自省海运集团各基层单位的12名代表进行面对面的“零距离”访谈交流。

11月1日，创建省级（国家二级）船舶修造企业安全生产标准化企业复评末次会议在五洲公司举行。经审核，五洲公司顺利通过省级（国家二级）船舶修造企业安全生产标准化企业复评。

11月24日，省海运集团在香港注册设立全资子公司——浙江海运（香港）有限公司，注册资本38.8万港元。

11月29日，省海运集团与沪东重机签订“6+N”主机购买合同。

12月13日，省交通集团副总经理王国伟、工会主席刘纯凯一行到省海运集团进行工作调研。

12月16日，船舶修造企业安全监控管理平台建设及有限空间作业电焊机防触电技术成果推广评估会议在五洲公司召开。浙江省安监局总工程师王旭昉率浙江省及舟山市安监局、浙江省安科院、船舶企业安全负责人等参加会议。

12月21日，省海运集团组织召开整体改革总体方案论证会，邀请了法律、工商、税务等有关专家和省交通集团相关部门领导参加。

12月23日下午，浙江交通职业技术学院召开校企合作总结暨表彰大会，温州海运荣获“校企合作先进单位”称号。

12月31日，省海运集团总经理郑晓岗检查海运国际安全生产工作。

2012年

1月18—19日，省海运集团召开2012年度工作会议暨安全生产工作会议。省交通集团董事长、党委书记陈继松出席会议并作讲话。

2月21日，省海运集团召开2011年度领导班子民主生活会。省交通集团党委副书记、纪委书记刘利到会指导并讲话。

2月24日，省海运集团在五洲公司举行4.9万吨系列散货船首制船开工仪式。中国船级社总部、上海分社、浙江分社和浙江海事局等单位领导出席开工仪式。

3月13日，省海运集团与长江引航中心签订船舶引航合作框架协议。

3月13日，温州市委、市政府对2011年度温州市综合评价150佳企业予以通报表彰，温州海运被列入商贸流通业二十强企业名单。

3月29日，省交通集团批复同意香港公司投资设立首个单船公司。据此，于4月12日在香港公司旗下成功设立首个单船公司“浙海1”号，注册资本10万港元。

3月31日，省交通集团批复省海运集团整体改革总体方案，原则同意省海运集团整体改革总体思路。

4月5日，陈金被聘任为省海运集团副总经理。

4月6日，在杭州市下城区2012年经济工作大会上，浙海海运受到下城区委表彰，被授予2010—2011年度“税收超亿元企业”称号，董事长郑晓岗同时被授予“功勋企业家”称号。

4月16日，省海运集团召开领导班子调整情况通报会。省交通集团党委副书记、纪委书记刘利宣读了《关于郑晓岗等职务任免的函》，委派郑晓岗为浙江省海运集团有限公司董事长，单树林不再担任浙江省海运集团有限公司董事长职务；省交通集团董事长、党委书记陈继松发表讲话，对省海运集团新领导班子提出新要求。

4月23日，五洲公司被中华全国总工会、国家安全生产监督管理总局授予全国“安康杯”竞赛优胜单位称号。

5月2日，在浙江省“推进国家技术创新工程试点省建设工作”电视电话会

议上，五洲公司承担的“基于‘共同规范’的大型散货船集成建造技术及应用”项目受到表彰，荣获浙江省科学技术三等奖。

5月10日，省海运集团主题读书活动圆满收官，并印发活动文集《责任之悟》，分发至省海运集团全体员工及各船舶。

5月14日，省交通集团批复同意省海运集团按照整体改革总体思路进行分步实施，先行启动浙海海运职工股权收购工作。

6月18日，省海运集团本部搬迁至位于钱江新城的明珠国际商务中心。

6月20日，省交通集团工会主席刘纯凯一行到省海运集团与职工代表进行座谈，广泛听取职工对企业改革发展的意见和建议。省海运集团党委书记单树林、副书记缪克俭，以及来自各子公司的14名职工代表参加座谈。

6月21日，省交通集团监事会主席叶朴勇一行到五洲公司调研指导工作。省海运集团董事长兼总经理郑晓岗、党委书记单树林等参加座谈会。

6月21日，省海运集团在五洲公司为香港公司旗下首艘船舶“ZHEHAI 1”轮举行首航仪式。省交通集团监事会主席叶朴勇、副主席吴高平及各下属单位主要领导，招银租赁公司总裁张雁翎、副总裁朱曦等参加了仪式。

6月，台州海运张国斌被中国海员建设工会授予第十三届“金锚奖”称号。

7月7日，香港公司旗下首艘船舶“ZHEHAI 1”轮从舟山虾峙门锚地启航，前往辽宁营口鲅鱼圈受载，以期租形式正式投入营运。

7月16日，省海运集团与武汉船用机械有限责任公司签署设备材料供应合作框架协议。

7月18日，舟山市市长周国辉率市、区、街道以及有关部门领导在省海运集团董事长郑晓岗等人的陪同下，赴五洲公司进行高温慰问及安全检查。

7月23日，在由浙江省总工会和浙江省安全生产监督管理局联合举办的“全省职工安全生产合理化建议”评选活动中，五洲公司职工提出的《关于在全省船舶修造行业和高危企业建立安全监控“天安网”系统的建议》和《关于推广电焊机防触电节能保护装置的建议》分获二、三等奖。

8月8日，省海运集团二届二十一次董事会暨二届五次监事会在杭州召开。省交通集团党委副书记、纪委书记刘利到会指导并讲话。

8月9日，省海运集团召开2012年上半年经营形势分析会暨安全生产工作会议，省海运集团经营班子成员、各子（分）公司主要领导、本部各部门负责人参加会议。

8月9日，“浙海128”轮、“浙海507”轮、“浙海521”轮、“浙海522”轮和“富兴6”轮、“富兴7”轮、“富兴12”轮、“富兴11”轮、“富兴17”轮被交通运输部海事局评为全国“安全诚信船舶”，温州海运章华雪、叶剑波2位船长被评为全国“安全诚信船长”。

8月13日，省交通集团批复同意省海运集团对香港公司增资，并由其设立单船公司。据此，省海运集团在香港公司旗下成功设立第二家单船公司“浙海2”号，注册资本10万港元。

8月27日，省交通集团监事会主席叶朴勇、副主席吴高平在党委副书记、纪委书记刘利的陪同下到省海运集团调研。

9月3日，浙江—西澳大利亚合作项目举行签约仪式，董事长郑晓岗代表省海运集团与澳大利亚能源公司签署褐煤提质项目的投资意向书。浙江省省长夏宝龙为此次签约仪式做了见证，省交通集团董事长陈继松出席了签约仪式。

9月18日，浙江省发改委批复同意省海运集团在香港公司增资980万美元，用于以融资租赁方式购置一艘3.5万吨船开展境外航运业务，省海运集团在境外投资总额由900万美元增加至1880万美元。

10月9日，省交通集团批复授权省海运集团董事会自主决策温州海运减持海岳混凝土制品有限公司股权事宜。据此，10月31日，省海运集团董事会同意温州海运通过公开挂牌转让海岳混凝土制品有限公司股权，先从51%减持至20%，再择机退出全部股份。

10月11日，省交通集团下发浙交投〔2012〕279号文件，委派周建平为省海运集团董事，钱文海不再担任省海运集团董事职务。

10月24日，浙江省交通运输厅向浙海海运颁发《浙江省国际海运辅助业经营资格登记证》，这表明浙海海运已具有国际船舶管理资格。

10月29日，省海运集团与工银租赁签订4.9万吨3号、4号船融资租赁协议，实现融资租赁资金由按节点付款改为一次性付款的融资创新突破。

11月16日，在2012年度台州市海上搜救工作会议上，台州海运“浙拖32”轮被台州市海上搜救中心评为2012年海上搜救工作先进集体，并受到表彰。

12月12日，省交通集团总经理王洪涛、监事会主席叶朴勇、副总经理张鲁芸带领相关人员一行9人，在省海运集团董事长兼总经理郑晓岗、副总经理兼台州海运董事长杨剑的陪同下，到台州海运调研。

12月13日，省交通集团监事会主席叶朴勇等一行6人，在省海运集团副总经理兼温州海运董事长陈金的陪同下，到温州海运调研。

12月24日，省交通集团董事长陈继松、总经理王洪涛，党委副书记、纪委书记刘利及相关部门负责人到省海运集团调研。省海运集团班子成员及各部门负责人参加此次调研。

2013年

1月24日上午，香港公司旗下"浙海2"号轮驶离五洲公司码头，首航印度尼西亚装运铜精矿，标志着省海运集团第二家单船公司开始营运。

1月30日下午，省海运集团2013年度工作会议暨安全生产工作会议在杭州召开。省交通集团党委副书记、纪委书记刘利出席会议并作了讲话。

2月1日下午，省交通集团总经理王洪涛前往浙江省人民医院，慰问公司住院治疗的离休干部邹连坡。

3月14日，省交通集团总经理王洪涛一行在省海运集团董事长郑晓岗陪同下，到温州海运调研企业改革、经营、管理工作。

3月29日，省海运集团获浙江省总工会、省安监局、省卫生厅2012年度浙江省"安康杯"竞赛活动优胜单位表彰。

4月24日，省交通集团总经理王洪涛一行到五洲公司调研企业转型升级工作，省海运集团董事长郑晓岗陪同调研。

5月4日，省海运集团本部首艘4.9万吨节能环保型船舶"浙海511"轮驶离五洲公司码头，首航印度尼西亚装运煤矿，标志着省海运集团本部开始走上实体化经营的道路。

5月14日，省海运集团与武船重型工程股份有限公司签订战略合作协议。省交通集团董事长、总经理王洪涛参加了签字仪式。省海运集团董事长、总经理郑晓岗与武船重型工程股份有限公司总经理杨少稀代表双方在协议上签字。

5月16日，省海运集团召开实施航运集约经营首次讨论会。副总经理陈金、杨剑，各航运子公司总经理、分管副总、航运部门负责人，以及物资分公司、天津分公司、集团本部相关部门负责人参加会议。会议达成了实施航运集约经营的基本共识。

6月21日，省海运集团组织本部党员前往江西上饶集中营和茅家岭监狱旧址进行参观教育活动。

6月，《浙江省海运集团史》由人民交通出版社正式出版发行，省海运集团将该书下发给全体员工。

7月4日下午，省交通集团董事长、党委书记王洪涛、党委副书记刘利、副总经理张鲁芸率董秘处、办公室、财务部、发展部、经营部负责人到省海运集团调研。

7月23日，省海运集团召开2013年上半年经济运行分析会，回顾总结上半年企业经营情况，研究分析企业当前面临的内外部形势，部署安排下半年重点工作。省海运集团领导班子成员、各子（分）公司总经理、负责人参加会议。

同日，省海运集团召开党的群众路线教育实践活动动员部署会，母子公司党委班子成员、省海运集团本部中层以上管理人员参加。省交通集团组织部部长李宗圣到会指导。

7月25日下午，省交通集团党委副书记、纪委书记刘利率有关部门人员到省海运集团，进行“八项规定”贯彻落实情况监督检查。

8月6—7日，省交通集团党委副书记、纪委书记刘利到五洲公司进行蹲点调研。刘利与五洲公司经营班子成员、中层、基层管理人员及一线操作员工进行了谈心，仔细了解五洲公司目前的生产经营情况、存在的困难与问题以及员工的思想动态，认真征求员工对五洲公司、省海运集团及省交通集团在整治“四风”方面的意见与建议。

8月14日下午，省海运集团董事长郑晓岗、党委副书记缪克俭到五洲公司进行党的群众路线教育实践活动蹲点调研，并召开座谈会，倾听一线员工心声，广泛征求意见。

8月22日，省海运集团“在香港投资设立公司开展境外航运”项目获得浙江省商务厅、省财政厅实施“走出去”战略优秀企业专项资金20万元。

8月27日，召开领导班子成员思想作风状况专题分析会，省海运集团领导班

子成员、各子（分）公司主要领导、集团本部中层以上管理人员参加会议。会议通报了领导班子成员在基层蹲点调研情况以及在“四风”方面存在突出问题的具体表现，并征求了与会者的意见。

9月3日，为规范装运易流态化固体散装货物安全工作，确保船舶安全航行，省海运集团制定印发《装运易流态化固体散装货物安全工作指引》。

10月16日，省交通集团副总经理张鲁芸及经营产业部相关人员到省海运集团调研指导企业经营工作，省海运集团班子成员和各部门负责人参加调研座谈会。

10月21日，省海运集团与华润水泥控股有限公司在深圳正式签订煤炭运输年度合作协议，为实施航运集约经营提供了稳固货源。

11月8日，省交通集团党委副书记、纪委书记刘利和纪委副书记、党群工作部主任陈华全程参加指导省海运集团党委专题民主生活会，并对党委班子成员提出要求。

11月14日，省海运集团召开实施航运集约经营第二次研讨会。会议决定，稳步推进航运集约经营的实施，提升船队竞争力和影响力，促进航运主业转型发展。

11月14—15日，省海运集团羽毛球队在省交通集团举办的第一届“同心杯”羽毛球比赛中喜获佳绩，获得混合团体第一名、女子单打第一名、男子双打第一名、男子单打第二名共4个奖项。

11月21日上午，省交通集团党委副书记、纪委书记刘利及党群部相关人员调研省海运集团2014年党建、纪检和组织人事工作思路。

11月26日，省交通集团董事长、党委书记王洪涛率集团领导班子及各有关部门负责人赴五洲公司开展年度工作调研，对五洲公司生产组织、安全管理等情况进行检查。

12月24日，“浙海526”轮靠泊京唐港装载华润水泥国内煤炭运输货源，标志着省海运集团航运集约经营正式开始实施。

2014年

1月21日，浙江省国资委纪工委书记陈松根在省交通集团党委副书记、纪委书记刘利等陪同下慰问省海运集团退休困难员工。

1月23日，省海运集团在杭州召开2014年度工作会议，传达学习省交通集团年度工作会议精神，回顾省海运集团2013年工作情况，部署2014年重点工作。

1月24日，省交通集团党委副书记、纪委书记刘利一行在省海运集团党委副书记缪克俭等陪同下，慰问钱江船舶退休困难员工。

1月26日，省交通集团党委副书记、纪委书记刘利一行到省海运集团督查指导安全生产工作。

2月20日，省交通集团董事长王洪涛与监事会主席叶朴勇、副总经理刘鹏、党委副书记刘利及相关部门负责人、监事会成员到省海运集团调研，对省海运集团平稳发展提出要求。

2月21日，省海运集团所在辖区街道召开2013年社会管理综合治理先进表彰会议，省海运集团获评社会管理综合治理先进单位。

3月4日，浙江省国防动员工作调研组到五洲公司调研。

3月19日，省海运集团本部安全管理体系开始试运行，标志着省海运集团本部朝着实现自有船舶自管的目标迈出了重要一步。

3月20日，省海运集团获评2013年度浙江省“安康杯”竞赛优秀组织单位。

4月3日，省海运集团召开领导人员会议，宣布领导班子调整。委派潘朝刚为省海运集团董事，并任副董事长，同时推荐潘朝刚为省海运集团总经理。省交通集团董事长王洪涛对省海运集团新班子提出新要求。

4月28—30日，交通运输部海事局交通安全质量管理体系审核中心委派的审核组对省海运集团本部安全管理体系进行临时审核。经审核，省海运集团本部顺利通过。

5月1日，“浙海525”轮安全停靠河北钢铁曹妃甸码头，成为首艘成功靠泊河北钢铁曹妃甸码头的5万吨以上大型船舶。

5月8日，浙江省军区司令员王海涛及军区有关领导到五洲公司船舶改装中心视察，舟山警备区领导随同视察，省海运集团董事长、党委书记郑晓岗，副董事长、总经理潘朝刚等陪同。

5月21日，召开省海运集团本部航运经营分析会议，研究分析航运经营情况，集团本部航运、船技、海务、财务、人事等经营相关部门参加。会议听取了关于省海运集团船舶经营收益总结分析汇报、省海运集团万吨以上船舶的单船核算情况，以及相关部门的建议，并对下一步的船舶经营和管理提出要求。

5月29日，台州海运与中煤能源集团销售公司、国投中煤同煤京唐港、江苏射阳港发电有限责任公司在日照共同签署了“浙海362”准班轮运输协议。协议的签订标志着台州海运乃至省海运集团第一条准班轮煤炭运输航线开通。

6月23日上午，南京军区副参谋长郑水成带领检查组一行，在浙江省军区、舟山警备司令部、舟山市人武部等相关单位人员陪同下到五洲公司检查指导民兵整组及训练情况。

7月16日下午，省海运集团三届四次董事会暨二届七次监事会会议在杭州召开。会议审议通过了《2013年度董事会工作报告》《2013年度监事会工作报告》《2013年度总经理工作报告》和《2013年度财务决算报告》等。省交通集团党委副书记、纪委书记刘利到会指导并讲话。

7月24日，省海运集团2014年上半年经济运行分析会在杭州召开。省海运集团领导班子成员、各子公司领导班子成员、分公司负责人及省海运集团本部全体员工参加。会议传达了省交通集团2014年上半年经济运行分析会精神，回顾分析上半年主要经济指标和主要工作任务完成情况，研究部署下半年主要工作。

8月1日—10月31日，举办“绿色海运”书画、摄影比赛活动，评出书画类获奖作品7幅，摄影类获奖作品8件，丰富了员工的文化生活，促进了海运特色文化建设。

8月5日，省交通集团党委副书记、纪委书记刘利率组织部、党群部负责人前往在江苏南通狼山锚地抛锚等待靠泊卸货的台州海运“浙海355”轮进行调研慰问，省海运集团副董事长、总经理潘朝刚等陪同。

8月，交通运输部海事局公布2014年“安全诚信船舶”和“安全诚信船长”名单，浙海海运“浙海505”轮、“浙海521”轮、“浙海525”轮和台州海运“浙海356”轮、“浙海357”轮、“浙海359”轮共6艘自有船舶，以及“富兴12”轮、“富兴22”轮2艘管理船舶被评为2014年度“安全诚信船舶”，浙海海运许光锋和温州海运陈永奎、厉益平、廖高贤共4名船长被评为2014年度“安全诚信船长”。

9月25日，省海运集团召开班子调整宣布会。省交通集团党委副书记、纪委书记刘利宣读了省海运集团领导班子调整文件，潘朝刚任省海运集团党委书记、董事长。省交通集团党委书记、董事长王洪涛对省海运集团新班子提出了新要求。

9月28日，省交通集团副总经理张鲁芸、监事陈满娜及相关部门人员组成调研工作组，到省海运集团调研指导经营工作。

10月9—10日，省交通集团副总经理张鲁芸一行赴五洲公司调研指导工作，省海运集团董事长、总经理潘朝刚等陪同调研。

10月23日，浙江省国资委纪工委副书记、监察专员办公室主任叶敢胜一行在省交通集团党委副书记、纪委书记刘利及相关部门人员的陪同下到省海运集团走访调研。

11月4日上午，省交通集团工会主席刘纯凯在省海运集团董事长、党委书记潘朝刚，副总经理缪克俭、陈金等的陪同下，到医院看望慰问五洲公司身患重病的困难职工。

11月19日，省海运集团“浙海1”轮顺利一次性通过验舱，在澳大利亚BUNBURY港装运精铝粉并将起航到中国港口卸货。精铝粉是省海运集团开辟澳大利亚航线以来首次承装的新货种。

11月20日，省海运集团召开深化改革专题讨论会议，积极研究探讨深化改革举措，省海运集团及下属温州海运、台州海运领导班子参加会议。会议分析了温州海运、台州海运目前存在的职工持股会、历史遗留负担等问题，达成了深化改革势在必行的共识。各与会人员结合各自工作实际，探讨了解决问题的思路、方式和方法。省海运集团董事长、党委书记潘朝刚对深化改革提出了总体要求。

11月20日，省海运集团正式开通微信公众号“海运先锋”。该公众号主要发布航运业关注热点、党建知识、省海运集团动态和员工作品等内容。

12月23日，省交通集团董事长王洪涛、副董事长张达洋、副总经理姜扬剑，监事会主席叶朴勇、副主席何平平、监事陈满娜以及总部相关部门人员到

五洲公司专题调研省海运集团经营改革工作。省海运集团和五洲公司领导班子陪同调研。

12月29日下午，省海运集团在杭州召开党建纪检工作务虚会。省海运集团董事长、党委书记潘朝刚，党委副书记、纪委书记周晓阳及各子（分）公司党委书记（副书记）、纪委书记、党群部和纪检监察室负责人、集团本部党群工作部（纪检审计部）相关人员参加会议。

2015年

1月6日，“浙海516”轮在日本富山新港（TOYAMASHINKO港）接受日本PSC官员检查，顺利以零缺陷通过，成为今年省海运集团首艘通过PSC检查的船舶。

1月22日，“浙海363”轮在伊朗装运矿砂顺利返回国内，抵达宁波北仑卸货，成功完成波斯湾航线首航。

2月3日，省交通集团经营产业部经理周建平在省海运集团副总经理杨剑等陪同下，看望慰问台州海运困难员工。

2月5日，省海运集团开展自体系以来首次和船舶进行的船岸应急联合演习。省海运集团董事长潘朝刚，副总经理陈金、杨剑，总经理助理杨再刚及航运部、船员部、船技部、海务部等体系内人员组成应急反应小组。通过本次演习，对船岸应急能力、内外部资源调动能力、通信渠道保障能力进行了一次摸底检验，同时提高了船岸相互配合和应急应变的能力。

2月7日，五洲公司为中谷海运集团建造的2500标准箱集装箱首制船“中谷上海”顺利下水。

2月15日，省海运集团在杭州召开2015年度工作会议，传达学习省交通集团年度工作会议精神，回顾公司2014年工作情况，部署2015年重点工作。

3月3日，省海运集团召开2015年度SMS有效性评价会议，对集团本部自2014年3月19日开始实施的安全管理体系进行客观分析和综合评价，为省海运集团申请初次审核做好充足准备。

3月11日，省海运集团在台州市召开航运集约经营讨论会议，省海运集团、温州海运、台州海运领导班子，以及办公室、人力、航运、安全、技术、供应等部门业务骨干参加会议。会议重点讨论了实施航运集约经营的具体方式。与会人员分别就各自工作分管的专业领域，对集约经营的实施方式提出了意见和建议，共同商讨了集约经营过程中可能遇到的问题和解决的方法，要求争取早日完成集约经营初步方案。

3月9日，省海运集团、浙海海运被杭州海事局评为A级航运公司，“浙海507”轮被评为A级船舶。

3月13日，省交通集团副总经济师周建平带领考核组对省海运集团进行2014年度综合绩效考核。

3月16日，省海运集团召开2014年度党委民主生活会。省交通集团总经理楼晶和纪委副书记、纪检监察室主任陈华全程参加指导。

4月14日，省交通集团董事长高兴夫、总经理楼晶、副总经理詹小张率办公室、经营产业部、投资发展部相关负责人到省海运集团调研指导工作。

4月14—17日，省海运集团顺利通过交通运输部海事局审核组对公司安全管理体系进行的初次审核。审核组同意签发国际散货船船种DOC证书。

6月1日，省海运集团根据省交通集团有关要求，积极开展2015年“安全生产月”活动，确保省海运集团安全生产形势持续稳定。

6月4日，省海运集团本部通过安全生产标准化二级达标评审，取得了由浙江省交通运输厅颁发的“安全生产标准化（二级）达标证书”。

6月8日，“浙海511”轮在澳大利亚奎纳纳港（KWINANA港）靠泊期间，以无缺陷顺利通过澳大利亚海事安全局（AMSA）的PSC检查。

6月15日，省海运集团召开航运经营人员专门会议，欢迎从温州海运、台州海运借用到省海运集团本部的航运经营人员，动员全体航运经营人员同心协力抓好航运集约经营工作，标志着省海运集团航运集约经营开始实施。

7月3日，山东海运股份有限公司审计法务部部长张希才一行到省海运集团本部考察交流工作。省海运集团副总经理缪克俭，党委副书记、纪委书记周晓阳及相关部门负责人参加座谈交流。

7月23日，省海运集团董事长潘朝刚、副总经理杨剑在台州海运董事长梁伟平等的陪同下走访了江苏射阳港发电有限责任公司。双方回顾了长期以来友好合作的历程，并对今后进一步深入合作进行了展望。

7月24日，省海运集团董事长潘朝刚一行继续走访了神华江苏国华陈家港

发电有限公司。双方对未来的进一步合作进行了展望。

7月28—30日，省海运集团班子在董事长潘朝刚的带领下，分两组分赴台州海运、温州海运指导股权改革工作。29日，董事长潘朝刚、副总经理杨剑、党委副书记周晓阳等一行与台州海运班子成员进行座谈，听取台州海运股权改革有关情况的汇报及员工对股权改革的意见和诉求，并就实施股权改革进行了充分的交流。30日上午，董事长潘朝刚、总经理陈金、副总经理缪克俭等一行赴温州海运进行了宣讲指导，潘朝刚认真听取了股权改革推进工作组的情况汇报，肯定了工作组以及温州海运领导班子的工作成果，并对下一步工作提出要求。

8月5日下午，工银金融租赁有限公司执行董事、副总裁纪福星、中国工商银行浙江省分行公司金融业务部总经理黄震宇一行到省海运集团洽谈工作，省海运集团董事长潘朝刚、总经理陈金、副总经理杨剑及相关人员参加了会谈。

8月5日下午，省交通集团董事、工会主席、党委委员刘纯凯和工会办主任丁建国走访浙江省温溪海运公司，慰问坚守岗位的高温一线职工。省海运集团工会主席周晓阳、温溪海运公司经理单建华等陪同。

8月10日，省海运集团领导班子针对温州海运、台州海运推进股权改革过程中遇到的问题和困难，由董事长、党委书记潘朝刚和总经理陈金分别带队，分组前往两家公司开展“深化改革接待周”活动，并由省交通集团党委工作部副主任、工会办公室主任丁建国及纪检监察部、工会等部门人员全程参与指导，于8月11日至14日分别在两家公司听取员工和持股会员对改革的意见和建议。

8月18日下午，省海运集团召开实施集约经营以来的首次经营计划会。会议由总经理陈金主持，副总经理杨剑、总经理助理杨冉刚和相关部门负责人参加了会议。

8月20日，省海运集团以总分307分排名第一的成绩被评为省交通集团2014年度安全生产先进单位。

8月27日，省海运集团召开2015年上半年工作会议，回顾总结上半年工作完成情况，部署安排下半年重点工作。省海运集团领导班子、各子公司班子成员、分公司负责人及集团本部全体员工参加会议。

8月，交通运输部海事局公布2014年“安全诚信船舶”和“安全诚信船长”名单，浙海海运“浙海507”轮、台州海运“浙海351”轮、“浙海352”

轮、“浙海365”轮和温州海运“浙海158”轮、“浙海165”轮共6艘自有船舶，以及“富兴7”轮、“富兴11”轮、“富兴15”轮、“富兴16”轮、“富兴21”轮5艘管理船舶被评为2014年度“安全诚信船舶”，温州海运张心璞船长被评为2014年度“安全诚信船长”。

9月1日上午，省交通集团党委副书记、纪委书记刘利看望慰问了省海运集团离休干部、抗战老兵戴雨清老人。省交通集团党委工作部、组织部部长戴本孟和省海运集团董事长、党委书记潘朝刚等参加慰问活动。

9月16日，省海运集团三届十次董事会暨二届八次监事会会议在杭州召开。董事会会议审议了12项议题，并听取了总经理对2015年上半年经营情况的报告。二届八次监事会会议审议通过了2014年监事会工作报告和监事换届两项议题，并提出了对下一步经营和改革的意见建议。监事会换届后，召开了三届一次监事会会议，出席会议的监事一致选举李海瑛担任第三届监事会主席。

10月16日，省海运集团召开本部员工大会，组织学习省交通集团董事长高兴夫历次讲话精神，并对企业文化大讨论活动做了再一次动员部署。学习会由党群工作部组织，省海运集团领导班子及集团本部员工共40余人参加。

10月18日，省海运集团组织召开了融资租赁船舶研讨会，为企业提升融资租赁船舶效益提出建议。会议重点分析了船舶融资租赁情况，通报了前期走访租赁公司的情况，讨论了可能的解决措施。

11月5日上午，省海运集团总经理陈金带领航运部相关人员到张家港沙洲电力有限公司拜访，沙洲电力有限公司总经理巩家富、副总经理朱世春等接待，双方商谈了有关煤炭运输合作事宜。

11月11日，省海运集团总经理陈金率航运部相关人员及台州海运总经理何金森走访江苏射阳港发电有限责任公司。陈金一行与该公司主要领导及有关业务部门负责人就深化未来合作和签订2016年运输合同有关事宜进行了深入交流和充分协商，基本达成了共识。

12月初，省海运集团本部“浙海519”轮顺利完成与射阳港发电有限责任公司的首航次合作。

12月9日下午，省海运集团工会召开了增收节支、减亏增效“金点子”座谈会。省海运集团领导班子听取了集团本部员工们的发言。

2016年

1月28日，省海运集团在杭州召开2016年度工作会议暨安全生产工作会议。会议传达学习省交通集团2016年度工作会议精神，回顾总结省海运集团2015年度工作情况，部署谋划2016年度重点工作。

2月26日，温溪海运公司国有产权无偿划转交接仪式在丽水市青田县举行，省海运集团正式将温溪海运公司国有产权无偿划转给青田县国有资产管理办公室。

3月1日，省海运集团本部在办公新址杭州市下城区文晖路303号交通集团大厦4楼举办揭幕仪式。董事长潘朝刚在揭幕仪式上指出，此次搬迁是积极应对航运市场低迷形势，努力解难脱困所采取的降本举措。

4月16日，省海运集团召开改革瘦身研讨会议，积极研究企业经营脱困出路。省海运集团领导班子及相关部门负责人、温州海运和台州海运领导班子、改革专聘律师参加会议。

4月26日，省海运集团董事长潘朝刚在温州海运董事长郑和通的陪同下，前往靠泊在嘉兴电厂的“浙海105”轮与船员开展改革座谈。

4月26—28日，省海运集团本部顺利通过浙江海事局审核组对公司“国际DOC”的年度审核及“国内DOC”的临时审核，并同意签发年度签注和临时证书。

5月23日，省海运集团董事长潘朝刚，以及由陈金、缪克俭带领的温州海运改革工作督导组，杨剑、周晓阳带领的台州海运改革工作督导组，分别赶赴两家公司开展改革工作督导。当天下午2时，台州海运、温州海运同步召开破产清算通报会，省海运集团本部同步召开改革重组通报会。

5月27日，省海运集团改革重组专项服务律师分别代表省海运集团作为债权人向温州市中级人民法院、台州市中级人民法院递交对温州海运、台州海运实施破产清算的申请。温州市中院民六庭、台州市中院民二庭分别接收材料。

6月15日，浙江省海运集团船员管理有限公司在浙江省工商行政管理局成功注册登记，获发企业法人营业执照。

6月23日下午，省海运集团董事长、党委书记潘朝刚参加温州海运党委理论中心组（扩大）学习会，督导温州海运“两学一做”学习教育。温州海运领导班子成员及部分岸基支部书记、交投挂职干部参加学习会。

6月27日，根据省交通集团水运板块改革重组的统一部署，省海运集团正式启动温州海运和台州海运员工安置工作。

7月4日，省海运集团完成水运板块改革重组内部员工招聘报名工作。此项工作于6月27日公布招聘岗位，7月2日公布员工招聘方案，提供共计81个岗位供水运板块内部员工选择竞聘。

7月5日，省交通集团安全监督管理部总经理金朝阳对省海运集团的停航船舶安全保障工作进行了检查指导，部署防台工作。

7月8日，省海运集团指导温州海运、台州海运完成改革重组员工安置协议签订工作。

7月21日，省海运集团管理的香港籍散货船“浙海1”号在江苏张家港以无缺陷通过了CCS审核组对该轮ISM、ISPS和MLC的初次审核。

8月2日，由省交通集团副总经理姜扬剑带队，省海运集团董事长潘朝刚、总经理陈金陪同前往温州市，与温州市委副书记钱三雄沟通温州海运破产工作。

8月9日，省海运集团指导温州海运、台州海运正式启动职工股权处置工作。8月18日，所有股权处置协议签订完成。

8月18日，台州市中级人民法院正式下达民事裁定书，裁定受理台州海运破产清算申请。

8月19日，温州市中级人民法院正式下达民事裁定书，裁定受理温州海运破产清算申请。

8月23日下午，省海运集团董事长潘朝刚同张家港沙洲电力有限公司总经理巩家富就浙江海运与沙洲电力电煤运输合作事宜进行了沟通交流。

8月24日，省海运集团管理的香港籍船舶“浙海2”号在西班牙卡斯特利翁港无缺陷顺利通过巴黎备忘录PSC及劳工公约CIC集中大检查。

8月31日，省交通集团副总经理陈江率安全监督管理部人员对省海运集团的安全生产工作进行了调研指导。

9月1日，省交通集团副总经理陈敏、副总经济师徐正库率人力资源部、产

业投资管理部相关人员到省海运集团调研指导工作。

9月9日，江苏镇江海事局副局长彭慧敏、长江引航中心副主任许崇标一行到省海运集团走访。省海运集团总经理陈金、副总经理杨再刚及海务部、航运部等部门相关人员参加座谈。

9月28日，省海运集团与长江引航中心签订了进江船舶引航服务书，预计每年节省进江船舶引航费约30万元。

10月9日，省海运集团董事长潘朝刚及副总经理缪克俭、杨再刚赴新组建的浙江省海运集团船员管理公司调研指导工作。

11月8日，省海运集团总经理陈金率航运部相关人员前往浙江省港航局拜访，与省港航局副局长林建亚等领导进行工作对接，希望省港航局继续支持省海运集团改革重组后续相关工作。

11月16日，省海运集团首艘改革重组期间停航船舶“浙海165”轮，在完成证书办理后从大麦屿锚地重新起航，执行曹妃甸、京唐至江阴煤炭航次任务。这标志着省海运集团改革重组已取得了阶段性成果。

12月1日，省海运集团“浙海1”轮在澳大利亚奎纳纳港顺利通过澳大利亚海事安全局（AMSA）的PSC检查。

12月6日上午，江苏远洋运输有限公司董事长杨建明、江苏远洋船员管理有限公司总经理黄西柳等一行到省海运集团走访。省海运集团董事长潘朝刚、总经理陈金、副总经理杨再刚接待，航运部、船员管理部相关人员参加座谈。

12月7日，省交通集团副总经理陈江一行莅临省海运集团在大麦屿锚地锚泊的“浙海158”轮检查指导安全生产工作。该船舶为省海运集团改革重组新承接管理的散货船。省海运集团董事长潘朝刚陪同检查。

12月15日，中国共产党新闻网表彰了2016年度全国100家“优秀党建云平台暨基层党建宣传示范单位”，省海运集团名列其中。浙江省共有4家单位受到表彰。

12月22日，省海运集团“浙海161”轮、“浙海365”轮两艘船舶办妥所有开航前手续，从舟山港起锚开航。至此，省海运集团改革重组期间停航的14艘船舶全部投入营运。

2017年

1月9日，省交通集团董事长俞志宏、监事会副主席周国明、副总经理姜扬剑，以及监事会成员和办公室、产业投资管理部、战略发展与法律事务部、财务管理中心相关人员，到省海运集团调研指导水运板块工作。省海运集团和浙江远洋运输股份有限公司领导班子成员、省海运集团本部中层管理人员参加调研座谈会。

1月17日，省海运集团总经理陈金率领航运部相关人员走访江苏南通电厂。南通电厂总经理秦朝晖等接待陈金一行。

1月19日，省海运集团在杭州召开2017年度工作会议暨安全生产工作会议。会议传达了省交通集团2017年度工作会议精神，回顾了2016年工作情况，部署了2017年度重点工作。

2月13日（当地时间），随着3名武装保安的撤离，“浙海2”轮顺利完成了过红海和亚丁湾海盗区域的防海盗任务。这是省海运集团首艘船舶首次在武装保安及护航编队的护送下安全驶过该区域。

2月14日，省海运集团总经理陈金、副总经理缪克俭及相关人员到江苏远洋开展对标调研。

2月16日下午，省海运集团召开“明星船长”评选活动动员会，省海运集团领导班子、船员派遣单位领导及集团本部各部门员工参加会议。

3月7日下午，船员管理公司党总支召开成立会议。

3月13日，江苏协鑫滨海电厂燃料部主任葛前华带领相关人员来省海运集团对接业务。

3月16日，省海运集团董事长潘朝刚接待了到访的中波轮船股份公司副总经理邱波一行。

3月15—17日，受审核机构浙江海事局指派，审核组一行4人对浙江省海运集团温州船员培训有限公司进行船员教育和培训质量管理体系初次审核，并现场核验了培训项目许可。

4月5—7日，省海运集团本部顺利通过浙江海事局审核组对公司“国际DOC”的年度审核及“国内DOC”的初次审核，并同意给予省海运集团“国际

DOC证书”年度签注和核发“国内DOC证书”。

4月11日，唐山海事局副局长刘振涛率京唐港海事处、通航处、执法支队、督察处等部门负责人到省海运集团走访调研。省海运集团董事长潘朝刚、总经理陈金接待，并与调研组进行了交流座谈。

5月8—10日，省海运集团董事长潘朝刚、副总经理杨再刚及有关人员走访了天津港、黄骅港、唐山港及秦皇岛港等环渤海湾主要港口。

5月17日上午，省交通集团党委副书记黄伟建，党委委员、组织部部长戴本孟，人力资源部总经理傅瑛一行到省海运集团调研指导工作。

5月19日，交通运输部海事局正式印发海船员〔2017〕217号文，批复同意浙江省海运集团温州船员培训有限公司开展游艇操作人员、值班水手等9项海船船员项目，以及内河客船等5项内河船舶船员项目培训。

6月20日，省海运集团所属的“浙海365”轮在渤海长山水道参与并配合交通运输部救助飞行队完成船员救助演练。

7月12日，省海运集团旗下香港籍船舶“浙海1”轮在澳大利亚西北部汤斯维尔港以无缺陷顺利通过AMSA港口国检查。

7月21日上午，省交通集团国际业务部总经理邓大庆、副总经理林琛到省海运集团调研。

8月1日下午，省海运集团总经理陈金接待了来访的中远海运散货运输有限公司上海分部营运总监许巍一行，并进行了座谈。

8月3日，浙江省思想政治工作研究会在其会员大会上对浙江省2015—2016年度优秀思想政治工作研究成果进行表彰。省海运集团《清理“僵尸企业”过程中做好职工安置思想政治工作研究报告》名列其中。

8月23日，省海运集团副总经理杨再刚接待了来访的中国船级社浙江分社副总经理杨政、副处长罗林军、高级工程师朱同文一行，并进行了座谈。

9月1日，省交通集团董事长俞志宏率董秘室、产业部相关负责人到省海运集团调研指导，省海运集团领导班子成员参加调研座谈。俞志宏在听取关于省海运集团2017年工作情况的汇报后，高度肯定了公司扭亏为盈的工作成效。

9月12日，省海运集团首次“公司日”活动暨第一期“明星船长”表彰仪式正式拉开帷幕。省海运集团领导及集团本部全体员工、船员派遣公司代表参

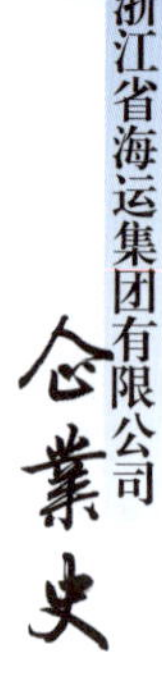

加了仪式，董事长潘朝刚在仪式上致辞。

9月22日，“浙海1”轮、“浙海2”轮欧盟船舶MRV & IMO SEEMPⅡ监测计划双证履约颁证仪式在省海运集团举行。中国船级社浙江分社总经理王志雄、副总经理杨政，以及船舶营运处、建造处、检验处负责人代表中国船级社向省海运集团颁发了“浙海1”轮、“浙海2”轮欧盟船舶MRV和IMO SEEMPⅡ监测计划双证符合确认证书，标志着CCS欧盟MRV和IMO SEEMPⅡ验证服务工作开始实施。

10月12日，省交通集团船舶安全生产标准化建设现场会在省海运集团“浙海516”轮上隆重举行。会议由省交通集团副总经理陈江主持，省交通集团相关部门负责人、下属各子（分）公司分管安全领导和安全部负责人、省海运集团领导班子及各部门负责人共70余人参加会议。省交通集团董事长、党委书记俞志宏出席会议并发表讲话，省交通集团副总经理陈江就俞志宏董事长的重要讲话向各单位提出要求，希望各单位抓好传达落实。

11月15日下午，省海运集团本部工会召开全体会员大会，选举产生新一届工会委员会及经费审查委员会。

11月21日，省交通集团总经理詹小张、副总经理姜扬剑及党委委员、组织部部长戴本孟率人力资源部、财务管理中心、产业投资部、战略发展部等负责人到省海运集团调研指导经营发展工作。

11月27日，省海运集团下属的“浙海520”轮在上海外高桥电厂码头以无缺陷顺利通过CCS上海分社关于SMS/ISPS/MLC的中间审核。

12月4日，为进一步深化船舶目视标准化建设成果，切实提升船舶安全生产标准化质量，省海运集团举办了“浙海516”轮船舶目视标准化现场观摩会。

12月13日，省交通集团第二届“同心杯”安全知识竞赛决赛如期进行。经过激烈紧张的多轮角逐，省海运集团代表队凭借扎实的知识功底、严谨的赛场作风和沉稳的综合素质，在23个参赛代表队中脱颖而出，最终以总分第一名的佳绩获得竞赛一等奖。

2018年

1月22日，船舶MRV（监测、报告和核查）排放报告数据模拟验证现场会

暨IMO MARPOL 附则Ⅵ和欧盟MRV法规履约培训在省海运集团成功举办。中国船级社浙江分社、舟山办事处、台州办事处相关领导和专家共10人参加本次现场会，省海运集团领导班子和岸基体系相关部门人员参加会议并接受IMO MARPOL附则Ⅵ和欧盟MRV法规履约培训。

1月24日，省海运集团应急反应小组与“浙海168”轮成功举行船岸联合应急演习。本次演习内容为模拟船舶失控、人员落水、海上救助。总经理陈金、副总经理杨再刚及体系内各有关部门人员参加演习。

2月1日，省海运集团收到福建省顺祥船务有限公司感谢信，感谢“浙海102”轮帮助其下属的“顺吉兴”轮冰区脱困，并赠送“见义勇为、守望相助”锦旗，对省海运集团体现的“海上一家人”的文化理念给予高度肯定。

2月2日，杭州海事局副局长杨建立、浙江海事局安全管理处崔猛、杭州海事局政务中心主任杜秋萍一行对省海运集团进行走访，省海运集团副总经理杨再刚及体系内相关部门负责人参加座谈。

2月9日，省交通集团副书记黄伟建带领考核组到省海运集团考核指导党建、党风廉政建设工作，并参加了省海运集团党委班子民主生活会。

2月12日，浙江省交通物资公司正式取得浙江省工商行政管理局的注销许可，提前完成了公司的注销工作，从根本上解决了公司的管理体制问题。

2月23日上午，省交通集团党委委员、纪委书记沈秋明，党委委员、党委工作部主任、组织部部长戴本孟一行来到省海运集团本部进行新年慰问。

同日，省海运集团组织开展了新年第一场测试，主要就省海运集团《员工手册》和《企业文化手册》的内容及相关规章制度进行温故学习。

3月13日，省海运集团召开2018年党建、党风廉政建设工作会议，回顾2017年工作情况，传达省交通集团党风廉政建设工作会议精神，部署2018年工作，落实党建标准化，实现监督常态化，凝心聚力建设全国一流航运企业。

3月20日，省海运集团DOC年度审核代表船“浙海512”轮在张家港以无缺陷顺利通过CCS江苏分社的审核。此次代表船审核，杭州海事局派出了一名观察员监督了船舶审核全过程。

3月27日，省海运集团汇聚公司专业人员，潜心研究、精心编著的《长江航道船舶航行安全操作指南（试行）》正式发布。它是省海运集团安全生产管理

工作求真务实、积极进取的又一重大举措，也标志着省海运集团锐意打造研究型、创新型一流航运企业再迈新步伐。

3月27—29日，省海运集团接受了主管机关对公司安全管理体系的年度审核并顺利通过，得到以浙江海事局副局长梁永铭为组长的审核组专家的高度评价。本次审核是省海运集团新平台组建运行一年多以来的首次外审，既是对公司安全管理工作的一次最好检验，也是公司上下励精图治、奋勇拼搏精神的重要见证。

4月4日凌晨，航行于射阳港外水域的运沙船“嵊屿蓝海”轮遭遇强风大浪，导致船舶倾覆，船上13名船员全部落水，生命危在旦夕。当时，省海运集团所属的“浙海517”轮、“浙海520”轮正锚泊于射阳港外锚地等候卸货。0740时接到盐城海事局指挥中心要求参与救援的通知，省海运集团岸基接到船舶报告后迅速启动船岸应急反应，指示两艘船舶在确保本船及人员安全的前提下，全力参与救援。在当地海事部门的统一指挥下，多方协同配合，经过近35个小时的全力搜救，成功救起“嵊屿蓝海”轮10名落水船员，赢得了良好的社会反响。

4月10日，省海运集团本部第二党支部与唐山海事局京唐港海事处党支部正式签署《党支部联学联建结对协议》，京唐港海事处处长郭洪驹一行4人，省海运集团总经理陈金、副总经理杨再刚及第二支部支委等出席签约仪式，并参加座谈交流活动。

4月13日，省海运集团本部3个党支部联合开展“不忘初心，坚定理想信念”主题党日活动，组织40余名党员前往浙江四明山抗日根据地旧址和烈士陵园，接受红色洗礼，学习回顾革命历史，重温革命先烈英勇事迹。

4月20日，省交通集团召开2018年度党建工作会议，对2017年度十佳“党建+”典型案例进行表彰，省海运集团“党建+减亏增效”项目名列其中。

4月28日，省海运集团顺利举行了水路运输企业安全生产标准化一级达标创建宣贯会暨启动仪式，省海运集团领导班子、各部门负责人及集团本部全体员工参加了会议。会议明确了创建工作的指导思想、工作目标、组织领导和工作计划，并开展了宣贯动员和业务培训。此次会议的召开，标志着省海运集团安全生产标准化一级达标创建工作正式启动。

5月2日，省海运集团所属“浙海516”轮在澳大利亚奎纳纳港靠泊期间，以无缺陷顺利通过澳大利亚海事安全局（AMSA）的PSC检查。

5月15日，省海运集团邀请中国船级社质量认证公司浙江分公司的评价专家组来公司，开展为期2天的预评审工作。通过对安全生产标准化达标的16个模块的详细摸排，评审员充分肯定省海运集团先进的安全管理理念、规范的安全管理制度、优秀的安全文化和安全管理业绩，同时针对评审中发现的问题给出了建设性的改进意见。

5月16日，省海运集团下属的宁波物流公司获宁波市市场监督管理局正式颁发新的营业执照，标志着宁波地区从事船代货代业务的两家控股子公司宁波物流公司与国际船代公司完成了企业合并，实现了船代货代业务重组。

5月27—28日，省海运集团企业安全生产标准化一级达标接受中国船级社质量认证公司专家组的现场评价，并顺利通过。专家组对省海运集团的安全生产标准化一级达标创建工作给予充分肯定，并推荐颁发水路运输企业安全生产标准化评价一级证明。

6月29日，在中国共产党成立97周年来临之际，省海运集团组织本部3个支部的全体党员、入党积极分子、团员及35周岁以下青年前往位于湖州长兴的新四军纪念馆及江南红村，开展以“悟初心、强党性、见行动”为主题的党日活动，一同接受红色洗礼，学习回顾革命历史，重温革命先烈英勇事迹。

7月6日，省海运集团收到由中国船级社质量认证公司签发的交通运输企业安全生产标准化建设水路运输一级等级证明，成为安全生产标准化建设一级达标企业。这标志着省海运集团安全管理水平达到一个新的高度。

7月19日，省海运集团党委根据省交通集团党委要求，第一时间召开党委理论学习中心组会议，学习浙江省委关于认真学习贯彻习近平总书记重要指示精神的文件，以指示精神谋划加快建设全国一流航运企业。

7月24日，省海运集团召开2018半年度经营形势分析会，省海运集团领导班子及集团本部各部门负责人参加会议。会议听取了财务部、航运部及各部门对上半年航运市场形势、船舶运营及费用管控情况的分析和汇报，同时对下半年工作进行部署要求。

8月2日，中国船级社浙江分社副总经理杨政等一行4人到省海运集团交流指导工作。省海运集团副总经理杨再刚、安全管理体系指定人员陈德强及体系内各部门有关人员与杨政一行进行了座谈。双方就船舶能效监测、安全评价等工作进行了深入交流。

8月7日，省海运集团2018年上半年经济运行分析会在杭州召开。会议传达学习了省交通集团贯彻落实省委书记车俊讲话精神动员部署大会暨2018年上半年经济运行分析会精神，总结回顾2018年上半年工作完成情况，分析研判形势，安排部署下半年主要工作。

8月8日，省海运集团董事长潘朝刚带队走访公司的对标单位江苏远洋运输有限公司，与该公司总经理毛雪强及相关部门进行工作交流。

8月24日，省交通集团副总经理杨强民率安全监督管理部、国际业务部等负责人到省海运集团调研指导安全生产与国际化工作。省海运集团领导班子及相关部门负责人参加会议。

同日，省海运集团所属的“浙海511”轮满载4.9万吨煤炭从黄骅港南下，开往江苏盐城滨海电厂。23时该船航行至山东蓬莱附近海域，当值驾驶员突然收到长山交管中心的救助请求，要求参与救助船体进水的“辽葫渔00258”轮。在当地海事部门的统一指挥和公司岸基的协作下，“浙海511”轮按要求积极参与救助。临近午夜0时终于将“辽葫渔00258”轮7名落水人员全体救起。

9月12日“公司日”，省海运集团召开争创全国一流航运企业动员大会暨第三期“明星船长”表彰会，标志着省海运集团正式开启争创全国一流航运企业新征程。董事长潘朝刚、总经理陈金分别作讲话。副总经理缪克俭在会上正式宣布了省海运集团《打造一流航运企业行动纲要》。该行动纲要分总体目标、主要任务和保障措施三大部分，综合分析了国际国内形势和公司发展条件，确立分两步走的实施战略。到2020年，各种经营指标进入国内一流航运企业的前5位；到2025年，综合实力达到同行业国际一流水平。根据《打造一流航运企业行动纲要》，各部门、各子（分）公司围绕争创全国一流航运企业逐一进行表态发言。

9月25日，杭州海事局船舶处处长杜秋萍一行到省海运集团走访座谈，省海运集团副总经理杨再刚、安全管理体系指定人员陈德强及体系相关部门负责人参加座谈。

11月7日，杭州海事局副局长郦海勤到省海运集团检查指导“平安交通百日行动方案”和“商渔船防碰撞”开展情况，并与省海运集团副总经理杨再刚、安全管理体系指定人员陈德强及体系相关部门负责人进行座谈交流。

11月13日，省交通集团党委委员、党委工作部部长、组织部部长戴本孟到省海运集团调研指导党建、党风廉政建设和年轻干部培养工作，并为省海运集团本部第二党支部的全体党员上了一堂生动的党课。省海运集团党委班子成员和本部第二党支部全体党员参加了会议，聆听了党课。

11月16日上午，省交通集团党委委员、工会主席柴云妹、副主席马宝根一行到省海运集团调研，参观海运新平台“职工之家”，观看改革发展宣传片，听取省海运集团董事长、党委书记潘朝刚关于海运新平台职工队伍概况、改革重组后企业职工文化建设工作及工会在文化建设中发挥作用情况的汇报。

11月20日，中国船级社经营管理处处长舒华、浙江分社副总经理杨政等一行5人到省海运集团走访，与省海运集团总经理陈金、副总经理杨再刚等进行工作座谈。双方就未来船舶发展趋势、污染物排放控制等进行了深入交流。

12月12—14日，省海运集团总经理陈金率总经理助理及航运部相关人员拜访了江苏射阳港发电有限责任公司、国家电投集团协鑫滨海发电有限公司、张家港沙洲电力有限公司3家长协客户。总经理陈金一行分别与3家长协合作公司就2018年度运输合同执行情况交换意见，并重点商谈了2019年度双方继续合作承运电煤的有关条款，各方基本达成继续合作意向。

2019年

1月11日，“浙海1”轮IMO DCS和欧盟MRV排放报告符合声明双证颁证仪式在省海运集团举行。中国船级社浙江分社总经理王志雄，船舶营运处、建造检验处负责人吴校明、罗林军代表中国船级社向省海运集团颁发了“浙海1”轮IMO DCS和欧盟MRV排放报告符合声明双证证书。“浙海1”轮也是全球首艘同时被授予IMO DCS和欧盟MRV排放报告符合声明的船舶。王志雄代表中国船级社向省海运集团表示热烈祝贺。省海运集团董事长潘朝刚、总经理陈金、副总经理杨再刚、安全管理体系指定人员陈德强及公司相关人员出席颁证仪式。

1月18日，省海运集团召开2019年度工作会议暨安全生产工作会议。省海运集团党委班子、各子（分）公司负责人及集团本部全体员工出席会议。

1月22日，杭州海事局副局长杨建立、船舶处处长杜秋萍一行对省海运集团进行走访，省海运集团总经理陈金、副总经理郑和通、安全管理体系指定人员陈德强及相关部门负责人参加座谈。

1月24日，浙江海事局副局长唐伟明带队走访省海运集团，指导检查春运安全工作，浙江海事局指挥中心副主任施滨峰、杭州海事局副局长郦海勤等陪同走访检查。省海运集团董事长、党委书记潘朝刚、总经理陈金、副总经理杨再刚、安全管理体系指定人员陈德强参加座谈。

2月1日，农历春节来临之际，省海运集团董事长、党委书记潘朝刚、副总经理杨再刚等赶赴停靠在张家港沙洲电力有限公司码头卸货的“浙海101”轮，慰问奋斗在生产一线的船员兄弟。期间，潘朝刚一行还走访了与省海运集团长期合作的货主单位——张家港沙洲电力有限公司。

3月5日，省海运集团董事长、党委书记潘朝刚、副总经理杨再刚会见了来访的上海中波轮船股份公司副总经理谢宁加和南京金建业船务有限公司董事长盛东昌一行，并进行了座谈交流。

3月7日上午，浙江海事局船员管理处处长陈坚文、杭州海事局副局长杨建立等一行5人到省海运集团走访调研公司对新修订的《中华人民共和国海船船员船上培训管理办法》贯彻执行的意见建议。省海运集团副总经理杨再刚、郑和通及相关部门负责人等参加座谈。

3月12日，省海运集团董事长潘朝刚走访招商局南京油运股份有限公司，与该公司总经理周斌、副总经理舒广仁等进行工作交流。

同日，由物资供应部组织的《浙江省海运集团有限公司2019年度船用燃料油供应商资格评审》公开招标项目在浙江省交通集团有限公司招采平台顺利开标。专家评审组对各投标单位的资料进行资格审查及评分后，推荐了19家船用燃料油供应商作为省海运集团2019年度船舶日常营运用燃油加油合作单位。引进的19家供应商中既有中燃、中石化中海等行业顶尖的供应商，又有处在行业前列的民营供应商，既能满足省海运集团船舶在中国沿海及长江各大港口加油要求，又提高了采购议价能力继而降低采购成本。

4月9日，省海运集团根据2018年制定的《打造一流航运企业行动纲要》，

立足自身实际，制定印发了《创建一流航运企业指标体系》。该指标体系包含共计129项指标，分公司级主要指标和部门级主要指标。公司级主要指标涉及公司管控、财务、安全、经营发展、人才队伍、企业文化及从严治党七大方面，部门级的主要指标则由省海运集团各部门结合实际工作相应制定。该指标体系全面分解细化了省海运集团及部门各项重点工作，以量化指标实现要求落地。省海运集团将根据指标要求，进一步加强企业管理、业绩、队伍、文化、党建工作，提升企业形象和品牌知名度，助推“百年企业”建设。

同日，省海运集团董事长、党委书记潘朝刚及副总经理杨再刚、郑和通会见了来访的上海华交船舶管理有限公司董事长潘晓雷一行，并进行座谈交流。省海运集团办公室、船员部负责人参加座谈。

4月9—11日，由主管机关浙江海事局委派的审核组对省海运集团进行“国际DOC”的第四次年度审核与“国内DOC”的第二次年度审核。参加本次审核的专家组成员有徐一方船长、黄听副处长、王鹏程轮机长和蒋永忠轮机长。经过审核组两天的认真审核，认为省海运集团经过修改的SMS文件基本符合ISM/NSM规则的要求，满足强制性规定要求，适合公司管理的散货船，且省海运集团体系运行总体良好。省海运集团顺利获得国际和国内DOC证书年度签注。

4月24日，省交通集团产业二部总经理马伟一行走访省海运集团对标单位江苏远洋运输有限公司，省海运集团董事长、党委书记潘朝刚陪同，并与江苏远洋总经理毛雪强、副总经理瞿名泽及相关部门人员进行业务交流。

4月29日上午，中国海员工会浙江省海运集团有限公司委员会二届一次会员代表暨职工代表大会在杭州召开，省海运集团领导班子成员及各基层工会共47名代表参会。本次大会按照工会章程和基层工会组织选举工作相关规定要求，举行了预备会议和三次正式会议议程，听取了省海运集团2018年生产经营工作报告，审议通过了省海运集团工会2018年度工作报告和财务工作报告，审议通过了省海运集团章程修订案和集体合同。大会选举产生了新一届工会委员会，省海运集团党委副书记、纪委书记缪克俭当选工会主席；选举产生了新一届工会经费审查委员会和职工董事、职工监事；推荐产生了女职工委员会组成人员。

4月30日上午，省海运集团团委组织各级团支部收听收看《纪念五四运动100周年大会》视频直播，并在直播结束后立即以座谈会等形式学习领会习近

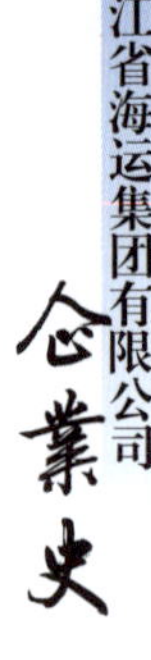

平总书记在会上的重要讲话精神。省海运集团各级团组织约有60名青年团员参与收看和讨论。

5月7日上午，省交通集团董事长俞志宏，党委委员、办公室主任戴本孟，专职监事闫坛香一行到省海运集团调研指导工作。省海运集团领导班子成员参加座谈。俞志宏表示，省海运集团在重组整合过程中，做到了“难中求进，进中求好，好中求快，快中求优”，工作扎实有成效，企业发展态势好，成绩非常不容易。俞志宏要求着重做到三个好：一是落实好。要落实省交通集团“十三五”发展规划，对照创建一流航运企业指标体系，以问题为导向，做到优势再分析、劣势再查找，提振信心，增强紧迫感、危机感和落后感，一手抓规划落地，一手抓发展研究，不断实现发展目标，增强核心竞争能力。二是创新好。要创新体制机制，充分调动员工的积极性和主观能动性，以创新激活力、促动力；要加强管理创新与技术创新，以创新促竞争力提升、促发展力形成。三是发展好。要立足根基传承发扬海运精神，立意长远继往开来发展好企业，不断提升企业综合能力水平，奋力向国内一流的百年航运企业进军。俞志宏同时强调，省海运集团正处于发展的重要阶段和关键时期，更要坚持科学发展、理性发展、可持续发展。要抓重点、重点抓，抓好年度重点工作，夯实内部管理基础，实现“五个一流”目标；要抓整体、整体抓，进一步加强分析判断，远近结合，经营与党建结合，确保公司持续稳健发展；要抓对标、对标抓，对照标杆，脚踏实地“比学赶超”，实现企业新的更大突破。

5月8日，省海运集团董事长、党委书记潘朝刚、副总经理杨再刚一行到访中波轮船股份公司。中波轮船股份公司总经理朱德章、副总经理谢宁加等接待并参加会谈。

5月10日10时许，省海运集团旗下“浙海169”轮航行至菲律宾棉兰老岛外海以东约120海里洋面（位置北纬7° 40.8′，东经128° 29.3′）时，遭遇了5艘不明身份的快艇追击，在船长、船舶保安员张忠宏指挥下，全船按照省海运集团船舶保安计划的部署和要求，通过全体船员的共同努力，成功拦截并阻止了该伙海盗的登船，保障了船舶、人员和财产安全。这也是首次在菲律宾以东洋面出现类似亚丁湾海盗的行径。

5月14日上午，中国船级社浙江分社党委书记蔡琰先首次莅临省海运集团

指导工作。省海运集团董事长、党委书记潘朝刚、总经理陈金等领导班子及相关部门人员参加了会议。

5月22日下午，太行海运有限公司董事长宋国忠一行来省海运集团走访交流。省海运集团总经理陈金、总经理助理朱忠熙和航运部、船员部有关人员参加交流座谈。

5月23日，省海运集团根据省交通集团关于“党建质量提升年”活动的部署要求，围绕建设全国一流航运企业中心任务，在全司范围内深入开展“党建质量提升年”和“品牌建设年”活动，努力做到党建“双提升”，助推加快实现争创一流。

5月27日，省海运集团副总经理郑和通赴江阴港，对停靠在该港的“浙海169”轮全体船员进行表彰，以奖励该轮于5月10日在菲律宾外海成功抵御海盗快艇追击。表彰会上，郑和通宣读了省海运集团的表彰文件，对“浙海169”全体船员的英勇行为表达感谢。

6月5日，杭州海事局副局长郦海勤带队检查省海运集团安全生产月以及防台工作，杭州海事局政务中心主任杜秋萍、指挥中心主任李鏊等参加检查，省海运集团总经理陈金、副总经理郑和通、安全管理体系指定人员陈德强以及各体系部门负责人参加座谈。

同日晚，浙商中拓集团股份有限公司、浙江省轨道集团和省海运集团3家驻楼兄弟单位齐聚一堂，共同举办楼宇单位党工团共建联建启动仪式暨第一期“共建聚活力　楼宇添动力”共建联谊活动。

6月13日，省海运集团总经理陈金接待了来访的江苏远洋运输有限公司副总经理瞿名泽一行，省海运集团副总经理杨再刚、郑和通以及航运部、海务部、船技部、船员部、体系办等部门相关人员参加座谈交流。

7月16日，中国海员工会浙江省海运集团有限公司委员会法人变更登记和本部工会法人注册登记申请材料经浙江省总工会法律保障部审核通过，两级工会同时取得法人资格证书。省海运集团改革重组后实施本级经营管理船舶业务以来，原工会工作委员会形式已不适应新形势发展要求，依据《中华人民共和国工会法》及相关规定，省海运集团健全了企业工会会员（职工）代表大会制度，完成了工会换届选举，两级工会依法完成法人变更和注册登记。至此，省海运集团工会及下属本部和子（分）公司工会均已实行法人注册登记，两级工会工作依法步入正轨。

7月30日，省交通集团总经理詹小张一行在省海运集团董事长潘朝刚的陪同下，前往停靠在浙江浙能嘉兴发电有限公司的“浙海102”轮，亲切看望了奋战在高温一线的船员，对船员表示慰问和勉励，并与船上的部分船员进行调研座谈交流。

8月14日，省交通集团党委委员戴本孟到省海运集团参加省防抗9号台风“利奇马”工作总结分析会。省海运集团领导班子成员、集团本部各部门负责人、部分子（分）公司主要负责人参加会议。

8月23日，浙江海事局“双随机”检查组到省海运集团进行检查指导。省海运集团总经理陈金，副总经理杨再刚、郑和通，安全管理体系指定人员陈德强以及相关部门负责人参加了座谈。此次“双随机”（随机抽取检查对象、随机抽取执法人员）检查活动，是浙江海事局“保安全 迎大庆”平安护航新中国成立70周年集中大会战安全监管任务之一，旨在督促航运企业落实安全生产主体责任，检验海事部门在航运公司监管方面简政放权成效。

8月28日，省海运集团开展“不忘初心、牢记使命”专题民主生活会，全体党委班子成员参加，开展了深刻的批评和自我批评。省交通集团党委委员戴本孟、纪检监察室副主任张露莅临指导。

9月17日，省交通集团举办“唱响交投梦 礼赞新中国”大合唱比赛，省海运集团获得三等奖的佳绩。

10月16日，省海运集团首届管理创新论坛成功在杭州举办。省海运集团领导班子成员、论文演讲者、集团本部其他员工及各子（分）公司员工代表60余人参加论坛。此次论坛是省海运集团“公司日”系列活动之一，举办此次论坛的初衷和目的一方面是开辟建言献策、交流借鉴的平台，激发省海运集团上下勤学习、爱思考、肯钻研、善总结、重交流的团队氛围，另一方面也是省海运集团党委高度重视人才队伍建设，希望通过举办管理创新论坛锻炼、发掘、培养人才。虽然本次论坛设置了评分环节，但重在参与、思考和分享。

10月29日，中国船级社浙江分社总经理王志雄、副总经理杨政、综合业务处副处长戴斌一行到省海运集团进行交流指导。省海运集团董事长潘朝刚、副

总经理杨再刚及船舶技术部、船舶资产管理部相关人员参加。

11月5日，中国船级社浙江地区委员会成立大会在浙江分社（宁波）召开。中国船级社总裁莫鉴辉、浙江海事局局长何易培、省海运集团董事长潘朝刚等40余位来自浙江地区海事港航、航运、修造船及装备制造、远洋渔业、金融业的嘉宾及代表出席了会议。中国船级社浙江分社总经理王志雄主持中国船级社浙江地区委员会成立大会。大会按照中国船级社地区委员会的制度和程序，协商选举确定由省海运集团董事长潘朝刚任主席并颁发聘书。

11月19日，上海鼎衡船务有限责任公司董事长李多珠一行到访省海运集团，双方就化学品运输合作展开了交流，并签订了战略合作协议。省海运集团经营班子成员共同出席了签约仪式。

12月10日，省海运集团在杭州召开2019年度工作务虚会。省海运集团经营班子、各子（分）公司主要领导及集团本部各部门中层助理及以上人员参加了会议，共同回顾了2019年主要工作成果，分析了当前面临的问题，群策群力谋划公司未来发展。

12月25日，省海运集团逐步启动涉足化学品运输市场。省海运集团董事长、党委书记潘朝刚率队赴荷兰、丹麦考察化学品船业务。期间，潘朝刚一行拜访了荷兰思多而特油船公司（Stolt Tankers）、化学品船公司（Chemship）和丹麦联合油船公司（Uni—Tankers）、克里斯钦油船公司（Christiania Shipping），并与相关公司负责人进行友好洽谈。

12月26日，由中国船东协会主办，中远海运特种运输股份有限公司、华信中安（北京）保安服务有限公司承办的中国船东协会海上安保委员会成立大会暨学术研讨会在上海召开，省海运集团成为中国船东协会海上安保委员会首届会员之一。省海运集团保安员及相关人员参加本次会议。中国海上搜救中心指挥协调处一级调研员刘雨生，中国船东协会秘书长徐秋敏分别在会上致辞，并为中国船东协会海上安保委员会揭牌。会议由中国船东协会副秘书长王思勇主持，通过了《中国船东协会海上安保委员会章程》。会议期间，多位航运界、海上保安装备研发及海上安保等知名人士、学者参加，并就当前国际安保形势、地区热点开展研讨，分享了全球领域海盗活动情况、国际防范与处置爆炸袭击、科技助力海上保安及民营武装保安公司是“一带一路”倡议不可缺失的有生力量等方面的内容，为进一步加强船舶海上安全监督管理，做好情报信息收集和预警防范工作提供帮助和支持。

2020年

1月3日，省交通集团副总经理邵文年到省海运集团调研指导工作，省海运集团经营班子成员及相关人员出席会议。

1月10日，省交通集团党委委员、办公室（董秘处）主任戴本孟到省海运集团开展“深化‘三服务’、助推开门红”活动。省海运集团经营班子成员及相关人员出席会议。

1月21日，交通运输部启动Ⅱ级应急响应，开展疫情联防联控工作。为应对好新型冠状病毒肺炎疫情，按照省委省政府、省交通集团的有关要求和疾控防疫部门的工作部署，省海运集团结合企业自身实际和行业特点，高度重视、周密部署，及时做好各项防疫工作，在春节假期来临之际，全力防控确保人员生产安全。

1月31日上午，省海运集团召开了新型冠状病毒肺炎防疫小组成员会议。会议由防疫领导小组组长牵头召开，小组成员及下属船务管理公司参加。公司下发了《进一步做好新型冠状病毒肺炎疫情防控工作的通知》，成立疫情防控工作领导小组，深入落实各项防控措施，“从严、从高、从重”抓好疫情防控工作。

2月2日，省海运集团再次召开防疫工作领导小组会议。会议根据省委省政府、省国资委、省交通集团对疫情防控的最新要求，结合自身实际研究拟定了《省海运集团关于进一步加强疫情防控工作的15条措施》，对下一阶段公司防疫工作进行再部署、再落实。

2月15日上午，省交通集团党委委员、工会主席柴云妹一行来到省海运集团调研指导公司疫情防控及复工复产工作。公司党委书记、董事长潘朝刚，党委副书记、纪委书记、工会主席缪克俭，党委委员、副总经理郑和通参加调研。

一手抓防控疫情，一手抓恢复生产，省海运集团岸基于2月17日全面复工。复工首日，员工陆续到岗，各项任务全面启动。

2月20日上午，省交通集团党委委员、副总经理邵文年到省海运集团调研指

导工作，产业二部有关负责同志陪同调研。公司领导班子及有关部门负责人参加座谈。

3月2日上午，杭州市下城区卫健局来司检查指导复工复产防疫工作。此次检查指导是下城区卫健局为确保企业复工后的正常运转和从业健康安全管理，本着“复工一家、指导一家”原则开展的“强服务、重督查”活动。

3月3日下午，杭州海事局以视频会议形式，对省海运集团进行远程“走访指导”。此次走访是杭州海事局积极运用信息科技化手段，监督指导、服务企业做好复工和防疫工作的具体举措。杭州海事局副局长杨建立、船舶监督处处长杜秋萍及相关人员参加视频会议。

4月，省海运集团持续做好疫情防控常态化工作，重点抓好“控、管、供”，管好“人、船、物”。

5月6日，为切实做好船舶疫情防控，最大限度减少委外修理带来的防疫风险，进一步激发船员自修热情，省海运集团在原有相应管理办法基础上修订出台了《船舶维护保养综合奖管理办法》，鼓励船员开展自修，从而提高船舶营运率和积载率，降低船舶营运成本，确保船舶正常安全营运。

5月中旬，省海运集团收到了中国船级社浙江分社寄发的国际航行船舶IMO DCS和欧盟MRV排放报告符合声明，公司共有9艘船舶同时取得IMO DCS和欧盟MRV排放报告符合声明报告，4艘船舶取得IMO DCS排放报告符合声明报告。

6月11日，杭州海事局副局长杨建立带队到省海运集团对安全生产月、疫情防控以及防台等工作进行督导和交流，杭州海事局船舶处处长杜秋萍、指挥中心主任马宇超等参加检查，省海运集团总经理陈金、副总经理郑和通、体系指定人员陈德强以及各体系部门负责人参加座谈。

7月9日，省交通集团副总经理邵文年一行到省海运集团调研指导工作，省海运集团董事长潘朝刚、总经理陈金、副总经理杨再刚以及相关人员出席会议。

7月16日下午，省海运集团两艘51000吨散货船建造合同签约仪式在杭州隆重举行。上海船舶研究设计院副院长周志勇、中国船级社浙江分社副总经理林浩、省交通集团党委委员戴本孟，苏美达股份党委副书记、总经理金永传，苏美达船舶有限公司总经理徐钢，新大洋造船有限公司总经理徐斌出席签约仪式。该项目由苏美达股份有限公司下属新大洋造船有限公司承建，交船时间预计在2022年上半年。

7月29日下午，省海运集团召开2020年上半年经济运行分析会暨决战全国一流航运企业动员会。会议主要回顾总结了上半年的工作，深入分析研究当前面临的主要困难和问题，全面部署下半年的工作，动员公司上下齐心协力、攻克难关、决胜一流。会上，董事长潘朝刚作重要讲话，总经理陈金作上半年经济运行分析报告，副总经理郑和通作上半年安全生产工作报告。

浙江远洋大事记

1980年3月31日，经浙江省政府和交通部批准，浙江远洋运输公司成立。

1980年3月26日，首艘杂货船“姚江”轮自宁波首航香港，标志着浙江远洋船队正式起航，结束了浙江外贸货物主要通过上海口岸海运进出口的历史。

1984年10月19日，首艘多用途船“浙鹏”轮开辟宁波—香港集装箱航线。

1989年，在原有3个货运部的基础上，成立浙江远洋杭州、宁波、温州3个国际货运公司，并由经贸部批准为“一级货代”。

1998年起，相继购入“宝石山”轮、“宝云山”轮等5艘适装木材的杂货船，开辟了新加坡、马来西亚、泰国、韩国、巴布亚新几内亚等东南亚和远东地区航线。

1998年，在宁波、温州分别成立浙江远洋国际船舶代理公司，并均由交通部批准为“甲级船代”。

1999年起，相继购入“大浙江”轮、“丽浙江”轮等10艘载重吨为6.5万~8万吨级的巴拿马型散货船，成功实现全球经营，航迹遍布四大洋，使公司成为真正意义上的远洋运输企业。

1999年6月8日，浙江远洋房地产开发公司成立，相继成功开发了远洋大厦、远洋现代城、远洋山水及远洋新天地等房地产项目。

2002年4月11日，公司改制成功，浙江远洋运输有限公司正式成立。同时相继成立了浙江远洋宁波国际货运有限公司、宁波浙远国际集装箱货运有限公司、浙江远洋国际船舶代理有限公司、宁波浙远船舶修理供应有限公司、浙江远洋温州国际货运有限公司、浙江远洋温州国际船舶代理有限公司。

2002年5月28日，远洋大厦落成。

2005年起，相继购入“浙远杭州”轮、“浙远宁波”轮、“浙远温州”轮和“浙远舟山”轮，成功进入好望角型散货船经营领域。

2007年上半年，订造4艘18万吨级和2艘17.6万吨级的好望角型散货船，标志着公司船队向大型化、年轻化方向发展。

2008年1月，再次订造6艘17.6万吨级的好望角型散货船。共计订造好望角型散货船12艘，订造总载重吨达212.8万吨。

2008年1月30日，浙江远洋运输股份有限公司成立。

2009年9月，浙江远洋运输股份有限公司首艘新造船“浙远嘉兴”轮交付使用。

2011年11月15日，最后一艘好望角型散货船“新浙远杭州”轮交付使用。至此，全部好望角型散货船12艘成功交付。

2016年6月17日，在浙江产权交易所公开挂牌转让浙江远洋宁波国际货运有限公司51%股权、浙江远洋温州国际货运有限公司51%股权、浙江远洋国际船舶代理有限公司51%股权，这3家公司股权由浙江省海运集团有限公司摘牌受让，于2016年7月22日完成交易。挂牌转让宁波浙远国际集装箱货运有限公司61%股权，该公司股权由个人投资者余凯云摘牌受让，于2016年7月22日完成交易。

2017年1月17日，实际属远洋公司资产的12艘外籍远洋船舶全部处置完毕并向收购方交付。

2019年8月17日，浙江远洋运输股份有限公司工商登记注销。

1950—2020

后　记

2020年是浙江省海运集团有限公司成立的第70个年头。我们在原《浙江省海运集团史》对前序60年历史回顾的基础上，续写了公司在2011—2020年十年的发展历程，旨在记录历史，进一步梳理回顾省海运集团70年来走过的点滴岁月；也要群策群力，共同谋划公司未来的发展前景。

2019年11月，我们着手分条线开始收集资料、整理编写。在此过程中，我们对前序60年的部分内容进行了调整完善，同步收集了浙江远洋的部分材料进行扩充，2020年4月完成初稿。

由于编写期间正是疫情蔓延扩散时期，很多内容我们只能通过查找公司内部留存的档案、电话询问、视频连线等方式进行收集。编写组成员严格按照“尊重历史、严谨务实”的要求，根据有关单位、部门和部分老同志及相关人员的意见，进行进一步核实、修改、完善，再与《浙江省海运集团史》的内容合并，形成此书。

我们的编写工作业已完成。但囿于编写组成员对公司发展历史了解与理解的局限性，公司几经变迁，历史资料缺失以及文字表达能力不够，又缺乏经验，有疏漏或不当之处，敬请读者赐教匡正。

最后，衷心感谢《浙江省海运集团史》编委会以及编写组的老领导、老前辈们为此书所做的辛勤奉献，没有你们近两年的整理编写打下坚实基础，也就不可能有我们后续的成果。

谨以此书献礼浙江省海运集团有限公司建司70周年，祝福省海运集团70周年快乐！

《浙江省海运集团有限公司企业史》编写组

2020年6月